U0882100

上海社联年鉴

上海社联年鉴

2020

上海市社会科学界联合会　编

上海人民出版社

1 月 10 日，《学术月刊》杂志社、《光明日报》理论部和中国人民大学书报资料中心共同主办“2018 年度中国十大学术热点发布会暨哲学社会科学学术研究展望论坛”

3 月 29 日，《探索与争鸣》第三届（2018）全国青年理论创新征文颁奖大会暨“中国知识体系构建与青年使命”青年论坛在上海市社联举行

4 月 9 日，上海市美国问题研究所联袂上海社会科学院国际问题研究所、上海社会科学院历史研究所、上海公共外交协会主办的“2019 中美民间外交高端论坛”在上海市社联召开

4 月 10 日，全媒体时代上海人文社科学术期刊发展的使命、机遇与挑战研讨会在上海市社联召开

5 月 17 日，中共上海市委宣传部、上海市社联召开上海市加快构建中国特色哲学社会科学工作座谈会

5 月 25 日，上海市社联举行“5G 将为我们带来什么”东方讲坛·科技与人文的对话

5 月 25 日至 31 日，上海市社联主办第 18 届上海市社会科学普及活动周，本届活动周的主题是“让社会科学走进群众心坎里”

6 月 6 日，上海市委督导组莅临指导召开市社联“不忘初心、牢记使命”主题教育动员部署会

6 月 25 日，上海市社联召开 2019 年上海市社联社团党建工作会议

8 月 16 日，上海市社联举行“奋斗创造城市传奇——上海相册：70 年 70 个瞬间”望道讲读会

10月11日，上海、江苏、浙江、安徽三省一市社科联在上海社科会堂联合举办首届长三角江南文化论坛

10月25日，上海市社联举行第十三届学会学术活动月开幕式暨秋季会长论坛

12 月 20 日，“走出‘名教’时代——《文学史视野中的现代名教批判》新书研讨会暨《探索与争鸣》优秀青年学人支持计划第四期论坛”在上海市社联举行

12 月 24 日，上海市社会科学界第十七届（2019）学术年会大会在锦江小礼堂召开

12 月 27 日，上海市社联和市方志办联合主办首届“三史讲堂”

12 月 31 日，上海市社联、上海世纪出版集团召开“当代中国发展的逻辑（1949—2019）——上海市庆祝新中国成立 70 周年系列丛书出版座谈会”

目 录

年度工作要览

NIAN DU GONG ZUO YAO LAN

2019年，上海市社联以习近平新时代中国特色社会主义思想为指导，全面贯彻落实党的十九大和十九届二中、三中、四中全会精神，进一步提升“五大公共平台”、团结凝聚社科界“五路大军”，为加快构建中国特色哲学社会科学、服务国家发展战略、助推上海经济社会高质量发展作出了新贡献。

一、围绕庆祝新中国成立70周年重大主题，精心组织开展系列研究宣传活动，推出重要学术研究和社科普及成果

一是组织新中国成立70周年系列项目研究和成果宣传活动。组织完成“新中国成立70周年”系列研究32个课题和7个特别委托课题的立项、结项等。遴选部分优秀成果，汇编“上海市纪念新中国成立70周年研究丛书”公开出版。组织专家学者撰写出版“当代中国发展的逻辑”丛书五卷本。约请有关专家撰写对新中国成立70周年进行理论总结的文章，在《解放日报》和上海观察新媒体开设专栏，每周推出一篇专栏文章，宣传新中国成立70年的辉煌成就。在上海市社科界组织开展“庆祝新中国成立70周年”主题征文活动。

二是组织开展以“庆祝新中国成立70周年”为主题的上海社科界第十七届学术年会。举办“庆祝新中国成立70周年”学术年会大会和系列论坛，联合上海市科研院所、高校、学会，集中举办了十大主题论坛。组织开展庆祝新中国成立70周年学术论文征集活动。组织市社联年度推介论文活动等。

三是积极组织庆祝新中国成立70周年和上海解放70周年社科普及活动。推出“70年思想的力量:用中国理论解读中国实践”庆祝新中国成立70周年系列论坛。制作“奋斗创造城市传奇——新上海的70个瞬间”庆祝新中国成立70周年系列短音频，在上海新闻广播播出，同步在阿基米德App、话匣子FM等新媒体平台呈现，日均收听76.8万人次，累计收听人次超5 376万。在地铁2号线联合开通“新上海70个瞬间”主题科普专列，连续运行70天。分别以“历史画卷　精神图谱——庆祝上海解放70周年”与“奋斗创造城市传奇——上海相册:70年70个瞬间”为主题举办两场望道讲读会。

二、围绕“上海文化”品牌建设，以重大项目推进为抓手，积极为推动上海市哲学社会科学繁荣发展搭台助力

一是深入推进哲学社会科学话语体系建设工作。启动新一轮话语体系创新研究基地建设，在政治经济学、哲学、历史学、政治学等重点学科领域确定9家学术话语体系基地，连续给予支持。联合主办“上海市加快构建中国特色哲学社会科学工作座谈会”，系统回顾总结近年上海市话语体系建设工作情况，推进部署下一阶段工作。召开第三届“中国特色哲学社会科学话语体系建设·浦东论坛”，主题为“文学理论话语体系建设”，贾平凹、王安忆等名家出席。承担中宣部委托“中国知识体系构建相关问题”重大理论课题，牵头组织上海市资深专家组成7个子课题组开展研究，并出版发表部分成果。启动上海市哲社重大项目暨政治经济学话语体系建设课题的研究，包括中国特色社会主义经济发展史、中

国政治经济学思想史两个课题。

二是协同推进江南文化研究项目。上海市社联与上海市江南文化研究联盟多家单位协同合作，推动建立了一批江南文化研究专业机构。确立首批江南文化研究创新课题，连续召开多场专题开题报告辅导会和课题中期交流会，陆续推出江南文化理论研究及创新研究成果。在上海召开首届长三角江南文化论坛，长三角三省一市宣传部领导参会并致辞，三省一市社科联主要领导共同签署了《长三角江南文化研究学术共同体合作框架协议》，建立长三角江南文化研究学术共同体，将长三角江南文化研究推向新阶段。陆续组织召开了沪苏浙皖江南文化传播创新研讨会、首届江南文化青年论坛、首届江南文化国际论坛、首届江南文化・岭南文化论坛等。举办丰富多彩的江南文化普及讲座、读书会、座谈会等活动。开展决策咨询工作，助力长三角高质量一体化发展。

三是积极推进中华创世神话研究工程。组织上海市和国内相关领域的主要专家学者，集中开展中华创世神话学术攻关。上海市社联和出版社集中骨干力量投入中华创世神话研究丛书出版工作，力求推出精品力作。为进一步发挥中华创世神话研究基地的平台和载体功能，组织专家完成对中华创世神话研究基地的中期检查，专家组一致同意通过基地的年度评估。

四是深入开展礼赞上海社科大师宣传活动。与《文汇报》共同策划推出社科大师文汇专版系列报道，在社会各界尤其是社科界引发热烈反响。与上海新闻广播《一句》栏目合作，制作播出“礼赞上海社科大师——海上先声”短音频。

五是推动上海社科会堂软硬件全面升级。以安全规范为主线，顺利完成社科会堂修缮工程。以服务社科界综合需求为目标，努力开拓会堂工作新局面。成立上海首家以“哲学社会科学学术志愿服务”为特点的志愿服务基地。以协作共享为准则，同步推进上海市社联国际学术中心建设。该中心位于上海图书馆东馆 6 楼整层，现已完成结构封顶。

三、 围绕服务上海经济社会高质量发展，组织社科界力量，深入开展社科研究、决策咨询与成果评价工作

一是开展形式多样的智库建设工作。进一步强化社联决策咨询服务功能，创立《上海社联智库专报》，根据定位分为 4 类，即“思想理论动态”“专家决策建言”“国外智库观察”“舆情热点分析”。紧扣上海“十四五”规划编制、自贸试验区新片区、进博会溢出效应、生活垃圾分类等重大热点问题，定期组织社科界深入研讨，以内部专报方式上报有关领导和部门参阅。

二是围绕社科评价体系构建与优秀人才培养开展专题调研。开展完善社科成果评价体系的专题调研，进一步完善评奖工作方案。组织召开“大师成长环境座谈会”，就如何为培育当代学术名家大师搭建平台开展调研。协助部分兄弟省市完成社科评奖工作等。

三是持续构建社科合作交流与互动平台。组织推荐上海专家出席“中国自贸智库论坛(2019)—中国自贸试验区(自贸港)制度创新研讨会”和“中国(海南)东盟 2019 智库论坛”。推荐专家出席上海市社联与辽宁省社科联主办的第二届东北振兴与东北亚区域合作学术论坛。根据上海市委组织部、上海市发改委要求，推荐上海市相关领域的社科专

家，参与相关课题研究和辅导报告。举办星期五学术茶座、领导干部创新实践茶座等各类小型研讨 17 次。组织申报 1 项课题获国家社科基金项目一般项目资助立项。

四、 围绕加强党建引领，认真履行学会业务主管职责，积极培育学术团体新功能

一是坚持党建引领，确保正确政治方向。充分发挥社团党工组的政治引领作用，依托党工组开展社团党建。召开社团党建工作会议，向所属学术团体党工组负责人传达上海市社联开展“不忘初心、牢记使命”主题教育工作精神，就进一步发挥各学术团体党工组引领作用提出要求。

二是严格依法管理，加强学术团体建设。召开学术团体年初工作推进会，传达有关会议和文件精神，总结、交流、部署全年工作。评定年度达标学会共 130 家，以达标学会评定工作为基础，开展学会走访调研活动，推进学会建设与管理。加强对所属社团与民办社科研究机构的财务监督和管理，举办财务培训工作。召开学会换届工作培训会议，指导社团换届。召开部分学会换届工作调研会。

三是积极培育功能，推动社科事业发展。积极组织所属学术团体开展合作项目申报，对 86 个学会申报的 149 个项目资助立项，发挥学术研究和决策咨询功能。举办“学会学术活动月”，组织 100 多家学术团体围绕“新中国成立 70 周年”的重大理论和实践问题以及学科领域重要学术问题举办 133 场学术交流活动。举办会长论坛，发挥社联各学会的名家资源，充分体现社联在学术交流中共享、传递的平台作用。

四是围绕中心工作，发挥平台集聚功能。与各地社科联开展学会管理和社团党建交流活动，参与“第二十次全国学会工作会议”等活动。以主题教育为抓手，开展“提升社联学会平台”专项调研，加强学会工作者与上海市社联的沟通交流。

五、 探索社科普及新路径，不断推出公共文化新产品

一是推出社科普及高端系列讲座。以“让社会科学走进群众心坎里”为主题，举办第十八届上海市社科普及活动周，开展 132 项活动。推出“思想点亮未来”系列讲座第五季、第六季，举办 36 场讲座。举行“科技与人文的对话”主题论坛，以“5G 将为我们带来什么”为主题，探讨 5G 将带来的社会变化和思维变革。积极打造“望道讲读会”这一高端学术交流和深度阅读平台。

二是面向多种传媒推出科普产品。在澎湃新闻“中国政库”栏目推出“政治关键词”，全国“两会”期间，梳理有关“两会”的关键词，传播和普及人大制度等知识，点击量累积超过 500 万。国庆期间，梳理反映新中国 70 年政治发展成就的关键词，点击量超 1300 万。组织编撰出版科普读物《能不忆江南——江南文化十讲》和《思想点亮未来》。进一步发挥“社科视窗”官方微博、“东方讲坛”微信订阅号等新媒体的社科普及作用。积极开展党的十九届四中全会精神宣传普及，策划十九届四中全会精神可视化传播途径，拍摄制作 13 集十九届四中全会精神解读系列短视频。

六、 围绕提升办刊质量，把好办刊导向，打造学术名刊

《学术月刊》坚持刊发从学理上深入阐述党的理论创新成果和研究解决我国经济社会发展重大理论与现实问题的重头文章。以学术热点评选和学科创新论坛为纽带和抓手，促进学术发展，带动刊物板块建设。在中国人民大学书报资料中心 2019 年发布的年度“复印报刊资料”转载学术论文指数排名中，列同类人文社科综合性期刊全文转载量第一、转载率第二、综合指数第一。在中南财大发布的年度学术期刊信息检索报告中，继续名列全国综合性社会科学类期刊第一位，实现 2006 年以来的十三连冠。在中国社科院中国社会科学评价院 A 刊评价报告中，《学术月刊》由“核心”期刊晋级为“权威”期刊。此外，《学术月刊》还入选了南京大学社会科学研究评价中心的“C100 期刊目录(2018 版)”。

《探索与争鸣》积极探索综合性学术期刊的差异化发展之道，走综合性、问题性、跨学科的发展路径。近年来，以打造“学术名片”为使命，努力构建刊物、论坛、新媒体、丛书、青年人才培养五位一体的现代学术媒体发展新格局。刊物保持高位运行，2019 年度国家社会科学基金根据资助 7 年来的办刊情况遴选了 21 家优秀期刊，《探索与争鸣》获得优秀。在中国人民大学书报资料中心 2019 年发布的年度“复印报刊资料”转载学术论文指数排名中，名列全国社科院、社科联主办的综合性期刊总排名中转载量第三；荣获南京大学中国人文社会科学综合评价研究院评选的“2018 年最受学界欢迎的十大期刊”(综合类)，国家哲学社会科学文献中心评选的“综合性社会科学学科最受欢迎期刊”，中国科学文献计量评价研究中心评选的“世界学术期刊影响力指数 Q1 区期刊”。

《上海思想界》社联舆情直报点再度荣获中宣部先进舆情工作单位称号。截至 2019 年 12 月，《上海思想界(专报)》共报中宣部分析报告 118 篇。《上海思想界》月刊继续以问题为导向，围绕国内舆情热点和学术研究重点难点问题，开展深层次的探讨和思考。

七、 深入开展“不忘初心、牢记使命”主题教育，加强基层党建和党风廉政建设，提高自身管理水平

一是开展“不忘初心、牢记使命”主题教育活动和增强“四力”教育实践工作。根据中央和上海市委、市委宣传部关于“不忘初心、牢记使命”主题教育活动工作部署，上海市社联集中三个月左右的时间深入开展“不忘初心、牢记使命”主题教育。认真制定上海市社联主题教育实施方案，成立主题教育领导小组，建立主题教育办公室组织联络组和宣传文秘组两个工作团队，通过机关党建工作例会，发布工作提示，确保主题教育全覆盖，工作要求传达到位，层层落实。在上海市委第二巡回指导组工作指导下，结合社联工作实际，扎实抓好学习教育，认真开展调查研究，检视反思突出问题，切实抓好整改落实，取得良好成效。根据中宣部、上海市委宣传部关于增强“四力”教育实践工作部署，上海市社联成立领导小组，结合理论工作特色，研究制定工作方案，扎实推进各项工作。围绕国家战略和上海三大重点任务，组织安排系列专题报告学习。结合社联特色，开展“走近大师、传承精神——唱响上海文化品牌建设赞歌”主题寻访活动，组织机关干部走访调研高校、科研机构、基层社区，完成资料收集、纪念文章、微视频制作、演讲竞赛任务，进一步提高了机关干

部对增强“四力”教育实践工作的思想认识和能力水平。

二是深化机关党委工作机制和党支部规范化建设。上海市社联党组定期召开、参加机关党建工作会议，贯彻落实市委宣传部、党组基层党建工作要求，组织党支部书记交流信息，共同研究、推动、解决党建工作重点难点问题。落实党建经费来源和预算执行。进一步加强党支部标准化、规范化建设。结合主题教育进一步加强《中国共产党支部工作条例》等党内法规学习，组织开展支部专题组织生活会，全体党员对照党章党规检视剖析，开展批评与自我批评，确定整改目标。严格执行党内政治生活制度，党组领导组织关系落在支部，参加双重组织生活，建立谈心谈话制度。严格落实党务公开和“三会一课”制度，积极支持各支部开展特色主题党日活动。组织开展党支部换届改选工作，机关党委认真制定方案，研究酝酿换届工作，对任期已满机关及所属事业单位各支部组织换届选举。规范程序，发扬党内民主，保障党员权利，以换届改选为契机，配齐配强党支部党务干部队伍。

三是结合综合监督单位工作要求，进一步加强纪检工作。上海市社联作为综合监督单位，在上海市纪委驻市委宣传部纪检监察组工作要求和指导下，市社联党组不断深化党风廉政“四则协同”机制建设，切实履行主体责任，制定党风廉政工作计划，定期研究党风廉政工作，修订完善《上海市社联“三重一大”决策制度》，严控党风廉政风险点。主要领导履行第一责任人职责，带头学习贯彻中央八项规定精神，要求班子成员和机关纪委注重执纪监督“四种形态”第一种形态，带头讲党课，经常开展党风廉政教育谈心谈话提醒；党组其他班子成员履行“一岗双责”，做好分管领域党风廉政教育工作。机关党委、机关纪委组织党支部认真开展党风廉政建设宣传教育，推进综合监督单位落实“四责协同”机制工作模式，层层压实责任，形成主体明晰、有机协调、层层传导、问责有力的全面从严治党责任落实机制。组织处级干部和党员观看警示教育片，弘扬学习先进典型，组织参观学习党史、新中国史等活动，开展落实中央八项规定精神、严防“四风”等党风廉政专题学习，持续深化“不敢腐、不能腐、不想腐”一体化推进。

八、围绕公务员职务职级并行改革，加大工作力度抓好干部队伍建设

一是开展干部队伍建设专题调研，扎实推进干部选任工作。先后通过座谈会、个别访谈等方式开展干部工作调研，共梳理十个方面的问题、29 条对上海市社联工作的改进意见和建议，内容涵盖优化干部结构、加强干部交流、提升干部综合素养、关心干部生活待遇等。通过调研，上海市社联党组进一步了解机关和刊业中心干部所思所想，摸清干部队伍状况，并多次召开专题会议，研究机关和刊业中心干部队伍建设工作，形成若干针对性的整改措施和工作方案并予以实施。

二是加强干部交流和干部选任力度，不断扩大选人用人视野，吸纳优秀人才充实干部队伍。通过多渠道、多层面加强干部交流，为青年干部发挥才干搭建通道和平台。既有从上级部门选任优秀干部到机关任职，也有输送机关青年干部到市委宣传部任职；既有选派青年干部到所属事业单位任职，也有机关内部处室干部交流使用。还开展多次处级干部选任工作，重点选拔了一批优秀青年干部充实干部队伍，进一步配齐配强机关和所属事业单位干部力量，上海市社联干部队伍结构和梯队建设得到进一步优化。

三是结合公务员职务职级并行制度实施，进一步激励机关干部干事创业、担当作为。上海市社联成立职务职级并行制度实施工作领导小组，加强政策解读宣讲，研究制定工作方案，积极稳妥推进完成职级套转和两次职级晋升工作。上海市社联年轻干部比例较高，工作努力、积极向上，是社联干部队伍重要的后续力量，上海市社联高度关注青年干部的成长，同时也关心主任科员任职资历较长的机关干部职业发展，在市社联机关二次职级晋升中，加大职级职数使用的激励力度，其中四级调研员晋升职数覆盖面达50%，让埋头苦干、尽心尽力，忠诚履职、守纪律讲规矩的同志看到自身职业发展的空间。

四是加强教育培训，提升综合素养，为干部选任工作打下厚实人才基础。上海市社联以中心组学习扩大会形式，围绕国家和上海市经济社会发展重点热点问题组织多个专题报告会，加强机关干部对国家和上海市经济社会发展战略的认识，提高工作站位。选派多名干部参加上海市委党校、上海市委宣传部组织的各类干部培训，分别安排机关、刊业中心青年干部出国考察和境外培训。同时以党建促进培训学习，提升机关干部社科理论素养和工作能力，通过多种形式的教育培训，加强人才队伍建设，为事业发展增添力量，为干部选任夯实基础。

重要活动

ZHONG YAO HUO DONG

领导视察

上海市人大常委会副主任沙海林赴上海市社联调研

8月7日，上海市人民代表大会常务委员会副主任沙海林一行五人来到上海市社联，调研如何开展民间外交及中美关系研究最新情况，并听取对友协工作的建议。上海市人民对外友好合作协会副会长景莹、常务理事黄品芳、宋哲敏等陪同调研。上海市社联主席王战，党组成员、专职副主席任小文，上海市美国问题研究所常务所长胡华、相关部门有关同志出席会议。

在调研座谈会上，任小文介绍了上海市社联的发展历程、工作职能、学术资源，社科界开展学术外交的特点、类型等情况。沙海林希望市社联能够依托现有资源，发挥好桥梁纽带的作用，在思想、学术领域积极开展对外交流活动，为服务国家总体外交、为上海顺利完成国家重大任务提供智力支持。

胡华介绍了美国所近年来出版的有关中美关系的图书和举办相关论坛的情况。沙海林表示，做研究工作要有客观冷静的态度，既不盲目乐观，也不消极悲观，希望市美国问题研究所发挥好高端智库作用，为中美之间开展民间外交和地方外交多做贡献。

上海市社联召开中心组学习扩大会暨机关党建工作例会

4 月 11 日，上海市社联召开中心组学习扩大会暨机关、所属事业单位党建工作例会。上海市社联党组书记权衡出席会议并讲话，党组成员、专职副主席解超、任小文，机关党委、机关纪委委员，机关及所属事业单位在职党支部全体支委参加了会议。

中心组学习扩大会认真学习了上海市委常委、宣传部部长周慧琳同志在近期上海市社联干部大会上的重要讲话精神。权衡在会议上指出，周慧琳同志讲话对市社联工作提出了新要求、新期望，进一步明确了市社联政治站位、功能定位和目标追求，对我们今后的工作提出了更高要求，具有重要的指导意义。市社联机关及所属单位各党支部要组织专题学习，联系实际学深学透，切实将讲话精神贯彻落实在市社联的各项工作中，团结凝聚广大社科工作者为繁荣中国特色哲学社会科学事业做出新的贡献。

机关党建工作例会传达了宣传系统 2019 年党建工作要点和纪检监察工作要点，部署了《社联开展增强“四力”教育实践工作的实施方案》，对 2019 年上海市社联机关党建工作要点和机关纪委工作要点作了重点说明。机关及所属事业单位各在职党支部总结交流了 2018 年支部工作和 2019 年支部工作计划。

权衡认真听取了各党支部交流汇报，对上海市社联的工作氛围和党员干部的精神面貌、对各支部工作成效予以充分肯定。他指出，党建工作的重要性被摆在了越来越重要的位置，市社联各级党组织要强化党建意识、切实承担起党建工作主体责任。对于如何进一步做好市社联机关党建工作。他提出四点要求：

一是始终把政治建设放在首位。把学习落实贯彻习近平总书记系列讲话精神，特别是考察上海重要讲话精神，以及中央新下发的重要文件精神作为关键抓手；把严肃党内政治生活在支部建设全过程中体现出来，引导教育全体党员干部牢固树立“四个意识”、坚定“四个自信”、坚决做到“两个维护”。

二是深化理论学习，积极践行落实。用好“学习强国”学习平台，结合新中国成立 70 周年等重要节日节点开展各类革命爱国主义教育和理想信念教育。落实好增强“四力”教育实践工作，做好工作台账和信息简报，教育实践工作要结合中心工作，体现社联工作特点、特色。

三是不断提高党建工作水平。加强工作规范化，严格按照党章规定，组织好今年的党支部按期换届工作。结合中心工作，发挥上海市社联理论资源优势，开展更多接支部地气、合党员需求的党内生活。

四是坚持党风廉政建设，强化正风肃纪。要继续加强党风廉政建设的力度，确保党风廉政责任的层层落实。在当前全面从严治党要求越来越严的新形势下，上海市社联党员干部要主动从严规范约束自己，做到该坚持的原则坚持住，该守住的规矩牢守住。各党支部有义务将政策"红线""底线"及时传递到每位党员干部，保证党风廉政制度规定落实落地，不留空白点。

党组成员、专职副主席、机关党委书记解超主持党建工作例会，并对支部交流发言作了点评。他总结说，一年来各党支部紧紧围绕上海市社联中心工作和机关党委工作要求开展工作，工作有成效、有特色，总体上体现了规范、有效、尚学、务实几大特点。接下来各党支部要按照权衡书记要求，在已有工作的基础上，在理论学习、制度执行、支部建设等方面进一步提升加强，坚持将党建融入业务、以党建促进发展，积极开展增加"四力"教育实践工作，持续推进"两学一做"学习教育常态化制度化，夯实党风廉政建设，争取在今年工作中取得更大的突破。

会议要求近期各党支部安排一次专题组织生活会，结合各自工作实际，认真学习领会周慧琳同志讲话对上海市社联工作的新要求、新期望。

会议还对上海市社联增强"四力"教育实践工作项目之一"走近大师　传承精神——唱响上海文化品牌建设赞歌"主题寻访活动进行了专门布置，该活动从市社联"礼赞大师"推出的首批68位社科大师中选出陈望道等8位大师，开展历时三个月的寻访活动，设立资料采集、微视频制作、撰写纪念文章、演讲竞赛等四个环节，组织党员干部在活动中锻炼"脚力、眼力、脑力、笔力"，走近大师、感悟风范、传承精神，进一步提升机关干部社科理论素养和工作能力。

上海市社联召开“不忘初心、牢记使命”主题教育动员大会

6 月 6 日下午，上海市社联召开“不忘初心、牢记使命”主题教育动员部署会。上海市委“不忘初心、牢记使命”主题教育第二巡回指导组组长杜治中，市社联党组书记、专职副主席权衡出席会议并讲话。

权衡在动员讲话中指出，在全党开展“不忘初心，牢记使命”主题教育，是党的十九大作出的一项重大部署。上海市社联广大党员干部要切实提高思想认识，深刻把握主题教育的重大意义，认真学习、深刻领会、全面贯彻习近平总书记在主题教育工作会议上的重要讲话精神，进一步提高思想认识，切实按照市委和市委宣传部的部署开展好这次主题教育。

权衡要求，上海市社联要深刻把握主题教育“守初心、担使命，找差距、抓落实”的总要求，深入聚焦主题教育根本任务抓落实，坚持把学习教育、调查研究、检视问题、整改落实贯穿全过程，确保主题教育取得实实在在的效果。

权衡强调，主题教育应该结合社联的实际和特点，增强主题教育的针对性和实效性。要把主题教育同推进“两学一做”学习教育常态化制度结合起来，同深入开展增强“四力”教育实践工作结合起来，同“更好发挥社联作用，加快构建中国特色哲学社会科学”为主题的社联大调研工作结合起来，同组织社科界庆祝新中国成立 70 周年、服务国家战略和上海发展研究、打响“上海文化”品牌等社联中心工作结合起来。

杜治中指出，上海市社联要认真学习贯彻习近平总书记重要讲话精神和中央、上海市委部署要求，聚焦根本任务抓好落实，把深入学习贯彻习近平新时代中国特色社会主义思想作为最突出的主线，落实到学习教育全过程、各方面。要把握“十二字”总要求抓好落实，教育引导党员干部在学习教育、检查问题中坚持“守初心、担使命、找差距、抓落实”。紧扣“五句话”目标抓好落实，坚守“理论学习有收获、思想政治受洗礼、干事创业敢担当、为民服务解难题、清正廉洁做表率”的目标。要坚持四个“贯穿始终”抓好落实，力戒形式主义、官僚主义，以好的作风确保主题教育取得好的效果。

会议由上海市社联党组成员、专职副主席解超主持。上海市委主题教育第二巡回指导组有关，市社联党组成员、专职副主席任小文，党组成员、副巡视员莫剑平及市社联系统全体党员共 70 余人参加会议。

上海市社联举行“不忘初心、牢记使命”主题教育集中学习专题党课

6月11日上午，上海市社联举行“不忘初心，牢记使命”主题教育集中学习，邀请同济大学马克思主义学院李占才教授作题为“不忘初心，牢记使命——谈谈共产党人的理想信念与使命担当”的专题党课。上海市社联党组书记、专职副主席权衡，党组成员、副巡视员莫剑平以及机关、所属事业单位全体干部近50人参加学习。党组成员、专职副主席解超主持学习会议，市委主题教育第二巡回指导组成员与会。

李占才教授围绕“中国共产党的初心和使命是什么”“什么是新时代”“新时代共产党人的理想信念与使命担当”这三个方面以丰富的史料、生动的事例解读了中国共产党的初心是什么，中国共产党的初心产生的背景。提出了不同历史阶段的任务和阶段性使命在变化，恒久不变的是我们的初心。李占才教授结合习近平总书记告诫我们的“永远保持对人民的赤子之心”和“不能忘记为什么出发”这两句话，强调要把人民放在心中最高位置的重要性和必要性。

针对“什么是新时代”这个问题，李占才教授提出中国特色社会主义新时代的定位包括五个方面，“五个时代”回答了五个问题：即我们要走什么样的道路；我们要建设什么样的国家；我们要实现什么样的发展；我们要达到什么样的目标；我们要为世界作出什么样的贡献。

权衡作“不忘初心、牢记使命，深入学习习近平新时代中国特色社会主义思想”专题党课

6 月 14 日，上海市社联举行中心组学习（扩大）会议，由党组书记、专职副主席权衡作“不忘初心、牢记使命，深入学习习近平新时代中国特色社会主义思想”专题党课。上海市委主题教育第二巡回指导组副组长文选才，市社联党组成员、专职副主席解超、任小文，党组成员、副巡视员莫剑平出席会议。该活动系上海市社联“不忘初心、牢记使命”主题教育集中学习的一部分。

权衡在党课中首先解读了新时代党和国家的指导思想。他指出，党的十八大以来，以习近平同志为核心的党中央站在推动中国特色社会主义更加成熟定型和实现中华民族伟大复兴的战略高度，创造性地提出一系列新理念新思想新战略，创立了习近平新时代中国特色社会主义思想。党的十九大把这一思想确立为我们党必须长期坚持的指导思想并写进党章，实现了党的指导思想的与时俱进。十三届全国人大一次会议通过的宪法修正案把这一思想郑重载入宪法，实现了国家指导思想的与时俱进。

在随后的讲课过程中，权衡围绕习近平新时代中国特色社会主义思想的时代背景和实践基础、丰富内涵和精神实质、实践要求和发展方向等三方面内容展开系统论述；并从经济学的角度，以详实的数据诠释了习近平新时代中国特色社会主义经济思想的丰富内涵。

会议由上海市社联党组成员、专职副主席解超主持。市委主题教育第二巡回指导组有关同志，市社联处以上干部、各党支部书记，主题教育组织组、宣传组部分工作人员与会。

上海市社联召开"不忘初心、牢记使命"主题教育领导小组办公室工作会议

6月24日，上海市社联召开机关党建工作例会暨"不忘初心、牢记使命"主题教育领导小组办公室工作会议。党组成员、专职副主席、机关党委书记、主题教育领导小组副组长解超，党组成员、副巡视员、主题教育领导小组成员莫剑平出席会议，上海市社联主题教育领导小组办公室及工作小组成员，机关党委、机关纪委委员，机关及所属事业单位党支部书记与会。会议由解超主持。

莫剑平对社联主题教育领导小组办公室各工作组近期工作提要求。上海市社联组织人事处处长厉强传达《上海市"不忘初心、牢记使命"主题教育第一批单位工作建议安排》并作近期社联主题教育工作提示说明。

解超在讲话中指出，在上海市社联开展主题教育，就是要推动社联各级党组织和广大党员干部进一步把思想和行动统一到中央和市委决策部署上来，按照市委宣传部工作要求，进一步用习近平新时代中国特色社会主义思想和党的十九大精神武装头脑、指导实践、推动工作。要以处级以上领导干部为重点，在学懂弄通做实习近平新时代中国特色社会主义思想上下功夫、作表率，确保"不忘初心、牢记使命"主题教育取得实效。

上海市社联召开“不忘初心、牢记使命”主题教育研讨会纪念中国共产党成立98周年

6月28日下午，上海市社联召开纪念中国共产党成立98周年暨“不忘初心、牢记使命”主题教育学习交流研讨会。市社联党组书记、专职副主席、社联主题教育领导小组组长权衡出席会议并讲话，会议由市社联专职副主席、主题教育领导小组副组长解超主持，市社联专职副主席任小文，市社联党组成员、副巡视员莫剑平出席会议。市社联机关及所属事业单位在职党员、离退休支部党员代表、入党积极分子、民主党派和党外群众代表等参加了会议，市主题教育巡回指导组第二组洪彦阁莅临指导。

权衡在讲话中分享了自己在主题教育学习阶段中的四点体会：一是常学常新，常学常悟。《习近平新时代中国特色社会主义思想学习纲要》中有很多新论断、新提法、新举措，需要深入学、系统学。二是在讲党课中边讲边学习。在讲课和备课中使自己不断得到充实。三是在调查研究中学习。通过召开学术团体党建工作座谈会，社联一百多个学会的建立党工组，使党建工作做到全覆盖，确保政治引领，推动广大社科界工作者深入学习贯彻习近平新时代中国特色社会主义思想。四是在交流汇报中相互学习，汲取先进经验，提升自我素养。

权衡在讲话中针对进一步推进主题教育工作提了四点要求：一是要按照上海市委宣传部的要求，要带着思考和研究去学习。社联是联系服务社科界理论研究的重要阵地，在理论学习中要有思考、有进步、有启发、有提高。二是要带着问题和实践去学，做到学、思、用贯通，知、信、行统一。希望大家结合部门工作、结合自己手头工作在调研座谈中学习，将理论学习与解决实际工作中的问题结合起来，不仅在思想上贯通，还要在解决实际问题上的能力上有进一步提高。三是要创新手段方式方法学习。要沉下来、坐下来、静下来真正读原著、悟原理，并将其落实到各项实践工作的改进和提升中。四是要把自己摆进去学习，要在能力方面、工作作风方面检视问题，寻找差距，并进行改进。

会上，上海市社联机关及所属事业单位党支部党员代表进行了交流发言。

上海市社联召开干部会议传达学习十一届市委七次全会精神

7月2日上午，上海市社联召开干部工作会议，专题传达学习十一届市委第七次全委会精神，研究上海市社联干部工作。党组书记、专职副主席权衡主持会议并讲话，党组成员、专职副主席解超传达市委全会精神，党组成员、专职副主席任小文，党组成员、副巡视员莫剑平、陈麟辉以及市社联全体处级干部参加会议。

权衡结合学习上海市委七次全会精神指出：事业发展，关键在人。干部队伍建设是我们完成各项事业的最重要、最关键的因素，市委七次全会审议通过《中共上海市委关于进一步加强干部队伍建设奋力担当新时代新使命的若干意见》，就打造一支充满激情、富于创造、勇于担当的干部队伍作出了全面部署。李强书记就贯彻落实全会精神和做好下半年工作作了讲话。我们要认真学习贯彻会议精神，把上海市社联各项工作推上新台阶。

权衡对上海市社联下一步干部队伍建设工作提出意见，强调要结合主题教育调查研究，进一步深入做好干部队伍调研工作。通过青年干部座谈会，谈心谈话，了解干部情况，党组班子成员对分管部门、各部门负责人对本部门干部队伍都要开展调研、谈话谈心，一起参与调查研究干部队伍建设工作。

权衡指出，要认真做好公务员职务职级并行制度实施工作。要成立工作领导小组，进一步细化实施工作方案。工作小组要有代表性，要做好政策宣传解读，让大家了解、支持这项改革工作。要把这项工作与促进干部队伍建设，调动干部积极性联系起来，严格规范工作程序，把好正向激励导向。

权衡强调，要进一步形成鲜明的上海市社联干部队伍工作作风。市社联各级干部要继续保持干事创业高昂的精气神，把本领过硬、素质过硬、作风过硬作为自身要求，团结协作，确保社联各项工作再上新台阶。对干部要严管厚爱并重，各级领导干部要严格管理队伍，加强工作纪律，严格实施报告请示制度。同时，要以上级担当推动下级有作为，为大家干事创业保驾护航。

会议还传达学习了上海市推进长三角一体化发展动员大会和中共上海市委宣传部近期工作会议精神，要求结合主题教育认真学习习近平总书记考察上海重要讲话精神，主动对标《长江三角洲区域一体化发展规划纲要》推动落实，组织社科理论界加强宣传、研究、决策咨询力度，发挥社联作用。上海市社联机关、刊业中心等各部门要按照市委宣传部对社联的工作要求，树牢风险防范意识，为迎接建国70周年营造良好氛围。

上海市社联召开“不忘初心、牢记使命”主题教育党组中心组学习(扩大)会议

7月11日,上海市社联召开“不忘初心、牢记使命”主题教育党组中心组学习(扩大)会议,市社联党组班子成员逐一发言,集中学习研讨习近平总书记在中央政治局第十五次集体学习时重要讲话的体会。上海市委“不忘初心、牢记使命”主题教育第二巡回指导组组长杜治中出席会议。市社联党组书记、专职副主席权衡主持会议并讲话,市社联专职副主席解超、任小文,市社联党组成员、副巡视员莫剑平、陈麟辉出席会议。

权衡在讲话中要求上海市社联全体党员干部学好用好《习近平新时代中国特色社会主义思想学习纲要》(以下简称《学习纲要》),提高政治站位和理论水平。他指出,《学习纲要》全面深入系统阐述了习近平新时代中国特色社会主义思想的内容体系,对于深入学习和阐释新时代新思想提供了重要指南。要通过读原著、学原文、悟原理,更加深刻体会到新时代新思想蕴含的重大理论和创新性特点。

会上,权衡还分享了学习习近平总书记在中央政治局第十五次集体学习时重要讲话精神的四点体会。一是要把理论学习与进一步提高政治站位结合起来,突出政治引领作用。更加自觉地遵守党的政治纪律和政治规矩,要带头增强“四个意识”、坚定“四个自信”、做到“两个维护”。二是要把理论学习与检视问题结合起来,突出效果导向。要立足现实,找到自身差距,敢于剖析自己发现问题。三是要理论教育与落实群众路线结合起来,突出群众立场。要用群众的实践评价、群众的判断、群众的实践来评价我们的工作和作风。四是要把理论学习与改进作风结合起来,突出担当和责任意识。尤其是结合社联工作实际,围绕守牢主流意识形态主阵地和更好服务经济社会发展两大重点任务,自觉接受群众各级组织的监督,把各方面工作做得更好。

解超在发言中指出,习近平总书记在中共中央政治局第十五次集体学习时重要讲话,深刻回答了两个重大的问题,即为什么要开展“不忘初心、牢记使命”主题教育,以及如何开展“不忘初心、牢记使命”主题教育,非常及时,也非常具有针对性,对于如何更好地开展接下来的主题教育具有重要的指导意义。回顾党的历史,为什么我们党在那么弱小的情况下能够逐步发展壮大起来,从胜利走向胜利,根本原因就在于不管是处于顺境还是逆境,我们党始终坚守为中国人民谋幸福、为中华民族谋复兴这个初心和使命,从而赢得了人民衷心拥护和坚定支持。中国特色社会主义进入新时代,我们要把不忘初心、牢记使命作为加强党的建设的永恒课题,始终保持强烈的自我革命精神,真正把主题教育成效体现

到党员干部增强党性、提高能力、改进作风、推动工作上来。

任小文在发言中强调,“不忘初心、牢记使命”主题教育的逻辑线是守初心、担使命、找差距、抓落实。学习教育取得扎扎实实的成效,就应该体现在按照习近平总书记的要求,按照中央的决策,按照上海市委的部署,把各项工作任务落实到位。教育学习的过程,就是帮助我们守住初心、担当使命、找准差距、抓好落实的过程,就是自我革命、正视问题、自我提高的过程。领会习近平总书记的讲话精神,仅仅完成学习任务是不够的,需要用习近平新时代中国特色社会主义思想,用习近平总书记的重要讲话精神,用习近平总书记对上海的要求,对自己所担负的工作进行“工作初心再审视、工作方法再审视、工作效果再审视”,进一步明确为什么要干、怎么干和干出什么结果的问题。

莫剑平在发言中指出,政治纪律和政治规矩是党的各项事业的生命线,如果不严加防范、及时整治,久而久之,必将积重难返,小问题就会变成大问题、小管涌就会沦为大塌方。而主题教育活动,就是解决这些问题的有效方案。通过主题教育,全党同志不忘初心、牢记使命,自我革命,坚定理想信念、加强党性修养、严肃党内政治生活、从严管党治党。上海市社联是意识形态工作的主要部门,市社联的党员干部所从事的工作是政治性很强的业务工作,同时也是业务性很强的政治工作。因此,从事社科工作的党员干部不仅业务要熟、作风要正、更要讲政治,严守政治纪律和政治规矩。

陈麟辉在发言中谈到,为中国人民谋幸福,为中华民族谋复兴,是我们的初心,也是我们的目标。实现目标必须找准问题、研究问题、把握问题、解决问题。只有树立强烈的问题意识,才能实事求是地对待问题,才能找到指引新时代进步的目标,才能激发共产党人的自我革命的精神。要保持强烈的问题意识,坚持问题导向。要始终坚持实事求是,做到求真务实。以问题为导向,深入基层调查研究,发现问题、解决问题,我们才能永葆先进性和纯洁性、永葆青春活力,并永远得到人民群众的拥护和支持,实现不断的自我革命和长期执政。

杜治中代表上海市委主题教育第二巡回指导组对上海市社联主题教育集中学习阶段的成效给予充分肯定和高度评价。他指出,市社联党组班子对主题教育,特别是对加强政治建设认识有高度,对理论学习研究有深度,围绕理论联系实际有宽度。市社联主题教育集中学习研讨安排有计划、有落实、有成效,体现出党组班子的高度重视,体现出主要领导的第一责任,体现出班子领导的带头作用,对此指导组给予充分肯定,高度评价。

杜治中希望上海市社联党员干部能进一步静下心、坐下来,凝心聚神“读原文、学原著、悟原理”,特别是认真学习“两书一章”,学习时间和学习效果要严格落实主题教育规定和要求。要贯彻强调“有机融合、统筹推进”,要认真落实市主题教育贯通四项重点措施要求,主题教育各个阶段不是串联关系,而是并联关系,要把学习研讨贯穿主题教育全过程,包括调查研究、检视问题、整改落实都同步推进、立行立改,贯穿始终。

在会议上,上海市社联党组领导还对如何做好下一步主题教育提出了工作要求。市社联机关及所属事业单位处级干部、各党支部书记、市社联主题教育领导小组相关工作人员与会。

莫剑平作“牢记初心使命　严守党纪党规”专题党课

7月12日，上海市社联举行“不忘初心、牢记使命”主题教育专题党课，由上海市社联党组成员、副巡视员莫剑平作题为“牢记初心使命　严守党纪党规”专题党课。会议由市社联党组成员、专职副主席解超主持，社联机关、所属事业单位全体党员干部、入党积极分子等参加学习。

莫剑平主要围绕“把党建设得更加有力”的主题，从四个方面进行了深入阐述。莫剑平提出，中国共产党是靠革命的理想和铁的纪律组织起来的马克思主义政党，加强纪律建设是全面从严治党的治本之策。他还列举了纪检监察的大量案例，提出自党的十八大以来，全面从严治党成效卓著，作风建设任重道远。

莫剑平认为，这次主题教育，是一次“大盘点”。要针对自身存在的问题，自当“郎中”、自开“处方”。切实把问题检视到位，把根源剖析到位，把整改落实到位。通过认真学习、调查研究、检视问题、抓好整改，把不忘初心的标尺立起来，把牢记使命的责任扛起来，把存在的短板补起来、把党员的先锋形象树起来。

上海市社联开展“不忘初心、牢记使命”主题教育领导干部集中学习

7月17日上午和19日下午，上海市社联开展“不忘初心、牢记使命”主题教育领导干部集中学习。重点组织领导干部集中学习《习近平关于“不忘初心、牢记使命”重要论述选编》《习近平新时代中国特色社会主义思想学习纲要》和《中国共产党党章》，认真学习贯彻习近平总书记在中共中央政治局第十五次集体学习时重要讲话和习近平总书记在中央和国家机关党的建设工作会议上重要讲话，理解其核心要义和实践要求。市社联党组班子成员、机关及所属事业单位处级干部和党支部书记参加了此次集中学习活动。

上海市社联党组书记、专职副主席权衡在集中学习期间进行领学和导读。权衡指出，《习近平新时代中国特色社会主义思想学习纲要》全面深入系统地阐述了习近平新时代中国特色社会主义思想的内容体系，对于深入学习和阐释新时代新思想提供了重要指南。全书逻辑体系完整，思想内容深刻，具有理论创新的原创性贡献。权衡结合自学感悟，和大家一起分析了《学习纲要》的逻辑体系，并带领大家对《学习纲要》重点内容进行了认真研读。

本次集中学习以自学为主、学辅结合，为进一步找差距、抓落实，坚持高标准高质量，持续深入开展主题教育奠定了基础。

上海市社联举行青年干部队伍建设调研座谈会

根据上海市社联党组领导主题教育调查研究工作安排，7 月 18 日上午，上海市社联党组书记、专职副主席权衡与社联青年干部围绕队伍建设工作举行座谈。与会的 15 名机关、刊业中心的青年代表结合自身工作实际，认真交流思想认识，畅谈工作、学习和生活体会，提出了自己的观点和想法，会议发言踊跃、气氛热烈。

权衡书记认真聆听青年干部的发言，表示上海市社联青年干部队伍具有高素质、充满活力以及富有创造和激情的特点；他认为大家提的意见建议很有建设性和针对性，表示在主题教育中要认真研究和汲取，进一步推动市社联各方面工作再上新台阶。座谈会上，他还就年轻人的职业规划定位、进一步培养提升工作热情兴趣、快乐工作、将本职工作融入经济社会发展大局、干中学以及锻炼才干、提升能力等，同与会青年干部和人才进行交流互动。他表示，要把市社联干部队伍建设与市社联整体工作结合起来，进一步为青年干部的成长创造更加好的条件和平台。

陈麟辉作“从革命领袖的人格风范谈起”专题党课

7月19日，上海市社联举行“不忘初心、牢记使命”主题教育专题党课，由上海市社联党组成员、副巡视员陈麟辉作题为“不忘初心、牢记使命——从革命领袖的人格风范谈起”的专题党课。会议由市社联党组成员、专职副主席解超主持。市社联机关、所属事业单位全体党员干部参加学习。

陈麟辉结合陈云同志在各个历史时期工作、生活的丰富案例，从勤于学习、善于学习，善于总结、真抓实干，洞悉全局、抓住要害，实事求是、勇于进取，无私无畏、坚持真理，廉洁奉公、以身作则，处事谨慎、多谋善断，宽容豁达、仁者多寿等八个方面解读了伟人陈云的人格风范。并联系当下上海市社联工作及社会实际问题，启发党员干部思考和理解伟人人格风范的时代意义。

陈云同志在多年的革命生涯中始终坚持追求真理，忠于党和人民，为党和国家做出了杰出贡献，他坚定的理想信念、高尚的人格风范及伟大的光辉事迹都是极具现代意义的红色文化资源。通过开展主题党课，上海市社联党员干部在接受政治洗礼的同时更感到一种责任——不仅要学习伟人精神，更要在日后的工作中发扬伟人精神，不忘初心、牢记使命，脚踏实地做好理论研究和理论引领工作。

任小文作“构建强大的主流意识形态”专题党课

7月26日上午，上海市社联举行“不忘初心、牢记使命”主题教育专题党课，由上海市社联党组成员、专职副主席任小文作题为“不忘初心、牢记使命——构建强大的主流意识形态”的专题党课。会议由市社联党组成员、专职副主席解超主持，市社联机关、所属事业单位全体党员干部参加学习。

任小文结合自己在参加学习、调研、培训中的心得体会，围绕关于意识形态的重要性、关于意识形态的内涵、关于意识形态安全和关于构建强大的主流意识形态四个方面做了深入阐述。

任小文认为，习近平总书记关于意识形态问题的系列重要论述是“一以贯之”“相互贯通”“贯通古今”的，“经济建设是党的中心工作，意识形态工作是党的一项极端重要的工作”，学习好习近平总书记的重要讲话精神对于构建强大的主流意识形态具有重要意义。通过党课的学习，上海市社联党员干部要更加重视意识形态工作，更好地为上海经济和社会高质量发展服务。

上海市社联召开“不忘初心、牢记使命”主题教育工作会议

7月31日下午，上海市社联召开“不忘初心、牢记使命”主题教育工作会议。上海市社联党组成员、专职副主席、机关党委书记、主题教育领导小组副组长解超，党组成员、副巡视员、主题教育领导小组成员莫剑平出席会议，市社联主题教育领导小组办公室及工作小组成员，机关党委、机关纪委委员，机关及所属事业单位党支部书记与会。会议由解超主持。

在会议上，莫剑平传达了上海市主题教育有关文件精神。机关及所属事业单位各党支部就本支部开展主题教育集中学习研讨情况进行交流。会议还就近期主题教育工作进行了布置。

解超在讲话中指出，上海市社联要按照市委主题教育领导小组要求，紧紧围绕“守初心、担使命、找差距、抓落实”的总要求，结合社联工作实际，探索方法、创新形式，把“学习教育、调查研究、检视问题、整改落实”四项重点措施贯通起来，确保主题教育各项工作落实到位，完成到位，取得实效。

上海市社联召开“不忘初心、牢记使命”党组调研成果交流会

7 月 31 日上午，上海市社联召开“不忘初心、牢记使命”主题教育党组调研成果交流会。上海市社联党组班子成员、社联机关及所属事业单位处级干部、党支部书记出席会议，市主题教育巡回指导组第二组洪彦阁莅临指导。会议由上海市社联党组书记、专职副主席、社联主题教育领导小组组长权衡主持。

上海市社联党组班子成员权衡、解超、任小文、莫剑平、陈麟辉在调研成果交流会上分别围绕新时代如何更好地发挥市社联在党的理论创新中的重要作用、市社联干部队伍建设、市社联如何服务上海哲学社会科学发展与经济社会高质量发展、加强江南文化研究的组织推进工作、发挥社科会堂作用助推社科事业、加强和深化红色文化研究与传播等调研主题做了交流。上海市社联党组领导高度重视调研工作，在调研中查找工作中存在的短板，在调研中着重寻找问题原因，听取群众意见、集中民智，找到解决问题的思路与方法，共形成 5 份调研报告，为下一步检视问题和整改落实奠定了坚实基础。

权衡在讲话中对做好下一步上海市社联主题教育工作进行了部署：一是要继续广泛听取意见建议，梳理形成问题清单，为问题检视打好基础；二是要认真做好问题整改落实的准备；三是要继续加强学习教育工作，把工作推动和学习教育结合起来，形成长效学习机制；四是要推动抓好基层党支部学习工作，继续把主题教育推向深入。

上海市主题教育巡回指导组第二组洪彦阁对上海市社联主题教育调研情况给与充分肯定。他指出，市社联主题教育调研具有五个特点：一是调研报告坚持了问题导向；二是调研的内容坚持从实际出发；三是调研行动重点突出；四是调研内容言之有物；五是调研活动富有成效，工作建议有思考、有成效。

上海市社联召开“不忘初心、牢记使命”庆祝建军92周年退役军人茶话会

8月1日下午，上海市社联机关党委、机关工会举行了“不忘初心、牢记使命”退役军人茶话会，庆祝中国人民解放军建军92周年。上海市社联党组成员、专职副主席、机关党委书记解超，党组成员、副巡视员莫剑平出席会议，与机关退役军人亲切座谈。

茶话会气氛轻松热烈，与会退役军人深情地回顾了各自的军旅生涯，纷纷表示要把部队的好传统、好作风在工作中发扬光大，努力为社联事业发展作出应有的贡献。

解超在座谈会上强调，当前全党正在深入开展“不忘初心、牢记使命”主题教育活动，作为退役军人，服役时练兵备战，为的是巩固国防、维护社会稳定；退役后参加国家建设事业，为的是人民的幸福安康、国家的繁荣富强。希望大家继续保持军人本色，不忘初心，发扬“听党指挥、能打胜仗、作风优良”的部队传统，在各自的工作部门发挥模范带头作用，为上海市哲学社会科学事业的发展贡献力量。

解超作“从历史感悟初心”专题党课

8月2日上午，上海市社联举行“不忘初心、牢记使命”主题教育专题党课，由上海市社联党组成员、专职副主席解超作题为“从历史感悟初心”专题党课。上海市社联机关、所属事业单位全体党员干部参加学习。

解超以中国共产党的建立、中华人民共和国成立、推进改革开放和中国特色社会主义事业三大历史性事件为坐标，对中国共产党近百年和新中国70年的光辉历程做了系统回顾和深入阐述。

解超认为，通过回顾五四运动以来我国发生的三大历史性事件和近代以来实现中华民族伟大复兴的三大里程碑，进一步了解中国共产党诞生的背景和奋斗历程，中华人民共和国成立后关于经济文化落后国家如何进行社会主义革命和建设的艰辛探索，改革开放的辉煌进程与世界意义等问题，可以从中深刻感悟党的初心和使命的内涵，经受思想的洗礼。通过党课的学习，上海市社联党员干部深刻体会到时刻不能忘记走过的过去，不能忘记为什么出发，面向未来，面对挑战，一定要不忘初心、继续前进。

上海市社联召开“不忘初心、牢记使命”主题教育党组民主生活会征求意见座谈会

8月12日和8月14日，上海市社联召开“不忘初心、牢记使命”主题教育党组班子民主生活会征求意见座谈会，分别听取了上海市社联所属学术社团代表、高校和研究机构代表、区委宣传部和基层社科普及基地代表，以及市社联机关及所属事业单位干部、群众、民主党派代表的意见建议。上海市社联党组书记、专职副主席、社联主题教育领导小组组长权衡主持座谈会。

与会代表对于上海市社联党组落实习近平总书记讲话精神，特别是关于视察上海时重要讲话的精神；认真贯彻实施中央、上海市委和市委宣传部的各项工作任务，在积极推进上海市哲学社会科学建设发展等中心工作；在对表“六对照、一结合”要求，增强“四个意识”、坚定“四个自信”，做到“两个维护”，以及在群众观点、群众立场、群众感情、服务群众等方面给予了高度评价。代表们充分肯定了近年来市社联在繁荣哲学社会科学事业中做出的积极贡献和取得的创新成果，并就服务中心工作、培养社科人才、推进社科普及、加强机关建设等方面提出了自己的意见建议。

座谈会气氛热烈，权衡边认真听取各位代表发言，边就大家提出的意见建议进行表态和回应。他还代表党组介绍了上海市社联在主题教育期间调查研究的主要情况，表示：上海市社联将进一步整合学术资源和专家资源，不断提升服务决策咨询的能力，更好地服务上海经济社会高质量发展的中心工作；将通过充分发挥“学会”这一平台作用，服务好各类专家学者，探索建立健全中青年学者的培养机制；将努力探索社科成果的通俗化大众化路径，使党的创新理论和社科人文知识让老百姓能听得懂、听得进。

在提到上海市社联机关建设时，权衡强调，市社联对标市委、市委宣传部对社联工作提出的新标准、新要求，将会认真研究大家提出的建议意见，将积极推进各个职能处室的资源共享，进一步集中优势开展哲学社会科学建设工作，增强团队协作，进一步提升工作效能；就青年人才和干部成长问题，将有步骤有计划在机关内部举办召开学习讲座、组织参观考察、开展调查研究等活动，不断提升广大干部尤其是青年干部的综合能力；将进一步加强机关党建，增强广大党员干部的党性意识、责任意识、担当意识、服务意识；将积极引导和鼓励各部门在工作中发挥创新创造精神，激发机关干部干事创业的热情，并不断完善干部梯队建设，畅通干部晋升渠道；将进一步完善社联工会等群众组织建设，通过开展经常性群众活动，提升机关干部的凝聚力。

上海市社联召开“不忘初心、牢记使命”主题教育对照党章党规找差距专题会议

8 月 22 日上午，上海市社联召开“不忘初心、牢记使命”主题教育对照党章党规找差距专题会议。会议由市社联党组书记、专职副主席、社联主题教育领导小组组长权衡主持，市社联党组成员解超、任小文、莫剑平、陈麟辉出席会议。市委主题教育第二巡回指导组副组长文选才及组员洪彦阁、张金晶莅临指导。

会上，上海市社联党组班子成员逐一发言，围绕主题教育“守初心、担使命，找差距、抓落实”的总要求，逐条对照党章、《关于新形势下党内政治生活的若干准则》《中国共产党纪律处分条例》有关规定，把自己摆进去、把职责摆进去、把工作摆进去，深刻检视分析，认真查找自身差距和不足，剖析产生问题的原因，明确整改方向和措施。

上海市委主题教育第二巡回指导组副组长文选才对市社联主题教育对照党章党规找差距工作表示高度肯定。他指出，社联党组领导高度重视、认真部署，很好地把握了这次专题会议的相关要求。他指出接下来主题教育要做好两个方面的重点工作：一是要开好民主生活会。落实中央要求，做好谈心谈话工作，为民主生活会做好准备。二是要抓好问题的整改与落实，做好效果的评估。要把查改问题、检视问题贯穿始终。

上海市社联召开“不忘初心、牢记使命”主题教育党组专题民主生活会

8月29日上午，上海市社联召开“不忘初心、牢记使命”主题教育党组专题民主生活会。上海市委“不忘初心、牢记使命”主题教育第二巡回指导组组长杜治中，副组长文选才，组员周顺风、洪彦阁、张金晶、苏鹏一行6人到会指导，上海市社联党组班子成员出席会议，机关党委、机关纪委、工会相关人员列席会议。市社联党组书记、专职副主席、社联主题教育领导小组组长权衡主持会议。

上海市社联党组班子高度重视这次民主生活会，精心组织谋划，紧扣学习贯彻习近平新时代中国特色社会主义思想的主线，聚焦“不忘初心、牢记使命”的主题，从深入开展学习、广泛听取意见、深入谈心谈话、梳理检视问题、确定整改措施等方面，扎实做好各项会前准备工作。权衡与上海市社联党组成员、各党组成员之间相互开展谈心谈话，并在此基础上组织起草了市社联党组班子检视剖析材料；每个党组成员撰写了个人检视剖析材料。会上，权衡代表市社联党组班子作了检视剖析，并开展个人检视剖析，其他党组成员逐一进行个人检视剖析，相互之间开展了批评帮助。大家紧扣会议主题，谈认识、谈体会，摆问题、找不足，认真开展批评和自我批评，查摆问题深刻，整改措施务实，达到了寻找差距、修正错误、增进团结、共同提高的目的。

杜治中对上海市社联主题教育开展情况给予了充分肯定。他指出，上海市社联认真贯彻落实市委“不忘初心、牢记使命”主题教育工作要求，按照市委宣传部的工作部署，把学习教育、调查研究、检视问题、整改落实贯穿始终。党组领导重视程度高，组织能力强，态度严谨认真。注重学习调研方法研究，将年轻干部教育培养同主题教育结合起来，激活干部学习热情，用心用脑全力推进上海市委、市委宣传部对市社联的工作部署。同时，专题民主生活会聚焦主题，刀刃向内，工作扎实，准备充分，自我批评认真，相互批评到位，起到了红红脸、出出汗、拉拉袖的提醒帮助作用。杜治中对市社联下一阶段工作提出三点要求。一是要继续推进理论学习，党组班子成员要先学一步、学深一步，把好政治方向，提高政治站位。二是要加强问题整改，充分发挥社联智库优势，提升服务上海高质量发展的能力。三是要坚守初心，勇于自我革命，进一步提高领导班子干事创业的精气神。

权衡表示，感谢上海市委第二巡回指导组对市社联本次主题教育工作的指导，接下来将按照市委、市委宣传部的工作要求，团结带领班子成员，激发市社联党员干部干事创业精气神，将整改措施一一落实，确保主题教育工作取得实效。

上海市社联召开“推动长三角实现更高质量一体化发展”主题党组中心组学习(扩大)会议

9月27日,上海市社联召开党组中心组学习(扩大)会议。上海市发展改革委副主任、市推进长三角一体化发展领导小组办公室副主任张忠伟应邀为学习会作题为“推动长三角实现更高质量一体化发展”的主题报告。上海市社联党组书记、专职副主席权衡主持会议,机关各处室、所属事业单位全体干部列席会议。

权衡书记指出,加强理论学习制度化是社联巩固深化“不忘初心、牢记使命”主题教育成果的重要举措。上海市社联将以本次中心组学习为良好开端,定期邀请专家学者开讲座、作报告,阐释重大理论观点、重大战略思想、重大工作部署,以理论学习进一步促进干部队伍建设和能力水平提升。

上海市社联召开“中国国际进口博览会推动上海开放发展上新台阶”主题党组中心组学习（扩大）会议

10月28日，上海市社联召开党组中心组学习（扩大）会议。上海市商务委员会总经济师张国华应邀为学习会作题为“中国国际进口博览会推动上海开放发展上新台阶”的主题报告，上海市社联党组书记、专职副主席权衡主持会议。

张国华在报告中指出，中国国际进口博览会的举办顺应世界经济发展的规律，体现了中国构建人类命运共同体的大国担当，为中国“扩进口、促消费”搭建了交易成本更低的重要平台，将有力推动供给侧结构性改革，加快推动中国向高质量消费社会转型。中国国际进口博览会在上海举办，是上海在新时代实现新发展的重大机遇。牢牢把握这一机遇，充分发挥中国国际进口博览会的溢出带动效应，将对上海城市发展能级的提升产生重要而深远的影响，加快上海向全球城市进军的步伐。

科研组织与决策咨询平台

KE YAN ZU ZHI YU JUE CE ZI XUN PING TAI

学术年会

上海市社会科学界第十七届(2019)学术年会大会召开

12月24日,上海市社会科学界第十七届学术年会大会在锦江小礼堂召开。中共上海市委宣传部副部长徐炯出席大会并为2018、2019年度上海社科新人颁奖。上海市社联主席王战致开幕词,党组书记、专职副主席权衡主持会议。来自市社联各学会、学术年会获奖代表、主要社科研究机构代表等200余人出席会议。

徐炯指出,学术年会是上海社科界"五路大军"交流思想成果、探讨学术前沿、推进协同研究的年度盛会。2019年年会紧跟党的理论创新步伐,聚焦庆祝新中国成立70周年,组织开展了一系列富有深度和影响力的学术活动,为唱响礼赞新中国、奋进新时代的昂扬旋律发挥了积极作用。上海市社科界要深入开展马克思主义理论研究,特别是习近平新时代中国特色社会主义思想的研究阐释。要把制度理论研究作为社科界当前和今后一个时期的战略课题,加大研究力度,推出更多成果,在推动新时代上海改革发展中作出更大贡献。全市社科理论工作者要坚持以习近平新时代中国特色社会主义思想为指导,紧密结合上海实际,服务决策谋高见,着眼未来谋先见,善解难题,多出新招,形成更多高质量的研究成果,为实现"两个一百年"奋斗目标和中华民族伟大复兴中国梦,为创造新时代上海发展新奇迹贡献力量。

王战表示,2019年是中华人民共和国成立70周年,上海市广大社科理论工作者立足于中国特色社会主义伟大实践,致力于构建中国特色哲学社会科学体系、学术体系、话语体系,深刻解读了新中国70年历史性变革中所隐含的内在逻辑,用中国理论解读中国实践,取得了一批优秀的学术理论成果,为党和人民的事业继续前进提供了强大的精神动力。2020年是中华民族伟大复兴进程中的关键一年,是全面建成小康社会决胜之年,是中华民族彻底告别绝对贫困之年。在这个历史性时间节点上,哲学社会科学者应该立时代之潮头,通古今之变化,发思想之先声,积极为党和人民述学立论建言献策,担负起历史赋予的光荣使命。

会上,上海市社联专职副主席解超、任小文共同为上海市社联2019年度十大推介论文奖获得者颁奖,市社联二级巡视员陈麟辉宣读了本届学术年会优秀组织奖、论文奖获奖名单。

主旨演讲环节由上海市社联专职副主席、秘书长解超主持，特邀北京大学新结构经济学研究院院长林毅夫教授作主旨讲演。他通过对新中国70年来所走过的经济发展历程的回顾，诠释了中国经济发展的内在逻辑。他指出，西方经济学理论在解释发展中国家的问题时看似很有说服力，但在指导发展中国家发展时常常显得苍白无力。主要原因就在于这些理论存在盲点，即没有看到发达国家和发展中国家存在的结构差异。西方总是以发达国家做参照系，但事实上经济发展是结构不断变迁的过程。为此，应当去深入研究经济发展问题的本质和决定因素。

上海国际问题研究院院长陈东晓、复旦大学经济学院教授袁志刚、交通银行首席经济学家连平、华东师范大学社会发展学院院长文军等学者以"上海高质量发展"为题，在圆桌论坛上展开了深入研讨。

陈东晓认为，战略环境的变化对中国及上海而言机遇和挑战并存。当前应当迎击和管理的三大冲击，即数字经济时代的产业生态环境的重大变化及其所带来的冲击，第三波世界现代化进程"换挡转型"产生的诸多不确定性所带来的冲击，逆全球化和新型全球化并存和相互激荡对全球治理体系形成的冲击。要为中国在全球治理体系重组重构中提升制度性权力，塑造有利的战略环境。

袁志刚提出，当前全球经济正面临着货物贸易衰落、服务业贸易兴起和国际贸易日益区域化这两大趋势。上海经济的高质量发展应该再一次对接全球化的新趋势和中国转型升级的要求，发挥全球城市的作用。提高城市服务能级，理清上海在亚洲区域经济一体化过程中的作用，是上海经济高质量发展的关键。

连平着重分析未来上海国际金融中心的发展，提出应大幅度提升上海金融中心建设的国际化程度。一是加紧推进金融开放，促进股票市场、债券市场等领域的国际化开放。二是拓展上海离岸金融的发展空间，尤其要强化其空间布局与规划，贴近跨国公司到中国自贸区开展活动所产生的一系列离岸信贷、离岸保险、离岸信托等需求。三是进一步推进人民币国际化。四是提高国际金融中心税收的国际竞争力水平。如果能够把这四方面国际金融中心建设主要任务落实好，其他问题基本上就能迎刃而解。

文军指出，社会治理是国家治理的重要方面。中共十九届四中全会首次提出的"社会治理共同体"，其不仅是一个包含着主体、客体等"一核多方"联结形式在内的工具共同体，更是一个具有关系、情感和心理认同在内的价值共同体。上海未来的高质量发展离不开"社会治理共同体"建设，这不仅是未来上海高质量社会建设的需要，也是社会治理的价值旨归。

本届学术年会围绕庆祝新中国成立70周年，聚焦马克思主义中国化、科学社会主义、经济建设、政治建设、社会建设、文化建设、生态文明建设、国际关系、党的建设与上海建设发展等主题，约请全国学者集中探讨，深入交流最新成果，组织举办系列主题论坛以及学科专场活动。年会共收到应征论文508篇，评出优秀论文40篇，出版优秀论文集1卷，百余位专家做了主题发言。参与年会的专家学者和青年学生超过1 500人。

上海市社会科学界第十七届(2019)学术年会“复兴之路·新中国经济建设思想与实践”主题论坛召开

上海市社会科学界第十七届(2019)学术年会庆祝新中国成立70周年系列论坛分论坛——“复兴之路·新中国经济建设思想与实践”主题论坛暨第五届上财经济史学论坛于9月28—29日在上海财经大学召开。论坛由上海市社会科学界联合会、上海财经大学、中国经济思想史学会、中国经济史学会、《经济学动态》编辑部、《中国经济史研究》编辑部联合主办。来自北京大学、复旦大学、山东大学、武汉大学、南京大学、中国社会科学院、中国浦东干部学院等40余所国内知名高校、科研院所的专家学者近百人参加研讨。

时代是思想之母,实践是理论之源。上海市社会科学界联合会副主席、上海财经大学校长蒋传海在开幕式上表示,站在新中国成立70周年的重要历史时点上,我们有必要系统回顾总结新中国经济建设思想与实践,这将为新时代构建中国特色社会主义政治经济学学科体系、学术体系和话语体系提供可靠支点。

中国经济思想史学会会长邹进文认为,当下的中国面临着进一步发展的不少障碍,包括国际的局势以及中国内部的经济的结构、社会结构、环境等方面的许多问题。由此,站在中华民族伟大复兴的节点上,重新审视我们中国70年来经济建设的道路非常有价值,亟须很好地总结经验,对改革开放40年来发展中尚存在的问题值进行总结和提炼,为中国进一步发展,也为世界的发展发达国家确立典范。

本次论坛共分为大会报告、丛书发布和分组讨论三个环节,累计42位学者先后围绕“新中国经济建设思想与实践”主题,聚焦新中国经济体制和经济增长、民生发展思想、反贫困思想、土地制度改革思想、民营经济制度思想、特区经济体制建设思想、经济学理论创新发展等进行了广泛而深入的研讨。

上海市社会科学界第十七届(2019)学术年会“新中国 70 周年文化发展的逻辑”主题论坛召开

为庆祝新中国成立 70 周年,总结新中国 70 年来文化建设的伟大成就和基本经验,助力新时代,2019 年 10 月 12 日,上海社会科学界第十七届学术年会“庆祝新中国成立 70 周年系列论坛之新中国 70 周年文化发展的逻辑”主题论坛在上海社会科学院举行。会上,国内著名的文化研究领域专家围绕新中国 70 年文化建设的历程、取得的成就、所积累的历史经验以及形成的理论成果等进行深入研讨。

北京大学中国语言文学系教授、北京大学习近平新时代中国特色社会主义思想研究院副院长、中国科学社会主义学会副会长韩毓海作了“新中国文化发展逻辑”的主题发言。韩教授指出,以前中国的哲学研究没有方向,追随西方或者是摸着石头过河,而新时代的哲学研究应该以中国制度、中国道路、中国文化、中国理论为主题,以哲学引领社会科学与自然科学研究。迈入新时代,所有的哲学社会科学工作者要为中国话语,为中国哲学社会科学体系的建设做出更大的努力,要建立起新时代的哲学社会科学体系,而这正是推进国家治理体系和治理能力现代化的理论基础。

北京文艺批评家协会主席、沈阳师范大学特聘教授、中国文化与文学研究所所长孟繁华教授指出,一方面,文学的变革、发展与整个社会的变革是相互贯通的,文学参与了共和国发展的进程。我们评价任何一部文学作品,任何一位作家,任何一个文学现象,一定要回到具体的历史语境,也就是场域。任何作家的作品如果离开了具体的历史语境和场域,对它做出准确评价的可能性是不存在的;另一方面,文学的变革与发展并非总是与整个社会的变革相同步的,1978 年党的十一届三中全会之后实行了全面的改革开放,经济领域飞速发展,上海、北京等中国的一线城市出现了新的变化,原本封闭的文化文学得以解放,但在构建中国都市文化的过程中,文学创作经验明显不足,这是文学发展的一个短板。无论如何,70 年中国文学的发展就是一个不断从外部走向内部,从社会、政治走向文学本体的不断试错的过程,这期间中国文学有了巨大的发展,同时也得到了世界的尊重和认可。

中国社会科学院当代中国研究所研究员欧阳雪梅指出,新中国成立 70 年来的文化建设可以分为三大阶段:第一个阶段是 1949—1976 年,这个阶段是构建社会主义文化构架;第二个阶段是 1976—2012 年,这个阶段是探索中国特色社会主义文化的阶段,文化的经济属性得以拓展;第三个阶段是中共十八大以来,改变完全以西方的理论和方法来看中国的倾向。同时,欧阳雪梅研究员梳理了新中国文化发展的五大经验:第一,围绕党的中心任务提出了文化纲领、文化发展目标、文化政策来把握文化发展的正确方向,不断的对标对表,对于出现不足的东西进行纠正,通过健全领导体制和工作机制,来加强文化治理。中国共产党在文化建设中发挥了制度安排、社会动员和当代示范等的重要作用,这是中国社会主义文化不断开创和创新的根本保障。第二,塑造中国精神。赋予文学、文艺作品宣传中国人民智慧、坚韧、果敢、自信、奉献、奋斗的形象的时代使命,摆脱西方话语中中国人民懦弱、贫瘠的标签。第三,文化发展依靠人民,坚持以人民为中心,尊重人民的主体地位。文艺要为人民服务,为工农大众服务,满足了人民群众多方面、多层次的精神文化需求,促进社会文化创新活力的迸发。第四,重视社会主义核心价值体系的建设。第五,正确处理古今中西文化的关系。把中华优秀传统文化作为我们的根脉,吸收它的核心思想理念,中华文化的人文精神、传统美德,是我们民族突出的优势。我们国家反对文明冲突论,文明应该相互借鉴,要吸收和借鉴国外优秀的文化和文明成果。

上海交通大学媒体与传播学院教授胡惠林从更加开阔的全球视野思考中国特色社会主义文化的发展之路。胡教授指出,中国的"一带一路"倡议得到了全球各个国家和国际组织的积极响应,它在创造性地建构人类命运共同体文化新目标的同时,也为世界各国文化政策的文明价值相对接提供了可能。中国文化政策积极参与沿线国家的文化发展,积极开拓世界文化市场,吸收全世界人类文明成果,在有效推进中国特色社会主义文化高质量发展的同时,也让世界分享中国优秀文化发展成果。

上海师范大学人文学院教授王建疆在会上作了"70 年来中国审美形态的嬗变"的主题发言。王教授指出,中国审美形态的变化与中国社会形态的演变息息相关。从发源于充满泥土芬芳的中国农业社会的泥腿子本色,到改革开放后的悲剧性的文艺作品与喜剧性的文艺作品带来的悲喜审美形态的重生与中华民族的集体无意识中积淀的传统文化基因带来的传统审美形态再生,再到陆续出现的囧剧、冷幽默等等新生审美形态,中国的审美形态范畴种类由少到多,样态从土到洋,品质从伪到真,最后形成古今中外兼收并蓄的当代创造。从中国审美形态范畴的嬗变的路径来看,社会发展轨迹与文艺发展轨迹都有重合交叉,表现为社会形态与审美形态之间的正相关。

上海市社会科学界第十七届(2019)学术年会“中国善治的原理和制度”主题论坛召开

为庆祝新中国成立 70 周年,总结新中国 70 年来国家治理取得的伟大成就和基本经验,助力新时代,10 月 13 日,上海社会科学界第十七届学术年会庆祝新中国成立 70 周年系列论坛之“中国善治的原理和制度”主题论坛在华东政法大学举行。会上,国内著名的政治学领域专家围绕中国善治的原理和制度这一主题,分党的领导与国家治理、国家规模与纵向治理、国家治理能力与价值、城市与治理、责任与善治、中国治理六个分论题进行深入研讨。

天津师范大学马德普教授作了“善治与上下畅通的沟通机制”的主题发言。马教授指出上下级关系是政治生活中最普遍的关系,也是实现国家良性治理的基础。具体来说上下级关系是权力的主客体关系、统治与被统治关系、支配与被支配关系、领导与被领导关系四个方面。马教授认为,在处理中国政治生态的上下级关系时,要注意三个问题:一是上级与下级的沟通。上情下达比较容易,而下情上达比较困难,如何解决下情上达中的信息扭曲、传递机制不畅等问题是我们需要思考的。二是上级与下级的监督问题,这是规范上下级关系的关键。三是下推的局限与上择的必要,要有制度设计来克服局限。

中共上海市委党校程竹汝教授作了题为“人民政协专门协商机构的功能特色”的主题发言。程教授指出人民政协作为统一战线的组织、多党合作和政治协商的机构与人民民主的重要实现形式,是社会主义协商民主的重要渠道和专门机构,属于国家治理体系的有机构成部分,是中国特色的制度安排,但其最核心的定位依然是政治协商,发挥政策表达的功能。对于如何定位人民政协的专门协同机构功能特色,程教授提出自己的三点思考:一是职责上专门性。二是协商内容的广泛性,包括政治协商、立法协商、行政协商、民主协商、社会协商等。三是协商过程的通达性,人民政协是组织平台,把各个有关方面组织起来开展协商,连接政协内部与外部。这三点是对人民政协的专门协同机构功能特色的精准定位。

苏州大学黄建洪教授从城镇治理的角度分析国家治理进程。黄教授指出,城镇化历程反映了国家治理过程中基于资源主轴和政党调控资源和治理社会的基本判断,城镇化进程也是资源配置方式不断调整的过程,每一种资源配置方式的本质是国家治理过程中所依赖的主导方式。在城镇化的变迁过程中,资源配置与提取的方式、路径出现了明显差异,这种变化需要国家治理模式不断做出调整以适应时代需求。

浙江大学公共管理学院曹正汉教授作了“纵向制约的体制”的主题发言。曹教授指出人类在解决权力集中与分散问题时有两种机制：一是横向制约的机制，如三权分立、宪政，这是通过权力的横向分立来解决包括国家、地区之间的竞争；二是纵向制约的机制，利用权力的上下分设来形成纵向制约的关系。企业作为一种市场环境下的社会组织同样受横向与纵向体制的制约，企业与企业在市场中的竞争是一种横向制约机制，而企业内部自我管理所需的权力集中与分散则是一种纵向制约机制，国家、政府也是如此。大到国家、政府，小到团体、组织都要避免权力的全部集中与权力的全部分散两个极端。

云南大学方盛举教授作了“边疆治理”的主题发言。方教授指出，政治地理的研究不同于民族学、历史学对边疆地区的研究，从政治学的角度来考虑，边疆有明确的路径边界线。边疆地区有其独特的社群、特殊的政治关系与行政环境、特殊的文化，和国家中心区域之间有着较大差异，国家在治理该区域时也必然要有一些特殊的治理理念、制度、政策策略。值得注意的是，新时代的中国边疆治理存在一些具有挑战性的问题：一是边疆处于我国市场体系的边缘，边疆地区将来必须要融入国家“一带一路”建设；二是交通体系末梢；三是对外开放的末端；四是各类人才的洼地。此外还有如何维护边疆地区和谐稳定，如何提高边疆治理效能，如何将边疆转变为区域发展中心等。

北京大学政治学系徐湘林教授作了“上级督察与基层避责”的主题发言。徐教授指出，按照传统公共管理的逻辑来讲，在问责压力之下官员必定会积极工作，但部分基层官员却在政治环境中权衡利弊后选择避责的行为。因此，督查本身一定要考虑到官员的具体环境，切忌理想化，人是复杂动物，官员体系是由非常多的因素所决定的，我们的研究要回归现实层面。

武汉大学政治与公共管理学院院长倪星教授作了“运动之表、制度其里——基于中国廉政治理的思考”的主题发言。中共十八大以来，我国反腐败运动成效显著，国内清廉水平得到显著提升，反腐廉政建设的成果得到了社会各界的认可，这种高压反腐态势未来还会持续下去。倪教授指出，目前对中国廉政运动的研究大都比较片面，对反腐运动成功经验的分析要有一个整体性的框架，国家领导人坚强的反腐决心、国家权力机构的重构、制度层面的改革、社会赋权监督等等都是不可或缺的因素。

复旦大学日本研究中心主任郭定平教授作了“国家治理体系现代化的政党逻辑”的主题发言。他指出，目前对于政党的研究比较多，但将政党研究与国家治理相结合的交叉研究则相对较少，如何把国家治理研究和政党治理研究结合起来以提出更加完整、有效、科学、系统的分析框架，是我们需要解决的问题。

上海市社会科学界第十七届(2019)学术年会“新中国成立70周年与党的建设基本经验”主题论坛召开

为庆祝新中国成立70周年，总结新中国70年来党的建设的伟大成就和基本经验，助力新时代党的建设伟大工程，10月13日，“上海市社会科学界联合会学术年会”系列论坛(新中国成立70周年主题论坛)——“新中国成立70周年与党的建设基本经验主题论坛暨上海师范大学首届党建论坛”在上海师范大学召开。论坛由上海市社会科学界联合会、上海师范大学联合举办，上海师范大学马克思主义学院承办。

上海市社会科学界联合会专职副主席解超表示，中国共产党的领导是中国特色社会主义的最本质特征，党的建设基本经验的研究对于新时代进一步推进党的建设新的伟大工程具有重要意义和价值。上海师范大学党委副书记、副校长葛卫华在致辞中指出，今年是新中国成立70周年，举行新中国成立70周年与党的建设基本经验主题论坛恰逢其时，具有重要纪念意义。党的十八大以来，中央一贯重视党的建设新的伟大工程，认真总结党的建设基本经验对党的建设这一新的伟大工程有重要借鉴意义和指导作用。

会上，来自华东师范大学、江苏大学、扬州大学等国内50余位专家学者围绕新中国70年主流意识形态建设成就和历史经验，新中国70年马克思主义中国化的成就和历史经验，新中国70年党的政治建设、思想建设、组织建设、作风建设、制度建设、纪律建设的成就和历史经验以及新中国70年党进行社会革命和自我革命的历史经验等方面进行了深入的探讨与交流。

一、 党的建设70年基本经验是什么

江苏大学马克思主义学院院长董德福教授从70年建设经验的基本视角、基本方法、基本经验三个方面阐释了新中国成立70年来的建设经验研究情况，指出坚持马克思主义基本原理与中国实际相结合的方法，坚持实事求是的基本立场、辩证的思维方式、还原历史、全球视野与面向未来，是研究新中国70年党的建设基本经验的基本方法。

上海市政法学院科研处处长张远新教授将马克思中国化的历史进程划分为三个阶段，而改革开放至今，更是马克思主义中国化实现重大飞跃的阶段。强调认真研究和梳理新中国成立70年来马克思主义中国化的历史进程，总结其历史经验，对于当前坚持和发展马克思主义，进一步推进马克思主义中国化、当代化具有重要的理论和现实意义。

同济大学马克思主义学院刘勇教授从站起来、富起来到强起来三个维度总结了70年国家建设和国家治理的伟大成就。上海师范大学马克思主义学院副教授陈亮梳理了70年城市基层党建的发展脉络、基本经验，认为“党建不是空虚的，需要提供实际的公共服务”。

二、 党的政治建设如何推动国家发展进步

华东师范大学齐卫平教授首先就党的政治建设做了主题发言。他强调，党的政治建设是一笔宝贵财富，新中国成立70年来党的建设实践中，政治建设既为党的健康发展增添了强大力量，又对国家的胜利发展提供了根本保证。扬州大学马克思主义学院教授、泰州学院副校长周建超就政治文化所蕴含的科学性、人民性、继承性、实践性、开放性五个特性，强调了“文化对于党的政治生态建设的重大作用”。上海交通大学马克思主义学院副院长陈鹏教授认为坚持和发展领导力的关键与核心是不断形成和发展先进性，从而增强领导力，争取和保持领导权、建立起各领域具体的领导体制。国防大学政治学院卢继元教授介绍了“习近平关于加强党的领导干部政治能力建设重要论述”，认为其是中国共产党的优良传统和政治优势的重要发展。

上海师范大学马克思主义学院院长张志丹教授从新时代政党自信的发生学逻辑出发，指出政党自信的“发生学逻辑”源自实践逻辑、理论逻辑、制度逻辑、文化逻辑、理想逻辑和党建逻辑等六大逻辑，同时还强调增强新时代政党自信对于增强中国共产党的政党治理、国家治理和全球治理的能力，对于构建一个在21世纪具有蓬勃生机的马克思主义性质的长期执政的先进政党，对于增强“四个自信”，其重大意义不可低估。上海师范大学马克思主义学院李亮教授阐释了党从民主革命时期的“思想建设”到改革开放后的“思想政治建设”再到新时代的“政治建设”作为党的建设首位的转变过程，提出了党对思想建设、政治建设地位问题认识的继承和创新。

三、 党的纪律建设与作风建设的“逻辑进路”

扬州大学马克思主义学院院长胡立法教授从党的领导、制度优势激励和约束统一、制度弹性以及中国特色社会主义制度自我完善能力四个角度，探讨了制度优势如何在政策试验中发挥作用。上海师范大学贾淑品教授和扬州市职业大学仇文利教授分别就民主集中制的不同功能进行阐述，认为其不仅“是中国共产党自身建设的核心价值理念，工人阶级政党的基本政治原则和中国建设高度的社会主义民主的必走路径”，也“是中国共产党自我革命的逻辑进路”。

陕西科技大学马克思主义学院院长吴明永教授提出：要坚持习近平总书记“以人民为中心”思想对马克思主义人民立场思想的发展。上海交通大学教授、上海市中共党史学会副会长陈挥通过对新中国70年中国共产党反腐倡廉的历史经验的总结，强调构建反腐制度体系、筑牢思想防线、净化党内政治生态、强化从严治党是加强新时期反腐倡廉建设的重要方面。

四、 党的思想建设一以贯之的历史逻辑

东华大学马克思主义学院贺善侃教授认为:“习近平新时代中国特色社会主义思想,是马克思主义理论的继承和发展,是中国特色社会主义的高度凝练和发展,也开辟了中国特色社会主义理论新境界。”上海师范大学马克思主义学院徐剑雄副教授通过回顾“新中国初期‘戏改’对于主流意识形态建设的基本经验”,强调戏改对于文化建设与意识形态建设的双重作用。南京理工大学韩步江副教授强调:“只有明确青年爱国主义教育的科学内涵、辩证唯物主义的总体布局、历久弥新的时代价值,才能使新中国成立 70 年来青年爱国主义教育得以一以贯之地呈现出科学的历史逻辑。”

常熟理工学院徐志坚副教授从无神论宣传教育的历史经验与启示方面,介绍了从五四运动以来中国共产党的无神论宣传教育基本情况、经验教训,对新时代中国特色社会主义无神论教育提出了意见建议。上海立信会计金融学院马克思主义学院院长徐光寿教授分析了新中国成立 70 年来中国共产党思想理论建设的历史经验,对毛泽东思想的基本定义、思想内涵、重大意义进行了重新阐释。安徽大学马克思主义学院陶火生教授从思想建党的高度,强调了坚持马克思主义世界观和方法论是党的思想建设的基础,加强党的思想建设的基本要求是唯物主义的现实性原则。

上海市社会科学界第十七届(2019)学术年会“社会建设:变与不变”主题论坛召开

社会建设的本质究竟是什么,从什么时候开始我国社会建设的主要内涵开始向改善与保障民生转变,中国共产党在新中国70年的社会建设过程中,围绕社会建设本身,经历了一个怎样逐步认识深化的过程?这些问题成为10月15日由上海市社会科学界联合会、华东理工大学联合主办的上海市社会科学界第十七届(2019)学术年会·庆祝新中国成立70周年系列论坛之一“社会建设:变与不变”论坛上,来自全国的社会学专家学者重点探讨的学术命题。

上海市社联专职副主席解超在致辞时指出,上海市社会科学界第十七届(2019)学术年会·庆祝新中国成立70周年系列论坛聚焦马克思主义中国化、科学社会主义、党的建设、经济建设、政治建设、社会建设、文化建设、生态文明建设、国际关系、上海城市发展十大主题。2019年与华东理工大学合办的“社会建设:变与不变”主题论坛,希望从更长的历史时段总结与展望社会建设的成就与经验,在此基础上提出对未来社会发展有启发意义的、具有学术价值的重要观点和智慧。华东理工大学副校长李涛在致辞中表示,站在新的历史起点,本次论坛探讨社会转型过程中社会建设与社会治理的经验与挑战,对推动社会科学的话语创新具有重要价值和意义。希望与会专家围绕社会建设的变与不变,碰撞思想、广泛交流、深入研讨,为促进社会治理体系和治理能力的现代化提供理论支撑和思想智慧。

一、 社会建设为什么越来越倾向保障和改善民生

在主旨报告环节,南京大学政府管理学院童星教授首先作了题为“社会建设旨在保障和改善民生”的报告。重点对学界和政府围绕“社会建设”的两套话语体系进行了比较。他首先以党的十九大为节点,将社会建设分为两个阶段:第一个阶段是2004—2017年,此阶段重点强调“以保障和改善民生为重点”的社会建设,即解决人民群众最关心、最直接、最现实的利益问题,即就业、教育、医疗、住房、养老等;第二个阶段是2017年党的十九大以后,强调“保障和改善民生的基础上加强社会治理”的社会建设,即实现人民群众的幸福感、获得感和安全感。其次,他谈到党的十九大之后,社会治理纳入保障和改善民生,社会治理本质上根本目标从维稳转向了维权。维护人民群众的权益,其实质就是维护人民群众追求安全的权益。最后,他指出,加强社会建设,加强民生建设,是落实“以人民为中心

发展”的必然要求，而社会建设最后成功与否，则是党和政府人民性的“试金石”。

南开大学社会建设与管理研究院院长关信平教授作了题为“新中国 70 年的民生保障变迁与社会政策发展”的报告。关信平教授将新中国 70 年分为改革开放前 30 年与改革开放后 40 年，以改革开放前后民生保障的变迁史来引出相配套的政策制度体系的发展史，进而总结出新中国成立 70 年来我国民生保障的主要经验，一是始终将保障和改善民生放到重要位置，二是保障和改善民生与经济发展相协调，二者不矛盾。但同时，70 年民生保障中依然面临总体福利水平高低、国家与社会关系强弱、福利分配公平与否、民生保障是否促进就业等改革议题。

二、 从社会学视角看经济结构变化

上海大学社会学院院长张文宏教授作了题为“70 年中国社会结构的变迁”的报告。张文宏教授以新中国成立前后的关于三大产业就业人口数、城乡居民可支配收入、贫困人口数、高等学校招生录取数、阶层结构数的数据变化图来引出今天“变与不变”的主题。他指出，从就业人口判断，2000 年以后，我国实现了从典型的农业大国到工业大国、工业强国再到服务业强国的转变；从城乡居民收入衡量，过去的 70 年，中国城乡居民收入稳步增长的同时，城乡收入差距基本保持不变，但贫富差距问题突出；从高等学校招生录取数的变化得出中国正从高等教育的精英教育向大众教育、普及教育发展，就业人口和劳动力整体素质在显著提升；从阶层结构来看，他认为中国阶层结构的变化，后 40 年意识形态、制度性因素在弱化，而非制度性因素在强化。

中国人民大学社会与人口学院刘少杰教授作了题为“当代空间社会学的现象学基础与崭新视野”的报告。他从空间社会学谈了自己对社会治理的看法。他提到在过去启蒙运动到工业化，到 20 世纪 70 年代这段时间，人类主要追求的是效率、提高、统一，20 世纪 70 年代以后到当代，西方社会从工业社会转向后工业社会，苏联、中国也开始了市场化改革，市场改革带来社会分化，这个分化更促进社会的效率提高，更促进个体能力和意志的充分发挥。他指出，空间社会学认为人类不能仅追求效率、技术，还要承认差异、多样性和个别性，今天我们要总结过去的历史、面对今天的现实，在时间、效率追求和多样性差异的统一承认中去寻求中国社会时间和空间的统一。

三、 新中国 70 年社会转型的分与合

华东理工大学社会与公共管理学院院长何雪松教授作题为“中国社会的‘分’与‘合’”的报告。何雪松教授以“分”与“合”来理解中国社会 70 年的发展进程。他认为近代中国就面临人心分散的巨大挑战，这是“分”的现实。新中国成立以来，在共产党领导下，通过组织体系把政治、经济、文化各方面组织起来，“合”成为这个社会的主要特征。改革开放以来可以分为两个阶段。第一个阶段，“分”体现在家庭联产承保责任制、“一部分人先富起来”、市场化改革，这一时期的“分”给社会带来充分活力的同时遭遇团结的巨大挑战，社会矛盾问题突出。2004 年党的十六届四中全会提出构建社会主义和谐社会标志着进而一个更加强调“合”的阶段，强调社会建设、社会管理、社会组织，以及现在的“不忘初心，牢

记使命”，加强从严治党，通过党领导和组织社会，寻找新的“合”力。但需要注意的是社会层面“分”的趋势仍在不断的继续，主要表现在：一是人群分层；二是人户分离；三是身心分隔。这需要系统、制度和心灵层面的整合。

华东师范大学社会发展学院院长文军教授作了题为“难以成‘型’的转型：变迁之中的社会转型及其困境”的报告。文教授从“转型”概念的发展以及当前“转型”研究热提出“当前社会转型难以成‘型’”的观点。他认为，从起点看，我国的转型是特定社会历史背景下的应激性反应缺乏长远的发展规划；从转型节点看，一是在全球化、信息化、民主化等外部不确定性因素冲击下，这个型难以出现结构的相对稳定性，二是内部的流变导致的冲突，使得可能出现转型的社会结构既难以获得时间上的持久性，也难以在空间上形塑相对稳定的“外形”；从终点看，社会在加速，时空在分离，社会时间在加速，但政治层面有惯性，未来发展的目标在政治、经济、文化多个方面会存在张力；从目标看，过分关注物质层面原来量化的转型，可能忽视对人文关怀、人本价值的发展，缺乏对人自身的关注。最后，文军指出，我国要实现“以人民为中心的异质性共存、冲突中同步推进、实现共建共享发展的”社会转型，要突破“压力型体制、价值共识减少、部门分立体制、多元分散社会格局、流动性与全球化等冲击”的多重困境。

在圆桌论坛环节，华东理工大学曹锦清教授认为，社会空间必须考虑市场因素，因为市场无处不在，市场加上交通、信息，社会空间是扩大。市场在资源配置的有效性，直接影响人类微观个体、婚姻家庭、传统道德、集体等多个方面，在这个背景下重谈国家整合、社会整合，也是新时代最重要的社会学研究方向和领域。

上海市社会科学界第十七届(2019)学术年会“上海经济成就:理论总结与展望”学术研讨会召开

为庆祝新中国成立 70 周年,总结上海经济成就并展望未来,10 月 16 日上午,由上海市社会科学界联合会、上海经济学会主办,上海全球城市研究院、上海师范大学承办,上海师范大学商学院协办的“上海市社会科学界第十七届(2019)学术年会、庆祝新中国成立 70 周年系列论坛之‘上海经济成就:理论总结与展望’”在上海师范大学会议中心成功举办。来自中国社会科学院、中国人民大学、复旦大学、山东大学、上海市社会科学界联合会、华东师范大学、上海全球城市研究院、上海市经济学会、上海师范大学商学院等高校和科研机构的 30 多位专家学者,以及上海师范大学商学院几十位老师和 100 多位研究生参加会议。

开幕式由上海师范大学商学院院长、上海市经济学会副会长茆训诚教授主持。上海市社会科学界联合会专职副主席解超、上海师范大学副校长陈恒教授在开幕式上分别致词。

上海市社会科学界联合会专职副主席解超在致辞中表示,上海市社会科学界学术年会由上海市社会科学界联合会发起创办,旨在推进学术创新,展示研究成果,构筑学术交流公共平台。17 年以来,在大家的共同努力下,已在影响力、凝聚力、在权威性和多样性等方面都取得了新的进步与提升。此次论坛就是围绕配合上海服务城市发展的需要,深入贯彻落实好习近平总书记 2018 年进口博览会期间,对上海提出的新的三大任务和一个平台要求,为上海在新时代继续当好改革开放排头兵、创新发展的先行者,贡献上海经济学界的智慧和学术成果。

上海师范大学副校长陈恒在致辞中表示,新中国成立 70 年来所取得的巨大成就堪称“中国奇迹”,如何对这段历史进行回顾与理论总结,将是未来上海师范大学学术研究的重要选题。陈恒教授充分介绍并肯定了上海师范大学商学院在应用经济学本科教育、研究生教育以及国际合作与交流方面所做的有益探索与实践,希望商学院能够按照习近平总书记“四个自信”的要求,“不忘初心、牢记使命”,做大做强商学院的专业与学科建设,为我校高水平、研究型大学建设做出更大贡献。

在大会主旨演讲阶段,华东师范大学经济学院院长、上海市经济学会副会长殷德生教授主持了这一阶段的演讲,并对各位演讲嘉宾的演讲进行了简要评论。

中国社会科学院学部委员、工业经济前所长吕政教授，作了题为“自信与差距——对新中国工业发展的回顾与展望”的主旨演讲。他指出，从1949年到2049年的一百年，我国工业发展的历史进程将经历“从无到有、从少到多、从大到强”等转变。新中国成立以来的70年，我国已经实现了“从无到有、从少到多”的转变，在制度与道路方面已经逐步找到了自己的自信。未来的30年，我们要完成“从大到强”的伟大转变，就必须认清现阶段我国所存在的诸多差距——生产要素效率的差距、工业劳动生产率的差距、产业链分工地位的差距、高端制造业关键技术方面的差距。在此基础上，我们要从供给侧结构性改革方面下足功夫，补齐资源型产品的短板，发挥技术创新的能力，这样才能提升我国技术密集型制造业的核心技术，顺利完成中国“从大到强”的伟大转变。

中国人民大学校务委员会副主任、一级教授杨瑞龙作了题为“高质量制度决定高质量发展”的主旨演讲。他指出，在不断理解与适应经济新常态的背景下，我国的经济发展从高速度向高质量发展阶段的转变具有客观必然性。他认为，高质量发展的核心内涵就是通过提升经济的活力与创新力来实现有效率的增长。实现经济高质量的发展，就要以改革为突破口，以创新驱动发展、供给侧结构性改革作为高质量发展的两大抓手，以实现新旧增长动能的转换与提高全要素生产率作为高质量发展的核心。他强调，重塑改革的动力机制，推动制度创新才是提升我国制度质量的关键。

上海市经济学会会长、上海全球城市研究院院长周振华研究员作了题为“开放效应的总结及其展望”的主旨演讲。周振华研究员提出，开放引领就是倒逼改革，促进发展。他认为，开放引领的内涵丰富：一是要凸显开放的导向性，二是要注重发挥开放的多级扩散效应，实现开放与改革发展的有效衔接。要把开放高度自觉放在首位，充分发挥其倒逼改革、促进发展的作用。构建开放促进改革发展互动、自我增强的机制，更加突出开放效应的过程性，不断拓展开放的范围和领域、不断扩大开放的规模、不断提升开放的层次、不断提高开放的力度和集中度。新时代要使开放引领效应进一步发挥作用须通过全球网络的连接来实现，更加注重开放引领的制度创新，以直接促进经济增长为主导，进一步挖掘开放中的新功能培育，适应高质量发展阶段的要求。

山东大学经济研究院(中心)院长、山东大学讲席教授黄少安教授作了题为“非正式制度差异与中国经济的南北分野”的主旨演讲。他指出，我国南北经济差距的扩大是事实，其中最核心、最关键的差距就是创新能力的差距，造成这种创新能力差距的根本原因不是别的，而在于南北体制和经济发展模式偏好方面存在的较大差异。他认为，中国经济要长期可持续发展，就要注重采用不同的机制与体制来吸收来自天南地北的人才，推出更加公平和更加有效的制度安排，才能塑造中国经济的美好明天。

复旦大学公共经济与政策研究中心主任、复旦大学经济学院教授石磊作题为“农村改革，我们作对了什么”的主旨演讲。他指出，农村改革的原因是中国人的饭碗必须牢牢地掌握在自己手里。这种考虑，不仅是经济学问题，而且又是政治问题、安全问题。中央出台的“一号文件”所期望达到的功用主要是让全国人民满意。目前，这种农业农村发展还需要正视以下问题，比如，国家依赖工业发展补贴农业发展的代价越来越大，农业资源配置效率越来越低，与西方发达国家仍然存在着相当大的差距。当前，农地“三权分置”是一种合乎国情的制度安排，但“三农”急需跨越艰难的关口，完成从高产量向高质量转化，从高成本向高效率转化，从补贴走向内生增长，从身份农民转变为职业农民。

在互动讨论环节，与会的专家学者分别就工业化发展，改革与开放关系，高质量发展过程中功能转换，制度创新如何落地，中国经济、上海经济如何可持续发展等问题，与主旨演讲嘉宾展开热烈的讨论与互动。

上海市社会科学界第十七届(2019)学术年会"世界大变局与新中国外交理论创新"主题论坛召开

"要看现在的100年,就要再向前看1 000年;看资本主义的今天,就要再向前看资本主义500年。""向历史找启示,向当前找问题,向未来找方向,如果能够做到这三点,我们的研究工作就会有一些创新,就会有一些开拓。"这是上海国际问题研究院学术委员会主任、上海市国际关系学会学长杨洁勉教授在10月16日举行的上海市社会科学界第十七届(2019)学术年会"庆祝新中国成立70周年"系列论坛国际关系分论坛上发表的研究感想。本次论坛的主题为"世界大变局与新中国外交理论创新",由上海市社联和上海国际问题研究院联合主办。来自国防大学、中国国际经济交流中心、南京大学、中国社会科学院、上海国际问题研究院、上海市社会科学院的专家学者分别作主旨讲演和开展圆桌讨论,探讨了世界大变局的内涵特征及新中国外交70年的经验和成就。上海市社会科学界联合会党组书记、专职副主席权衡教授在致辞中指出,对世界百年未有之大变局及新中国外交理论创新展开研讨具有极其重要的意义,学术界应更加深入地思考世界大变局的具体内涵、深层机制以及世界大变局对中国的机遇和挑战。

一、 新中国70年外交建设的基本经验

杨洁勉教授对新中国外交理论建设的经验和创新进行了梳理和总结。他指出,新中国的外交理论建设坚持了实践本源和实践第一的原则;坚持了认识世界和改造世界的总体思想;坚持了全面规划和部署的原则;坚持了以政策举措落实和丰富外交理论体系的原则。展望未来30年,中国外交理论还需要在实践中与时俱进,不断丰富和完善中国特色大国外交理论体系。国防大学国家安全学院孟祥青教授分析了世界百年未有之大变局背景下我国安全环境的新机遇和新挑战。党的十八大以来,我国周边安全环境和国家安全建设取得了前所未有的重大成果,但同时风险和挑战依然严峻。国际战略形势呈现出许多新特点:大国"冷战"较量重回历史舞台;地缘政治博弈趋于激烈;地区热点问题折冲反复;国际军事竞争持续加剧;单边主义、保护主义、民族主义、民粹主义同时上升并相互叠加,世界政治和安全进入不稳定不确定性激增的阶段。在新时代我国必须坚持总体国家安全观,采取系统性和综合性战略举措应对各种风险和挑战。

二、 影响世界变局的三大变量

南京大学国际关系研究院院长朱锋教授分析了影响百年未有之大变局的三个主要变量:第一,过去 400 年全球的工业化进程,以及一个国家在工业化进程中占据的位置和具体表现;第二,科学、技术和教育是工业化的主要驱动因素,工业化竞争的本质是一个国家的文化体制的转型过程;第三,一国的战略选择,即随着工业化进程的发展,一国总体力量上升之后的战略选择至关重要。中国社会科学院世界经济与政治研究所李东燕研究员认为,当今世界大变局的独特性在于:第一,中国的国际地位发生重大变化,中国的发展前景和选择成为决定世界大变局的一个关键因素;第二,世界正面临两种文化和政治制度的竞争;第三,在全球化继续发展、网络化继续加深的同时,世界更加多极化和多元化,相互联系和碎片化同时存在,并不断加剧。

三、 世界变局与全球三大周期是如何相汇的

上海社会科学院国际问题研究所所长王健研究员认为,世界面临百年未有之大变局指的是人类社会的发展变化将推动已有的世界百年大局发生改变,并对未来的百年发展产生巨大影响。他指出,全球化发展调整期、世界权力结构转移期和新科学革命孕育期等三个百年级的历史长周期,交汇于正在经历的百年和未来百年发展的过程中。百年未有之大变局,不仅关乎各国发展,更关系到人类的共同命运。中国国际经济交流中心首席研究员张燕生教授分析了世界大变局中的中国经济和世界经济。他指出,改革开放 40 年的主要经验包括:坚持对外开放,在开放中培养竞争力;对外开放的本质就是改革,从商品要素流动性开放,转向规则制度行开放;开放的动力来自危机、压力和挑战。

上海市社会科学界第十七届(2019)学术年会"新中国70年:国家治理的历史演进"主题论坛召开

10月18日,"新中国70年:国家治理的历史演进主题论坛"在同济大学举行,本次论坛为上海市社会科学界联合会第十七届(2019)学术年会庆祝新中国成立70周年系列论坛之一,由上海市社联与同济大学联合主办。会上多位专家围绕国家治理发表了主旨演讲。

上海市委宣传部副部长徐炯在致辞中指出,改革开放40多年的实践证明,中国特色社会主义制度和国家治理体系是植根中国大地,具有深厚中华文化根基、深得人民拥护的制度和治理体系,具有强大的生命力和巨大的优越性,是能够持续推动拥有14亿人口大国进步发展,确保拥有5 000多年文明史的中华民族实现"两个一百年"奋斗目标,进而实现伟大复兴的制度和治理体系。党的十九届四中全会即将召开,将为新时代中国特色国家治理做出全面部署和战略安排。我们要认真学习、深刻领会,进一步研究阐释好新中国70年国家治理的历史经验,研究阐释好坚持和完善中国特色社会主义制度的基本经验,研究阐释好新时代国家治理的重大理论和实践问题,为推进新时代国家治理做出上海哲学社会科学界应有的贡献。

上海市社会科学界联合会专职副主席、秘书长出席会议并致辞,他指出党的十九届四中全会将着重研究坚持和完善中国特色社会主义制度、推进国家治理体系和治理能力现代化若干重大问题。本次论坛汇聚众多专家学者共聚同济大学,紧扣新中国70年与国家治理的演进历程,是学术界积极靠前站位,主动深入思考,自觉深化研究的一次思想盛会,专家学者应进一步凝心聚力,为在新时代继续推进马克思主义的中国化做出新的学术贡献。

中央党校原校委委员、原副教育长、一级教授韩庆祥作了题为"'五维中国'是一个有机整体"的主旨演讲。他指出,中国奇迹、中国道路、中国话语、中国理论、中国方案,是"五维中国"。这个"五维中国"是一个严密的具有内在联系的有机整体,相互作用、相互贯通、不可分割。要理解其中任何一个中国,必须要结合另外的"四个中国"。中国道路是如何创造中国奇迹的?要用中国理论把内在机理揭示出来。中国方案存在于中国道路之中,没有中国道路就不会有中国方案,而提不出中国方案,中国道路就会变成一句空话。中国话语的背后就是中国道路创造的中国奇迹,而中国理论要把中国道路创造中国奇迹这个机理和故事讲好。总之,五维中国,是一个整体,互相贯通,相互说明,缺一不可。

教育部高等学校社会科学发展研究中心主任王炳林教授作了题为“科学思维与治理能力现代化”的主旨演讲。他重点围绕三个科学思维谈治理能力现代化。一是战略思维。新中国 70 年能够成功走过来，今天进入新时代继续发展，战略思维是最重要的，也就是说我们党善于从战略上、从全局上、从整体上来分析和把握问题。二是辩证思维。所谓“辩证思维”，就是运用矛盾分析问题。在普遍联系和发展当中看问题，在复杂的表象背后抓住事物的根本。“辩证思维”既强调“两点论”，又强调“重点论”。“两点论”就是一分为二、不走极端、不搞形式主义，同时讲“辩证法”而不是诡辩论。重点论就是抓重点，要时刻清楚什么时候是重点、哪些问题是重点。要善于抓重点，分清主次。三是历史思维。古人讲“预知大道，必先唯史”。知道大的发展规律，历史是必修之课。要善于汲取历史的经验教训，把握历史的发展规律、做好历史的资政育人工作。

北京大学马克思主义学院程美东教授作了题为“大历史视角下的新中国 70 年”的主旨演讲。他从三个历史大视角看新中国 70 年的成就。一是从后发现代化国家的发展史角度考察新中国 70 年的成就。当今世界绝大多数的国家，可以说 90%以上的国家都是“后发现代化”国家。从这个角度看，就能够更清醒地看到我们的优势在哪儿。我们不仅仅是“合格”，而是真的优秀。二是从中国历史发展的角度审视新中国 70 年的历史之路。中国共产党所创建的新中国，在中华民族五千年的文明史上居于什么样的地位？从这个角度看，新中国历史是中国历史上最好的时期之一，是五千年以来最重要的一变，而且是真的变好了，真的迈向中华民族伟大复兴。三是从国际共运历史发展的角度审视新中国 70 年的社会主义实践。“国际共运”的历史，从十月革命算是 100 年，从马克思主义创立算是 170 多年，从习近平总书记讲的社会主义的概念来看是 500 年。新中国 70 年在社会主义历史上有重要地位，中国共产党建立新中国可以说是当之无愧的伟大事业。

复旦大学国际关系与公共事务学院唐亚林教授作了题为“中国党政关系制度化运作模式及其支撑机制”主旨发言。他提出了中国党政关系制度化运作模式的支撑机制：一是战略规划机制（规划治国）；二是试点推广机制；三是集中攻坚机制；四是督办问责制；五是工作路线机制。在此基础上，中国共产党开创了新型党政关系模式之路：一是形成价值、功能与绩效一体化的新型党政关系模式；二是形成中国共产党的全面而卓越的领导格局；三是开创人类社会“良心＋机制＋良治”的文明发展之路。

中国政法大学全球化与全球问题研究所刘贞晔教授作了“嵌入与变革，70 年来中国国家治理与全球治理的互动”的主旨报告。他指出西方一直要把中国捕获、纳入西方的轨道，但事实上是中国有选择地加入了全球治理进程和全球化进程，把全球治理和全球化中的有益因素转化为国家治理的有益因素。当前在新时代条件下，我们要重新思考融入、学习与变革的关系。一是要保持战略定力，不犯方向性错误。相互嵌入不是相互捕获，而是相互学习和进步提升的过程。二是要持续深化改革，推进国家治理能力的再造和提升。国家治理能力再造和提升，一定要嵌入到全球化的进程，把全人类的成果吸收过来为我们的国家治理所用。三是要在开放中持续学习，在学习中提升自身治理能力。

复旦大学法学院刘志刚教授作了题为“‘从严治党　依法执政’的政治逻辑与法理基础”的主旨发言。他认为，当前中国正处于社会转型期，无论是在经济、社会、文化、治理结构方面都面临着深层次的变革。在这个变革转型期，一方面，我们取得了足以傲人的成就；另一方面，我们也面临着许多复杂的矛盾。我们要统筹推进五位一体的总体布局，协调推进四个全面的战略布局，加强党的领导、坚持问题导向、突出重点领域，深化党和国家机构的改革，力求在一些重点领域、关键环节取得突破性的进展，大力推动中国特色社会主义建设事业的有序展开。我们的全面依法治国，就是其中一个非常重要的方面。

同济大学法学院金泽刚教授作了题为“新中国社会治理法治化，理论指引、实践探索与经验总结——以刑事法治实践为例”的主旨发言，他认为新中国成立70年来，刑法参与社会治理的基本经验：一是中国特色社会主义治理法制化取得实效的基本前提和根本保证，就是坚持中国共产党领导。二是中国特色社会治理法制化取得实效的根本方法，就是群众路线。三是中国特色社会治理法制化取得实效的动力来源，就是社会主义市场经济。我们相信在新的历史时期，刑事法治实践，对于推动中国社会治理将发挥更为重要的作用。

学习习近平总书记在庆祝中华人民共和国成立70周年大会上的讲话精神理论研讨会暨中国科学社会主义学会2019年学术年会召开

10月19日，学习习近平总书记在庆祝中华人民共和国成立70周年大会上的讲话精神理论研讨会暨中国科学社会主义学会2019年学术年会在中共上海市委党校举行。

会议指出，习近平总书记在庆祝中华人民共和国成立70周年大会上的讲话，站在实现中华民族伟大复兴的高度，深刻阐述了新中国成立的伟大意义，高度肯定了70年来新中国取得的伟大成就，展望了中华民族伟大复兴的光明前景，令人振奋，催人奋进。作为科学社会主义理论工作者，要坚持以习近平新时代中国特色社会主义思想为指导，深入研究科学社会主义基本问题，研究中国特色社会主义重大理论问题和实践问题，在学习研究宣传和贯彻习近平新时代中国特色社会主义思想方面发挥更大作用。

本次会议由中国科学社会主义学会、中共中央党校（国家行政学院）科学社会主义教研部、上海市习近平新时代中国特色社会主义思想研究中心、上海市社会科学界联合会、中共上海市委党校、华东师范大学联合主办，由上海科学社会主义学会、华东师范大学马克思主义学院、《科学社会主义》杂志社、中共上海市委党校“马克思主义基本原理和中国化”创新团队联合承办。

上海市社会科学界第十七届(2019)学术年会“新中国70年生态文明建设的逻辑”主题论坛召开

为庆祝新中国成立70周年，总结新中国70年来国家生态文明建设取得的伟大成就和基本经验，10月26日，上海社会科学界第十七届学术年会庆祝新中国成立70周年系列论坛之“新中国70年生态文明建设的逻辑”主题论坛在复旦大学成功举行。会上，国内著名生态文明研究领域专家以及社会各界人士，围绕新中国环境治理与制度变迁的重大理论问题与实践问题开展深入研讨。

中国生态文明研究与促进会驻会副会长王春益研究员作了题为“生态文明源于中国，属于世界，生态文明是可持续发展的中国表达、中国智慧和中国实践”的主题发言。他指出，可持续发展与生态文明可以说是人类的必然选择，人类与地球是命运共同体，西方的盖亚假说、过程哲学、深度生态学等思想与中国的生态文明理念具有相似性，人类在对待地球生态文明上具有全球共识，各国应该携起手来共建生态文明。新中国的生态文明建设在70年光辉岁月中一脉相承，积极推动供给侧结构性改革，减少碳排放，在2018年将生态文明建设写入宪法，向世界推广生态文明倡议，输出先进环保技术，让全人类共享生态文明建设发展成果，力度最大、举措最实、推进最快、成效最好，中国作为一个全球大国承担了应有的国际责任。

生态环境部环境政策研究中心法规和体制部主任殷培红谈了关于生态文明体制改革的一些思考。他指出，生态环境监管体制改革主要包含四个基本逻辑：一是坚持把问题导向和目标导向作为改革的出发点和落脚点；二是落实责任主体的明责、履责、追责作为改革内容的主线；三是坚持全链条构建制度，注重改革的系统性、完整性；四是坚持强化主管部门的监管责任，区分监管者和所有者。生态文明体制改革的逻辑和主线是从顶层制度设计、机构改革，到区域管理调整，再到最后的优化、协调各方利益并最终实现共赢。对于今后如何推进生态文明体制改革后的治理成效，殷培红研究员认为一方面要重构生态环境治理体系，构建社会各主体共同参与的多元主体治理模式，充分发挥社会力量、企业责任；另一方面要推动协同共治，构建区域内单位协调共建机制。

中国人民大学环境学院的王华教授作了“环境社会治理与我国生态文明制度的建设”的主题发言。他指出，生态文明体制改革中的信息公开和社会主体缺位是当前我国生态文明建设的短板，无论是从生态文明制度建设还是国家治理体系现代化的角度考虑，我们都需要环境社会治理。什么是环境社会治理？简单地说是环境治理与社会治理的交叉，环境治理用社会治理的方法，自上而下，自下而上，多元参与。

复旦大学环境管理学科的创始教授戴星翼作了“生态文明建设的逻辑”的主题发言。他从发展和保护关系的逻辑、效率和市场的关系、涓滴改良的巨大价值三个方面阐明生态文明建设的逻基本逻辑。他认为，环境污染、生态退化不是发展的问题，而是发展的质量不够高的问题，同时也要注意到发展也会带来希望、带来更多的资源。

上海市金山区生态环境局的刘雪峰局长结合金山区实际状况和自身工作经验作了“探索五步法，探索促进生态文明建设的高质量发展”的主题发言。他指出，金山区“两区一堡”(即上海制造品牌的重要承载区、乡村振兴战略发展的先行区，长三角高质量一体化发展的桥头堡)的战略定位给金山区的生态环境建设提出了环保最先进，治污最严厉的要求。金山区创新性提出环境治理的“五步工作法”，即一查、二劝、三改、四罚、五公开的精细化治理方式，政企携手“五查协同，三动并举，三更叠加”，从源头做好对企业、个人的指导工作，事前引导、事后督促，强化信息公开、信用治理，把一线纷繁复杂很细、很杂的环境保护、环境治理问题结构化、规范化处理，取得了不错的环境治理效果。

自然资源部规划司的赵永革主任作了题为“生态文明建设中多规合一的国土空间规划体系构建”的主题发言。他指出，国土空间规划可以归纳为五级三类四体系，所谓五级就是从国家到省到市到县到乡镇，每一级都要求编制国土空间规划，各层级的规划是总体规划中的一部分，此外，在市、县和乡镇除了总体规划还要编制详细规划；四体系指编制审批的体系，实施监管的体系，法规政策的体系，技术标准的体系。国土空间规划是我们国家治理体系和治理能力现代化的一个非常重要的组成部分。

上海市社会科学界第十七届(2019)学术年会“新中国70年与中国化马克思主义新发展”主题论坛召开

11月16日,上海市社会科学界第十七届(2019)学术年会马克思主义研究学科专场暨上海市马克思主义研究年度论坛在中共上海市委党校举行,本次论坛的主题是“新中国70年与中国化马克思主义新发展”。

党的十九届四中全会审议通过了《中共中央关于坚持和完善中国特色社会主义制度、推进国家治理体系和治理能力现代化若干重大问题的决定》。与会者表示,要深入学习贯彻十九届四中全会精神,进一步深化对中国化马克思主义的研究。要坚持把马克思主义基本原理同当代中国实际的时代特点更紧密地结合起来,更好地用中国的理论去解读中国的实践,进一步把握新中国成立70年中所蕴含的内在逻辑和马克思主义中国化的理论发展的创新逻辑。

一、 把制度理论研究作为理论界一项长期战略课题

上海市委宣传部副部长、市习近平新时代中国特色社会主义思想研究中心常务副主任徐炯表示,党的十九届四中全会是中国共产党站在“两个一百年”奋斗目标历史交汇点上召开的一次十分重要的会议,是在新中国成立70周年之际我国处于中华民族伟大复兴关键时期召开的一次具有开创性、里程碑意义的会议。当下应结合学习贯彻十九届四中全会精神,进一步做好马克思主义中国化研究。他指出,新中国70年的历史是马克思主义中国化和社会主义实践发展的历史,也是中国特色社会主义国家制度和国家治理体系形成和发展的历史。中国共产党团结带领中国人民创造性地运用马克思主义基本原理,深刻总结国内外正反两方面经验,不断探索实践,不断改革创新,建立全新的国家制度和治理体系。为此,要在系统总结新中国70年历史的基础上整体性推进当代中国马克思主义,特别是习近平新时代中国特色社会主义思想的研究。要着力加强党的十九届四中全会精神的研究阐释,把制度理论研究作为理论界一项长期战略课题,推出更多的成果。要紧密结合新中国70年的历史研究,着力讲清楚70年历史性变革中蕴含的制度逻辑,讲明白70年历史性成就背后的制度优势,推出更多有思想深度、有理论分量的研究成果,切实体现上海思想理论界在学习贯彻十九届四中全会精神上应有的担当。

上海市委党校常务副校长徐建刚表示,理论的生命在于不断创新,推动马克思主义不

断发展是中国共产党人的神圣职责，我们不仅要讲好中国故事，还要讲好中国共产党故事，讲好坚持和完善中国特色社会主义制度的故事，进一步聚焦新任务、找准发力点，发挥跨学科、跨领域合作的优势和传统，以初心澎湃信心，推动党的事业发展，在科学研究、决策咨询等方面多出力作、多出精品。

上海市政协学习委员会常务副主任、市马克思主义研究会会长王国平教授指出，新中国 70 年与马克思主义发展的关系主要体现在三个方面：第一，马克思主义指导、引领并贡献于新中国 70 年发展。中国共产党是马克思主义政党，在马克思主义指导下、在中国共产党的领导下，我们国家不仅完成了民族独立与进入社会主义社会的伟大历史任务，更为中国找到了一条适合中国国情的发展道路，即中国特色社会主义道路，实现了历史性飞跃。新中国 70 年来创造了世所罕见的经济快速发展奇迹和社会长期稳定奇迹，这“两大奇迹”充分证明了马克思主义为什么行。第二，新中国 70 年的历史是马克思主义不断实践和发展的历史。中国的实践丰富和发展了马克思主义。第三，新时代我们必须坚持发展 21 世纪马克思主义。与时俱进是马克思主义的理论品格，也是马克思主义的力量所在，只有不断发展马克思主义才能更好坚持马克思主义。习近平新时代中国特色社会主义思想是当代中国马克思主义、21 世纪马克思主义。这一思想是在中国人民从富到强的实践过程中形成的，它聚焦于新时代坚持和发展什么样的中国特色社会主义、怎样坚持和发展中国特色社会主义这一重大的时代课题，是集时代性、系统性、原创性于一体的开放的理论体系。

二、 评价制度好坏不是看模式而是看实效

中共中央党校原副校长李君如认为，评价制度好坏不是看模式而是看实效。“两大奇迹”来自中国制度和治理体系的强大生命力和巨大优越性。在他看来，中国特色社会主义制度的优越性体现在“中国特色”“民主性”“有效性”等方面。首先，中国特色社会主义制度，包括人民民主专政的国体和一整套相互衔接、相互联系的国家治理体系以及新型政党制度，都是在中国独特的实践中形成的。其次，中国的民主是人民民主，体现为选举民主和协商民主两种形式相结合，是全过程的民主，当前已经形成了广泛多层制度化的社会主义民主体系。此外，中国特色社会主义制度具有“四个有效性”，即能够有效保证人民享有更加广泛、更加充实的权利和自由，保证人民广泛参加国家治理和社会治理；能够有效调节国家政治关系，发展充满活力的政党关系、民族关系、宗教关系、阶层关系、海内外同胞关系，增强民族凝聚力，形成安定团结的政治局面；能够集中力量办大事，有效促进社会生产力解放和发展，促进现代化建设各项事业，促进人民生活质量和水平不断提高；能够有效维护国家独立自主，有力维护国家主权、安全、发展利益，维护中国人民和中华民族的福祉。

上海市社联党组书记、专职副主席权衡认为，新中国 70 年经济发展经验对马克思主义经济学作出七大创新发展。一是对社会主义本质和社会主义初级阶段的重大判断和认识。尤其是社会主义初级阶段理论，准确把握了社会主义的发展阶段，创新了马克思关于社会主义发展阶段的理论。二是 70 年的经验形成了中国特色社会主义经济理论，推动了

马克思主义经济学所有制理论的创新与发展。三是收入分配的实践形成了中国特色收入分配理论，丰富发展了马克思的按劳分配理论。四是推动形成了社会主义市场经济理论，丰富发展了马克思关于计划与市场的理论。五是政府与市场关系的理论，丰富了马克思主义经济学市场机制理论。六是中国参与经济全球化推动了开放理论创新，丰富了马克思关于世界市场的理论。七是中国方案、中国经验推动了全球治理理论的创新，丰富了马克思关于国际分工的理论。

三、加强政党自身治理现代化已成为紧迫的时代课题

上海市马克思主义研究会副会长兼秘书长、市委党校教授周敬青认为，我们要建设的社会主义现代化强国不仅是物质层面的现代化，更重要的支撑是国家治理体系和治理能力的现代化。而国家治理体系和治理能力的现代化，首先就是要实现制度化和法治化。新中国成立以来，中华民族之所以能够迎来从站起来、富起来到强起来的伟大飞跃，最根本的一条是我们在中国共产党的领导下建立了中国特色社会主义制度，不断加强完善国家治理。进入新时代，尽快形成一整套更加成熟定型的党内法规体系，实现政党自身治理的现代化，进而推进国家治理体系和治理能力的现代化，已成为十分紧迫的时代课题。而制度治党、依规治党涉及政党自身治理的根本理念、根本方式的变革。为此，要加强党内法规建设，以强规范型的政党治理锻造国家治理的坚强领导核心；要通过依规治党、依法治国“双柱支撑、双轮驱动”，夯实国家治理体系的基础。需要指出的是，党内法规体系不仅是管党治党的重要依据，也是治国理政的重要依据。

华东师范大学终身教授齐卫平指出，中国的政治发展路径和西方有很大的不同。中国共产党是一个马克思主义政党，同时也是一个长期执政党，是中国特色社会主义事业的坚强领导核心。因此，要正确认识和把握党的建设与国家治理之间的关系，研究党内法规和国家法律之间的关系，不能将两者割裂，更不能将两者对立，而是要将党内法规体系相关制度和国家法律体系制度贯通起来，做到相辅相成、有机统一。

本次论坛由上海市习近平新时代中国特色社会主义思想研究中心、中共上海市委党校、上海市马克思主义研究会共同举办，上海市委党校马克思主义学院承办。

学术研讨

“坚持总体国家安全观，着力防范化解重大风险”理论座谈会召开

4月12日，由中共上海市委国家安全委员会办公室、中共上海市委宣传部主办，上海社会科学院、上海市社会科学界联合会承办的“坚持总体国家安全观，着力防范化解重大风险”理论座谈会在上海社科院小礼堂举行。据悉，本次活动也是上海“4·15”全民国家安全教育日系列主题活动之一。

中共上海市委政法委副书记、市委国安办副主任李余涛出席座谈会并作交流发言。李余涛指出，总体国家安全观是新时代国家安全工作的基本遵循和行动指南。重点高校、主要智库要加强对总体国家安全观的学习宣传和理论研究，进一步深化国家安全学科建设，加强对重点领域的调查研究，为防范化解重大风险、维护国家安全工作提供理论支持。

来自复旦大学、同济大学、中共上海市委党校、上海社科院、上海国际问题研究院、上海市科学学研究所等单位的专家学者围绕总体国家安全观、意识形态安全、经济安全、城市安全、社会安全、科技安全、网络安全和外部安全等议题分别做了交流发言。

上海社会科学院党委书记于信汇、副院长王振，上海市社会科学界联合会专职副主席任小文，中共上海市委宣传部理论处处长陈殷华及相关单位部门负责同志，以及上海社会科学院部分科研人员出席座谈会。

“劳动幸福是个人和社会共同创造的”——第四届劳动人权马克思主义论坛在沪举行

4月13日，由上海市社会科学界联合会、上海师范大学、中共上海市委党校、《青年学报》编辑部等单位联合举办的第四届劳动人权马克思主义论坛在市委党校举行。本次论坛的主题是“马克思劳动·财富·幸福理论21世纪新诠释”。中共上海市委党校副校长郭庆松教授，上海师范大学马克思主义学院院长张志丹教授，全国高校文科学报研究会会长、《北京师范大学学报》主编蒋重跃教授出席开幕式并致辞。论坛吸引了来自全国各地的270余名代表报名参会。开幕式由上海师范大学哲学与法政学院院长蒋传光教授主持。

中共上海市委党校副校长郭庆松教授代表主办方致欢迎辞。他指出，本次论坛的主题选得非常好，独具匠心，说明了论坛设计者事先也是极其用心的。他强调，“马克思劳动·财富·幸福理论21世纪新诠释”是值得我们深入思考的问题。党的十八大以来，习近平总书记在多种场合强调尊重劳动。2016年，习近平总书记在出席社会科学工作者座谈会中的讲话，以及在2019年的全国“两会”，不断勉励哲学社会科学界要立足于中国社会主义伟大实践，学术研究应该反映现实、关照现实。习近平总书记曾说，“劳动是推动人类社会进步的根本力量，幸福不会从天而降，梦想不会自动成真，实现我们的共同目标，创造美好未来，必须紧紧依靠人民，始终围绕人民，必须辛勤劳动，诚实劳动，创造性劳动”。从学术上研究劳动问题，对于深入学习和领会习近平关于劳动重要论述具有不可替代的推动作用。

上海师范大学马克思主义学院张志丹教授代表论坛主办方介绍了论坛的筹备情况。本次论坛自公开征文以来，筹备工作前后历时近一年。收到应征论文在数量和质量、研究视域的宽度和深度方面，都大大超过以往三届。组委会共征集到100多篇论文，从中筛选出96篇论文汇集成会议论文集。应征作者的多样性特征亦十分明显，有著名的专家，也有年轻学者，学科涉及马克思主义理论、哲学、政治学、经济学、法学、伦理学、教育学、管理学、社会学、文化学等10多个学科领域。这表明，劳动问题研究正在成为一个广受关注的跨学科学术领域。张志丹教授认为，劳动、财富和幸福三者有着密切的关联，我们正是在劳动中创造财富从而获得幸福的。劳动研究对于马克思主义研究的纵深化推进，具有关键作用。

全国高校文科学报研究会会长、《北京师范大学学报》主编蒋重跃教授代表学界致辞。

他结合自己早年研习《1844年经济学哲学手稿》的经历，指出劳动中的“异化”是要引起大家关注的现象。让劳动幸福起来，对于提高人们的劳动热情至关重要。他认为，工作中的幸福感产生后，教学科研一线的教师才会有学术思考动力，学术期刊的编辑才会愿意不断做好自己的编辑工作。所以，我们关于劳动问题的研究是非常有现实意义的。

开幕式结束后，上海师范大学知识与价值科学研究所所长何云峰教授、上海财经大学马克思主义学院鲁品越教授、湖北大学马克思主义学院贺祥林教授、复旦大学哲学学院陈学明教授分别做了主题报告。主旨发言阶段由上海大学社会科学学部王天恩教授主持。

何云峰教授在题为“劳动幸福不是一个人的事情”的主旨报告中强调，劳动幸福是个人、他人和社会共同努力的结果。要保障每个人都通过创造性诚实劳动获得超越个人能力限度的幸福程度，就必须依赖于三种力量同时发挥作用：一是个人的内生劳动动力，亦即劳动积极性，是内因，是劳动幸福的源泉；二是要将社会的公共辅助制度化，助力个人大胆地进行劳动创造的勇气和魄力；三是他人的美德与博爱支持，这是制度化保障之外的社会化协助。因此，劳动幸福不能理解为个人单打独斗地奋斗。个人必须奋斗，这是劳动幸福的基础，社会和他人应该辅助，构成劳动幸福得以保障的外部力量。最大限度地保障人人都能通过创造性诚实劳动获得超越个人能力限度的劳动幸福，这是给良善社会治理提出的最高价值追求。社会治理的最高目标就是要使三种因素产生最大合力。个人将诚实劳动的成果分为自己私人占有和交给公共占有两个部分，目的正是要获得公共的社会辅助和他人的仁爱帮助，以放大自己的个人劳动幸福能力。所以，劳动幸福是个人、他人和社会协调统一的结果。人类文明史在某种意义上可以看成是人类不断探索将个人、他人和社会三个方面调动起来产生最大合力的试错史，从而不断地远离野蛮社会，摒弃强权社会，走向文明社会。只有文明社会才能最大限度地保障每个人都能通过创造性诚实劳动获得超越个人能力限度的幸福。

鲁品越教授在题为“论三大劳动及其创造历史的意义”的主旨报告中提出，马克思主义说到底就是人的发展史，是人学。如果要为其加个定语的话，就是劳动人学。如果说马克思主义是劳动人学的话，其中包含的一个核心含义就是劳动人权。劳动生产的不仅是物质产品，而且是人们的生活。所以，社会劳动构成了历史唯物主义的劳动概念，即一定是要为别人的劳动，才成为劳动，才成为马克思唯物史观的劳动。对劳动的理解是必须要排除个体性的，一定是要为别人的劳动。这种劳动的第一种形式是物质劳动，这是最根本的。第二种是生产精神文化的劳动。第三种就是人自身的生产，这不是生理性的活动，劳动一定是非生理性的活动。第四种是生态生产。因此，题目中的“论三大劳动”应该改为“论四大劳动”。这四种生产要协调统一，就需要有政治协调。当前我们正在强调的“五个建设”，分别对应的就是四个生产加一个政治协调。

贺祥林教授做了题为“论马克思主义视阈下体面劳动的两大基本内容”的发言。他密切联系我国当前劳动关系的现实，认为在马克思主义视域下，体面劳动具有两大基本内容，一方面是劳动者的各项权利要得到全面维护，另一方面体面劳动也要求劳动者各项义务得到履行。从维护权利的角度来说，体面劳动的首要内容至少包括八个主要方面，如劳动者享有平等就业和选择职业的权利，享有劳动报酬的权利，享有规定劳动时间的权利等。

陈学明教授在题为“劳动的解放与劳动者的地位”的报告中强调，劳动的权利实质上就是劳动者的权利，劳动的解放实质上就是劳动者的解放，劳动的幸福实质上就是劳动者的幸福。不管这种生产劳动是体力劳动还是脑力劳动，是物质劳动还是非物质劳动，从事生产劳动来维护生存的人群，就是劳动者。劳动者地位的第一阶段是“劳动动物”，第二阶段是“劳动的人”。马克思揭示了劳动者在雇佣劳动制度下的从属性，包括劳动者人格的从属性，劳动者经济利益的从属性，以及劳动者在组织上的从属性。但这不是真正的“劳动的人”。在社会主义初级阶段的今天，我们必须考虑如何充分保障每个劳动者的劳动权利。他认为，应该在法律上重塑劳动者的公民身份，将劳动者的公民身份看作是自由权利、政治权利和社会权利的复合范畴，并用劳动权制度体系来支撑这种公民身份，实现“劳动者”法律理念与制度之间的和谐与稳定。具体地说，应该从七个方面去提高劳动者的地位：提高劳动者获得经济利益的份额；提高劳动者的教育水平，为就业和创业奠定基础；让劳动者参与企业管理；让劳动者具有主人意识；尽可能地让劳动者拥有企业生产资料的股份；引导劳动者把劳动不是单纯作为养家糊口的手段，而是体验实现自我价值的快乐；使劳动者具有政治权利。

下午，第四届劳动人权马克思主义论坛根据相关主题设立三个分论坛和一个期刊专场，进行了分组讨论。第一分论坛主题为“马克思财富思想与劳动幸福理论”，第二分论坛主题为“劳动精神与劳动教育”，第三分论坛主题为“科技发展、人工智能与劳动发展”。各分论坛的专家学者就相关问题进行了非常深入而热烈的研讨。在论坛中，“劳动幸福”“劳动权利”“劳动精神”“劳动教育”“人工智能”“自由劳动”“劳动正义”等成为专家们发言的高频词。

在分论坛之后，主办方还设置了学者与学术期刊主编和编辑对话环节，以解答学者们在发表文章方面存在的困惑。

在随后举行的闭幕式上，各分论坛分别派出代表汇报了本组讨论情况，并举行了优秀论文颁奖仪式。组委会邀请与会专家代表从青年学者（第一作者为副教授及以下职称和研究生）的论文中评选出一等奖1名、二等奖3名、三等奖6名，并颁发了荣誉证书。

最后，上海师范大学知识与价值科学研究所所长何云峰教授做了总结发言并介绍了对未来研究的展望。大会在浓厚的学术氛围和热烈的掌声中落下帷幕。

2019 年上海读书会主题论坛“在祖国阅读”在建投书店举行

4 月 23 日，由上海市作家协会和虹口区宣传部联合举办了 2019 年上海读书会主题论坛“在祖国阅读”在建投书店举行。上海市作协党组书记王伟，上海图书馆馆长陈超，虹口区委常委、宣传部部长吴强，上海市作协党组副书记马文运，上海市社联专职副主席解超，上海师范大学副校长陈恒，世纪出版集团副总裁阚宁辉，上海市委宣传部出版处处长姜复生等出席论坛。

王伟认为，现在读书会的数量很多，除了错位发展形成特色之外，上海的各大读书会已经开始相互呼应，形成联动，持续地增厚着上海整体阅读氛围。对于未来，他感到有四大方面可以重点努力，一是加强导向，真正承担起城市文化建设与繁荣的重任；二是办读书会不忘初心，要继续以满足市民对美好生活的需求为根本目的；三是读书会不求数量而是一定要办出特色，坚定走内容发展；四是强化品牌意识，能够让城市阅读的活动实现持续发展。

陈超谈到，“上图讲座”这个平台上不仅仅是为广大读者提供了学习获取新兴的知识渠道，同时也是一个专家学者、文化名家的交流平台。对于读书会的发展，陈超提出了三点建议，一是引领意识，需要在实体和虚拟两个阵地再做进一步的探索，共同努力；二是平台意识，让图书馆的空间成为平台，集合全社会的资源一起来做阅读推广活动；三是创新意识，这种开创意识不仅仅是对平台资源的开创，还要对很多新技术的开创，比如开发微信、音频节目等渠道。

解超着重介绍了社联主办的望道讲读会的举办情况。他说：“讲读会冠名望道，一方面为了缅怀《共产党宣言》第一个中文全译本译者、上海市社联的首任主席陈望道先生，‘望道’二字所承载的文化意义和开启的阅读想象也足以让人深受启迪。我们的特色和定位主要是两个，一是社科，二是普及，我们在社科知识、学术思想深度普及上下功夫，以古今中外学术大家诞辰、学术名著、学术新作的出版等为基本选取对象。同时与观众深度互动，与媒体深度融合，通过多种渠道深度传播讲读会的成果。”

阚宁辉概括了十多年来上海读书会的四个“定”，分别是“定点、定时、定位、定人”。他讲道：“定位是上海读书会品牌最了不起的地方。许多读书会都有自己独立的价值判断，面向市场，面向潮流，面向公众，建立起自己对于人文、内容和价值的判断体系。”他还回忆起十年前爱尔兰作家科尔姆・托宾在上海图书馆进行的一场全英文的演讲，当时各地的年轻读者涌入和托宾交流，令他十分感动。“托宾说没想到自己能在中国上海有这么多知音。后来托宾受邀成为上海国际文学周的参与者，也在公开场合给上海文学很高的评价，这个例子足以说明上海读书会的特色。”阚宁辉说。

阅读是美好生活不可或缺的一部分，这是大家的共识。会上，参与论坛的上海各大读书会的运营人和策划人还共同回顾了这些年上海在阅读推广中取得的一些成就以及探讨其中存在的难点和问题，以期共同展望阅读的明天。

上海理论界举行“学习习近平总书记纪念五四运动100周年重要讲话精神”座谈会

5月5日，由上海市习近平新时代中国特色社会主义思想研究中心、中共上海市委宣传部、中共上海市委党校、上海市社会科学界联合会共同召开的“上海理论界学习习近平总书记纪念五四运动100周年重要讲话精神座谈会”在中共上海市委党校举行。中共上海市委宣传部副部长徐炯出席会议并讲话，上海市社会科学界联合会党组书记、专职副主席权衡主持座谈会，上海市习近平新时代中国特色社会主义思想研究中心副主任、中共上海市委党校副校长郭庆松代表主办单位致辞。上海理论界70余位专家学者以及新闻媒体负责人与会。

会议指出，上海理论界要深入学习贯彻习近平总书记在纪念五四运动100周年大会上的重要讲话精神与在中共中央政治局第14次集体学习时的重要讲话精神，深入学习贯彻李强书记在上海市纪念五四运动100周年座谈会上的讲话精神，深入开展五四运动和五四精神的研究，更好地服务于坚持和发展中国特色社会主义，努力作出无愧于上海作为五四运动重要声援地、中国青年运动重要发源地、中国共产党诞生地的不凡贡献。

徐炯指出，要从三方面深入开展对五四运动历史和五四精神的研究。一要以“大历史观”深入开展研究。要深入开展五四运动历史研究，深入开展五四运动前后两个一百年历史研究，深入开展五四运动与世界社会主义五百年历史研究；要深入开展五四运动与中华民族5 000多年文明历史研究；要深入开展五四运动以来中国青年运动发展历史研究。二要以“大文化观”深入开展研究。要把研究五四精神同研究中国特色社会主义文化贯通起来，同研究社会主义核心价值观贯通起来，同研究伟大民族精神和伟大时代精神贯通起来，同研究青年文化贯通起来。三要以“大学科观”深入开展研究。要协同发挥马克思主义理论、历史、经济、政治、文化、社会、党建等学科力量，不断推进五四运动历史和五四精神研究的学科体系、学术体系、话语体系建设和创新。要协同发挥传统技术和现代技术作用，加强对五四运动史料和文物的系统收集、分类整理、科学保护，为后人继承和发扬五四精神留下历史记忆。要协同发挥国内外哲学社会科学资源支撑作用，协同发挥各相关领域研究队伍力量，不断提高专业化能力，多出有深度、有分量的研究成果。

权衡认为，此次座谈会旨在深刻领会习近平总书记在纪念五四运动100周年大会上的重要讲话精神，上海理论界社科界要加强研究五四运动和五四精神的时代价值和意义，进一步推进学习习近平新时代中国特色社会主义思想，进一步增强“四个意识”，坚定“四个自信”，做到“两个维护”。从历史、理论和实践等多维度深入研究五四运动和五四精神的时代价值和现实意义。

郭庆松表示，五四运动开启马克思主义社会主义价值观在中国的传播，开辟中国走向社会主义道路。习近平总书记在纪念五四运动100周年大会上的重要讲话围绕五四运动和五四精神，提出一系列新理念、新思想，为新一代的五四运动研究指明了方向。

同济大学马克思主义学院院长徐蓉教授认为，要结合思想文化运动、社会革命运动、民族复兴运动、青年运动这四个重要特性来深入理解五四运动的伟大历史意义。五四运动之所以影响深远，源于其在思想文化层面开启了一个新时代。作为一场伟大的群众性爱国运动，五四运动爆发于民族危难之际，是一场以先进青年知识分子为先锋、广大人民群众参加的彻底反帝反封建的伟大爱国革命运动，是一场中国人民为拯救民族危亡、捍卫民族尊严、凝聚民族力量而掀起的伟大社会革命运动。在这场社会革命运动中，中国的先进的知识分子不仅扮演了重要角色，而且真正认识到人民群众在历史前进中的伟大力量，从而逐步找到一条与工农相结合的成长发展道路。自此，先进知识分子开始放弃英雄史观，而走向人民史观，逐渐转变为马克思主义者，并自觉到工人当中组织领导运动，极大促进马克思主义与中国革命道路选择的结合，为中国共产党的诞生提供思想准备和组织准备。

上海市委党校科研处处长、党史党建教研部周敬青教授认为，中国共产党是传承、弘扬、践行五四精神的担当奋斗者，中国共产党人的担当精神和奋斗精神在不同的历史时期有着不同的特点和表现。中国共产党是传承、弘扬、践行五四精神的薪火相传者。一部中国共产党史就是一部党的思想解放史，又是一部党的思想觉醒史。我们党不为各种利益干扰所左右，不为各种艰难险阻所吓倒，与时俱进，遵循历史前进的逻辑，顺应时代发展的潮流，把马克思主义基本原理和中国实际相结合，先后形成毛泽东思想、邓小平理论、“三个代表”重要思想、科学发展观、习近平新时代中国特色社会主义思想，形成中国特色社会主义理论体系，开辟中国特色社会主义道路，发展中国特色社会主义文化，推动中国特色社会主义进入新时代。中国共产党更是传承、弘扬、践行五四精神的身体力行者。当代中国的伟大社会变革，既不是延续我国历史文化的母板，也不是简单套用马克思主义经典作家的模板，更不是国外现代化的翻版，而是中国特色社会主义的新版。

华东师范大学哲学系陈卫平教授认为，纪念五四百年需要辨析四个问题：一是五四运动与全盘反传统之间的关系问题；二是五四运动与建设中国文化新形态之间的关系问题；三是五四运动与马克思主义的关联化问题；四是五四运动与新民主主义革命之间的关系问题。他指出，五四运动具有思想解放的伟大意义，使得人们从原来的封建主义意识形态当中解放出来。有人认为，五四运动造成了中国文化命脉的割断。事实上，新与旧是相对而言的，不能简单将新文化理解为西方文化，五四新文化运动体现了传统文化向现代文化转型的高度自觉。五四运动既是新民主主义革命的开端，也是中国走向现代化的历史里程碑，它确立了民族和科学作为现代化的价值原则。从这个意义上说，在五四精神下诞生的中国共产党，既是新民主主义革命的领导者，又是以实现中国现代化为使命的马克思主义政党。

会上，上海师范大学副校长陈恒教授、复旦大学政党建设与中国发展研究中心主任郑长忠教授、上海市青年干部管理学院副院长王冰教授也分别作了交流发言。

上海市理论界庆祝上海解放70周年研讨会召开

5月28日下午，上海市理论界庆祝上海解放70周年研讨会在中共上海市委党校举行。与会专家学者表示，站在新的历史起点上，上海理论社科界要勇于担当，深入研究重大理论和现实问题，努力为上海的发展提供更高质量、更高水平的理论支撑和智力支持。上海市委常委、宣传部部长周慧琳出席并讲话，市委宣传部副部长徐炯主持会议，上海市理论界130余位理论工作者与会研讨。

会议指出，上海解放、新中国成立以来，在党的坚强领导下，上海理论社科界在探索社会主义道路中初步形成了上海哲学社会科学研究体系；在推动思想解放、服务改革开放中实现了上海理论社科事业的复兴繁荣；在服务改革开放再出发中实现了上海理论社科界的新作为。

会议要求，新时代，上海理论社科界要进一步深化习近平新时代中国特色社会主义思想的研究阐释，努力为党和人民做大学问、做真学问、做好学问，积极推动中国特色哲学社会科学融合发展、创新发展。要进一步深化"上海研究"，加强对上海解放、建设、改革以及未来发展的深入研究，加强对上海如何高质量、高水平服务国家战略、打响"四大品牌"、建设"五个中心"、推进超大城市党的建设等重大发展问题的深入研究，更好地服务上海和全国改革发展。

上海市社联主席王战表示，对上海解放70周年的最好纪念，莫过于以辩证唯物主义和历史唯物主义为指导，将上海城市精神传承与改革开放实践，放在新中国发展史和近代以来中华民族伟大复兴的历史进程中去理解和领会，放在中国特色社会主义道路和中国人民站起来、富起来和强起来的历史逻辑中去衡量和把握。其中，最为关键的是，如何辩证地和历史地看待上海解放前和解放后，以及改革开放前和改革开放后的实践关联。上海这个社会主义现代化国际大都市的孕育和成长，既建基于一百多年来对外开放的历史积淀，更取决于新中国成立尤其是改革开放以来的推陈出新。

上海社会科学院院长张道根指出，当今世界处于百年未有之大变局，当代中国进入中国特色社会主义新时代，上海"五个中心"和社会主义现代化国际大都市建设处于不进则退的关键期，我们要有更宽广眼界、更久远战略思考，始终走在时代发展前列。立足当前、着眼长远，要全力抓好"三大任务"，用好"一个平台"，即全力以赴实施好长三角一体化发展的国家战略，有力有序推进自贸区扩区，做好科创板建设，抓深抓实在上海举行的中国国际进口博览会，巩固提升上海既有优势，开拓放大新优势。

上海全球城市研究院院长、上海经济学会会长周振华表示，在新的历史条件下，上海面向未来，面向全球，提升城市能级和核心竞争力，必须融入长三角更高质量一体化进程中。这是上海谋求高质量发展和高品质生活，增强全球资源配置能力的必由之路。

上海市委组织部原副部长冯小敏认为，新中国70年，上海从曾经的半殖民地半封建十里洋场，发展成具有世界影响力的国际大都市。切实加强基层党建，始终是城市建设发展、改革开放题中应有之义。城市基层党建在服务发展和民生关切中彰显政治组织优势，而区域化党建体制机制创新则为城市社会治理创新探索了新路。

郭庆松、严爱云、魏陆、黄晓春等分别围绕“新时期上海继续当好改革开放排头兵的几点思考”“老一辈革命家对上海解放的巨大贡献”“上海‘五个中心’建设目标的形成与实践探索”“党建引领：上海创新社会治理的经验与启示”作了发言。

本次研讨会由上海市委宣传部、市委党校、市委党史研究室、市教卫党委、市社联、上海社会科学院、上海市习近平新时代中国特色社会主义思想研究中心、上海市中国特色社会主义理论体系研究中心、国防大学政治学院等共同举办。

上海市庆祝新中国成立 70 周年理论研讨会举行

为深入学习贯彻习近平总书记在庆祝新中国成立 70 周年大会上的重要讲话精神，上海市庆祝新中国成立 70 周年理论研讨会于 10 月 9 日下午举行。上海市委常委、宣传部部长周慧琳出席并讲话。

会议指出，上海哲学社会科学界要认真学习贯彻习近平总书记重要讲话精神，坚持中国共产党领导，坚持人民主体地位，坚持中国特色社会主义道路，深刻认识把握新中国 70 年发展的辉煌成就和伟大意义，深入宣传解读新中国 70 年历史性变革所蕴含的内在逻辑，深度聚焦聚力新时代重点领域和重大命题研究。要深入研究如何更好为全国改革发展大局服务，深入研究新时代上海改革发展的资源与优势、困难与挑战，在事关上海改革发展、城市功能、民生改善等重大问题上加强理论思考，提供科学分析、精准研判的高质量研究成果。要传承立学为民、治学报国的光荣传统，把个人学术追求同国家和民族发展紧紧联系在一起，忠诚于繁荣发展中国特色哲学社会科学的伟大事业，为实现"两个一百年"奋斗目标、实现中华民族伟大复兴的中国梦贡献更多智慧和力量。

会上宣读了上海市庆祝新中国成立 70 周年理论征文活动优秀论文和优秀组织奖获奖名单，上海市社联科研处被评为优秀组织奖。本次征文活动，经评审共有 43 篇入选论文集，其中 11 篇被评为优秀论文。入选论文集的 43 篇论文中有 17 篇为上海市社联组织报送，被评为优秀论文的 11 篇中有 2 篇为上海市社联组织报送。

会上，曾峻、张幼文、邱卫东、梅丽红、姜义华、李友梅、王健、汪红伟等分别作了交流发言。

此次研讨会由上海市委宣传部、市委党校、市委党史研究室、市教卫工作党委、市社联、上海社会科学院、国防大学政治学院、上海市习近平新时代中国特色社会主义思想研究中心、上海市中国特色社会主义理论体系研究中心（研究会）共同主办。

学术话语体系建设

上海市加快构建中国特色哲学社会科学工作座谈会在上海市社联召开

在习近平总书记在哲学社会科学工作座谈会上的重要讲话发表三周年之际，5 月 17 日下午，上海市委宣传部、上海市社联在市社联召开“上海市加快构建中国特色哲学社会科学工作座谈会”，进一步学习贯彻习近平总书记 5·17 重要讲话精神，以及在参加全国政协十三届二次会议文艺界、社科界委员联组会时的重要讲话精神。上海市委宣传部副部长徐炯出席会议并讲话。会议由上海市社联党组书记、专职副主席权衡主持，市社联主席王战出席会议并致辞，市社联专职副主席、秘书长、市哲学社会科学学术话语体系建设办公室主任解超作关于本市学术话语体系建设工作情况的报告，市社联党组成员、副巡视员莫剑平出席会议。

徐炯指出，进一步加快构建中国特色哲学社会科学应在以下几方面着力：一是着力推动党的创新理论的学理化，进一步加强对习近平新时代中国特色社会主义思想的研究阐释。要将党的理论创新成果的核心思想、关键话语体现到各学科领域，着力作出更加系统的学术建构、更加深入的学理阐释、更加准确的学术表达。二是着力推动学术理论的中国化，坚持以中国实践为提升哲学社会科学原创能力的不竭源泉。当代中国哲学社会科学研究要形成自己的特色，提出标识性的概念，只有深深扎根中国的伟大实践，深刻把握中华文明的悠久历史和中国百年来的革命建设和改革的伟大历程，才能不断获得创新发展的强大生命力和持久影响力。三是着力推动中国话语国际化，努力让中国理论、中国声音、中国话语能够走出去，产生国际影响力。四是要加强中国特色新型智库建设，着力深化重大问题研究，不断提升建言献策的能力。五是要加强人才队伍建设，尽快培养一支立足中国实践、建构中国理论的人才队伍。

王战表示，习近平总书记在“5·17”重要讲话中，明确提出了加快构建中国特色哲学社会科学的重要任务，并作出了一系列重大部署，为新时代我国哲学社会科学事业的发展指明了前进方向，提供了根本遵循。上海市社联在市委宣传部的领导下，具体承担学术话语体系建设的推进工作，联合社科理论界组织开展了一系列学术话语体系研究项目，推出了一批学术话语体系创新成果，打响了浦东论坛等话语体系建设的品牌，并着手培育一批学术话语体系建设的学科基地。2019 年是新中国成立 70 周年，我们要聚焦国家和上海建设发展的重大事件，深入研究和解读新中国 70 年历史性变革的内在逻辑，讲清楚中国特色社会主义道路、理论、制度、文化优势，用中国理论解读中国实践。

权衡强调，上海社科界广大专家学者以习近平总书记系列重要讲话精神为重要指引和根本遵循，提高思想认识和政治站位，把握正确政治方向，按照立足中国、借鉴国外，挖掘历史、把握当代，关怀人类、面向未来的思路，着力构建中国特色哲学社会科学，在指导思想、学科体系、学术体系、话语体系等方面充分体现中国特色、中国风格、中国气派，形成一批凝结中国智慧，展示中国形象，讲好中国故事，传播中国声音的理论创新成果和学术研究力作。实践发展永无止境，理论创新、思想创造同样永无止境，上海市社联要根据市委宣传部的总体部署，在认真回顾、系统梳理话语体系建设以往三年成果的基础上，围绕新形势新任务新要求，加强统筹协调，集聚各方力量，继续着力抓好话语体系建设项目的推进工作，为加快构建中国特色哲学社会科学做出上海社科理论界的新贡献。

解超在报告上海市推进哲学社会科学学术话语体系建设工作情况时指出，推进中国特色哲学社会科学学术话语体系建设，是上海贯彻落实习近平总书记系列重要讲话精神，打造思想理论创新高地，打响"上海文化"品牌的重大专项。近年来，我们主要从抓好研究项目、打造传播平台、建设研究基地这三个方面，聚焦哲学、政治学、经济学、社会学等主要学科领域，推出了一批富有影响的学术话语体系建设成果。上海市主要高校和社科研究机构，立足各自优势学科，组织精锐力量，出版专著、发表论文、举办研讨活动，也陆续推出一批新成果，呈现出话语体系建设蓬勃开展的新局面。

座谈会上，复旦大学资深特聘教授姜义华，中国社会学会会长、上海市社会学会会长李友梅教授，上海市美国学会会长黄仁伟研究员，上海财经大学资深教授张雄，复旦大学经济学院张晖明教授，华东师范大学历史系瞿骏教授 6 位专家代表从各自学科领域出发，围绕主题做交流发言。

姜义华教授认为，在中国特色哲学社会科学话语体系建设中，真正坚持马克思主义立场、观点和方法要体现在四个方面：一是实践性，这是马克思主义的本质，也是构建中国特色哲学社会科学的第一品格。这里的实践是中国共产党建立、新中国成立以来的全部实践，乃至近代中国以来社会大变革的全部实践，是亿万人民共同进行的伟大实践。二是要重视历史研究，不仅要研究中国历史，还要研究世界历史、世界文明。三是要有前瞻性，要研究具有规律性的东西，从现象深入到本质，把握事物的内在联系。四是要打破学科局限性，把自然科学、人文科学、社会科学联系起来，既要打通"老"学科，更要关注新学科发展。

李友梅教授指出，我们正在经历的中国社会转型实践，是转型社会学理论范式创新的沃土，要求我们对既有的理论范式和知识体系不断进行反思和再认识。首先，要深刻认识中国社会学认知模式的偏差问题。其次，摆脱西方话语的禁锢，超越西方化与非西方化的二元争论。西方理论有其自身产生的社会文化和历史经验的条件，如果不考虑这些前提性预设背景，就拿既有的西方理论去研究中国转型社会，必然会产生水土不服的问题，而且容易陷入对方理论的价值预设当中。第三，在中国与世界联系中把握"一"与"多"、特殊性与普遍性的关联，走向开放的社会科学。

黄仁伟研究员指出，国际话语权是国家文化软实力的重要组成部分。我们正处在百年未有大变局的伟大历史进程之中，要长期面对各种复杂的挑战和障碍，其中很重要的一个挑战就是中国国际话语权的提升。我们应全面认识提升国际话语权的战略价值，针对现实情况，坚持实事求是，抓住本质，以理服人，形成高质量的中国国际话语，从而最大程度激发国际社会的理解、认同与合作，最大限度地减少疑虑及可能潜在的冲突。

张雄教授认为，构建中国特色哲学社会科学，离不开广大哲学社会科学工作者强烈的忧患意识和问题意识。社科工作者应通过自我革命超越自己的理论局限性，以马克思主义政治经济学为例，苏联专家在计划体制下给马克思主义做了总结，梳理了体系。我们国家已经经历了社会主义市场经济的实践，在这样一个社会主义市场经济的背景下，如何重新看待《资本论》、怎样看待马克思主义政治经济学，就成为一个非常重要的理论和实践问题。

张晖明教授提出，在遵循“实践导向”和“问题导向”作为哲学社会科学研究的具体特征要求，立足中国实践真正读懂中国、读懂世界、读懂中国与世界的关系的问题中，我们需要明确如何去“读”。这就需要从中国立场、中国实践出发，从中国所走过的历程出发，特别是联系经济体制转轨、发展方式转型和社会转型来探索解读的方向。此外，应开展跨学科研究对话，做好扎实细致的学术创新积累工作，通过不同研究方法之间的碰撞，特别是结合对中国发展实践的实证研究，有效推进话语体系创新。

瞿骏教授指出，习近平总书记的讲话指引了中国历史学话语体系建设的方向和方式，并涉及诸多重大的学术和现实问题。当历史话语面对种种历史叙述挑战时，我们应真正讲清中国文明史独特的内容、表现和影响，厘清历史神圣和神话的区别。此外，要重视中国马克思主义史学的资料收集和史料形成，重视中国历史学的海外影响力扩展。

上海市主要高校、社科研究单位的分管领导和社科管理部门负责人，上海市部分学会负责人 60 余人参加会议。会前，上海市委宣传部副部长徐炯还参观了位于社联一楼大厅的学术话语体系建设成果展。

"中国哲学社会科学话语体系建设·浦东论坛——文学理论话语体系建设·2019"在中国浦东干部学院举行

7月20日，由全国哲学社会科学话语体系建设协调会议办公室、中共上海市委宣传部指导，中国浦东干部学院、中国社会科学院-上海市人民政府上海研究院、上海市社会科学界联合会主办，中国社会科学院大学人文学院、上海大学文学院、上海研究院文化发展研究中心协办的"中国哲学社会科学话语体系建设·浦东论坛——文学理论话语体系建设·2019"在沪举行。来自文学理论领域7个全国一级学会和著名文学家及全国各地220多名专家学者参会。

教育部党组成员、副部长翁铁慧，全国人大社会建设委员会副主任委员、中国社会科学院学部委员、中国社会科学院—上海市人民政府上海研究院院长李培林，中共上海市委宣传部副部长徐炯，中国浦东干部学院分管日常工作的副院长曹文泽分别致辞。上海市社会科学界联合会党组书记、专职副主席权衡主持开幕式。中国社会科学院科研局局长马援，教育部社科司副司长谭方正，中国浦东干部学院副院长刘靖北，中国社会科学院-上海市人民政府上海研究院第一副院长李友梅，上海市社科界联合会党组成员、专职副主席解超，中共中央宣传部理论局、全国哲学社会科学话语体系建设协调会议成员单位的代表出席会议。

翁铁慧认为，文艺事业是党和人民的重要事业，文艺战线是党和人民的重要战线。文学界作为文艺战线、哲学社会科学战线的重要组成部分，肩负着推动社会主义文化繁荣兴盛、构建中国特色文学理论话语体系的时代使命和历史责任，应将研究阐释习近平新时代中国特色社会主义思想特别是习近平总书记关于文艺工作的重要论述作为文学理论创新发展的重要任务；将推动中华文化繁荣兴盛作为文学理论创新发展的根本目标；将文明交流互鉴作为文学理论创新发展的重要途径。与此同时，坚持与时代同步伐，坚持以人民为中心，坚持以精品奉献人民，坚持用明德引领风尚，积极做中国学术的创新者、世界学术的贡献者，为实现"两个一百年"奋斗目标和中华民族伟大复兴的中国梦作出更大贡献。

李培林指出，习近平总书记在哲学社会科学工作座谈会和致中国社会科学院建院40周年贺信中多次指出，广大哲学社会科学工作者要努力为构建中国特色哲学社会科学学科体系、学术体系、话语体系，为增强我国哲学社会科学国际影响力做出更大贡献。新中国成立70年、特别是改革开放40年以来，我国在经济、政治、社会、文化、生态等领域取得了重大成就，亦形成了一套叙说中国道路、中国制度、中国经验、中国文化的概念、思想、观点。为此，哲学社会科学话语体系建设首先必须坚持以马克思主义为指导，研究好、宣传好习近平新时代中国特色社会主义思想；其次，要与学术体系建设有机融合，还要体现中国特色、走向世界。我们要增强理论和文化自信，努力研究、阐释和打造具有中国特色、中国风格、中国标识，反映中国道路、中国经验、中国实践的学科化概念，构建一套完整、系统、有内在逻辑的话语体系；同时，还需积极参与国际知识体系、学科体系、学术体系、话语体系以及教材体系的构建，让中国的话语体系走向世界，产生广泛的国际影响。

徐炯指出，哲学社会科学对于坚持和发展中国特色社会主义具有不可替代的作用。文艺工作一直是党的宣传思想工作和国家文化建设的重要组成部分。经过70年发展，我国文艺工作取得了一系列重大成就，已经成为中华民族伟大复兴事业的一部分，彰显着时代精神和民族精神。文学理论是中国文学研究的话语库，是中国文学观念和文学思想的集中体现，文论话语权是中国文学研究主体性的前提和保障，也是同西方文论进行人文交流、开展中国文化对外传播的基础和保证。改革开放40年来，当代中国文学理论研究取得了长足发展，富有中国特色和时代特色的话语体系日渐完善。但与此同时，当代中国文论话语受到西方影响，"失语"的状况仍然存在。如何直面现实问题，回应各方关切，归纳和总结中国经验，加快构建中国文论话语权，是亟待中国学者回答的一份时代问卷。

曹文泽表示，哲学社会科学话语体系建设是以习近平同志为核心的党中央站在新时代中国特色社会主义发展的高度提出的一项重要战略任务，对于推进我国哲学社会科学繁荣发展、增强我国国际话语权和影响力、推进中国特色社会主义伟大实践，具有十分重要的意义。习近平总书记在哲学社会科学工作座谈会、文艺工作座谈会等重要讲话中，都对文学理论话语体系建设作出相关重要论述。习近平总书记关于文学和文学理论话语体系建设的有关论述为我们今后的工作指明了方向：第一，中国文学理论话语体系建设必须坚持正确的政治方向和立场；第二，中国文学理论话语体系建设必须坚持科学的方式方法；第三，中国文学理论话语体系建设必须重视对当代中国文学理论的主体性构建。

中国社会科学院原副院长、《中国社会科学》杂志总编辑、《文学评论》主编、中国文学批评研究会会长张江主持作家对谈会。张江与中国作家协会副主席、陕西省作家协会主席贾平凹，复旦大学教授、中国作家协会副主席、上海市作家协会主席王安忆，福建社会科学院院长、中国文艺理论学会会长、中国文学批评研究会副会长南帆，中国人民大学教授、中国文学批评研究会副会长中国当代文学研究会副会长程光炜就"新时代文学如何讲好中国故事"进行对谈互动交流。

张江表示，在"如何讲好中国故事"这个问题上，当代中国作家作出了巨大贡献，特别是在文艺理论领域，许多当代著名作家一直走在世界前列。因此，当下我们谈论如何构建文艺理论话语体系，需要将文学创作、文学经验、文学实践紧密结合起来，始终坚持以文学为研究对象，从理论高度对现实作品展开具体研究。

贾平凹认为，要写好中国故事，需要文学工作者对这个社会、这个时代抱有极大的热情，并对各种社会现象有充分的了解和独特的思考。此外，我们还应有大的视野，将想要表达的社会问题、社会现象融入文学创作中，使文学作品能够最大程度、多元化的还原时代的面貌。

王安忆回顾了自己的创作道路，从修饰的角度和文学批评的角度分别解释了“新时代”“中国故事”两个名词的具体涵义。她认为，文学实践不能脱离时代背景，一时代有一时代之文学。我们作为文学工作者，应以书写中国的历史，书写中国政治史、社会史为己任，真实准确地记录中国文学的发展变化。

南帆表示，从文学的角度讲述中国故事，必须将个人的特殊经验、感觉和整个民族的历史联系起来，将过去的历史和现在的历史串联起来，以生动、具体的中国化生活细节填补文学作品，使中国文学更加具有世界性。

程光炜认为，讲好中国故事，必须重视研究好具有“地方性”特色的文学作品。“中国故事”是很宏观、抽象的概念，只有落实在某一个具体地方的舞台上，才能真正成为富有地方特色的文学作品，真正展现出某一个时代中国命运的缩影，为今后重新解读中国故事的内涵提供新的角度和素材。

浦东论坛主旨发言分两个单元进行。上海大学党委副书记徐旭主持第一单元主旨发言。中国社会科学院研究员、全国马列文艺论著研究会会长党圣元，深圳大学教授、中国中外文艺理论学会会长、中华美学学会会长高建平，四川大学教授、中国比较文学学会原会长、中国中外文艺理论学会副会长、教育部长江学者特聘教授、欧洲科学与艺术院院士曹顺庆，中国社会科学院研究员、中国当代文学研究会会长、中国文艺理论学会副会长白烨，华东师范大学教授、中国古代文学理论学会会长胡晓明，华东师范大学教授、中国文艺理论学会秘书长、教育部长江学者特聘教授朱国华分别以“新时代马克思主义文论话语体系构建论要”“资源分层、内外循环、理论何为——中国文论 70 年三题”“变异学——中国比较文学学术话语的建构”“确立主体性是构建话语体系的前提”“后五四中国文论从何突破?”“生存危机：人文学科如何对标当代中国”为题作主旨发言。

上海研究院朱承教授主持第二单元主旨发言。福建社会科学院院长、中国文艺理论学会会长、中国文学批评研究会副会长南帆，上海交通大学教授、中国比较文学学会会长、中国文艺理论学会副会长、中国中外文艺理论学会副会长、教育部长江学者特聘教授、欧洲科学院外籍院士王宁，中国人民大学教授、中国文学批评研究会副会长、中国当代文学研究会副会长程光炜，扬州大学教授、中华美学学会副会长、中国中外文艺理论学会副会长姚文放，华南师范大学教授、中国中外文艺理论学会副会长、中国文艺理论学会副会长李春青，中国人民大学教授、中国中外文艺理论学会副会长金元浦，浙江工商大学教授、浙江省社会科学界联合会主席、中国外国文学学会教学研究会会长蒋承勇，上海政法学院教授、上海美学学会会长祁志祥分别以“文学批评：开放的解读及其边界”“走向世界的中国当代文学理论与批评”“材料的批评性”“文学理论的话语转向及其中国问题”“70 年来中国文学阐释模式之嬗变”“中国文论 70 年话语变迁与新文论建构”“现实主义中国传播 70 年考论”“中国古代文学理论体系的逻辑结构及其民族特征”为题先后作主旨发言。

浦东论坛还有六个分会场，与会的专家学者就当代中国文论话语体系建设、中国阐释学的理论建构、当代中国文学经验及其批评实践、西方文论在中国、当代西方文论思潮的反思、中国马克思主义文论的知识生产、中国古代文论话语体系的重建、中华美学精神的复兴、文论思想的中西交流与对话等诸多议题展开学术交流和讨论。

中国浦东干部学院副院长刘靖北主持闭幕式。中共中央党校教授范玉刚，清华大学教授生安锋，江西师范大学教授陶水平，复旦大学教授杨乃乔，山东大学文艺美学研究中心副主任、教育部长江学者特聘教授程相占，南京大学教授周计武先后作分论坛小组总结。

中国社会科学院-上海市人民政府上海研究院常务副院长赵克斌作大会总结。赵克斌表示，文学创作活动与对文学创作活动的理论反思与指引，是中国哲学社会科学话语体系建设的一个重要组成部分，也是国家文化事业的一个重要抓手；同时，文学理论也在新时代社会科学话语体系建设中，承担着重要的任务。广大文学理论工作者要把握时代脉搏，承担时代使命，聆听时代声音，勇于回答时代课题，为提升中国文学理论的学术研究水平，完善中国文学理论学科建设，为提出与悠久深厚的文化传统相称的中国文学理论、阐释中国文学话语、构建中国文学学派，为传播中国文学声音，推进中国文学理论的话语建设，尽心尽力、群策群力地展开研究。

“上海市庆祝新中国成立 70 周年系列丛书”出版座谈会在沪举行

12 月 31 日，上海市社会科学界联合会、上海世纪出版集团召开“当代中国发展的逻辑(1949—2019)——上海市庆祝新中国成立 70 周年系列丛书”出版座谈会。中共上海市委宣传部副部长徐炯出席会议并讲话。上海市社联党组书记、专职副主席权衡致辞。上海世纪出版(集团)有限公司党委副书记、总裁阚宁辉介绍丛书出版情况。上海人民出版社社长王为松为相关单位赠书。会议由上海市社联党组成员、专职副主席、秘书长解超主持，市委宣传部、市社联、市新闻出版局等部门负责人，丛书作者代表和出版单位负责人 60 余人出席会议。

2019 年是新中国成立 70 周年。为回顾总结新中国 70 年的伟大发展历程，加快构建中国特色哲学社会科学，上海市社会科学界联合会、上海市哲学社会科学学术话语体系建设办公室、上海市哲学社会科学规划办公室组织策划了上海市庆祝新中国成立 70 周年系列丛书，包括“当代中国发展的逻辑丛书”(5 卷)和“上海市纪念新中国成立 70 年研究丛书”(18 卷)。上述两套丛书已于日前由上海人民出版社、上海财经大学出版社正式出版。

徐炯在讲话中指出，系统回顾梳理新中国成立 70 年波澜壮阔的历史进程，深入挖掘中国特色社会主义道路凝结的理论、实践和制度逻辑，是广大思想理论工作者责无旁贷的使命和担当。上海市庆祝新中国成立 70 周年系列丛书是上海社科界庆祝新中国 70 周年的一份厚礼，也将成为庆祝中国共产党成立 100 周年的系统性、前瞻性和启发性的系列成果。当今世界面临百年未有之大变局，对中国道路、中国经验的学理性总结阐释，其重要性紧迫性空前增强，对外传播中国声音、中国话语、中国形象的现实性日益凸显。上海社科工作者要紧紧围绕党和国家对提出的新要求新期待，以重大历史纪念为契机开展相关学术研究工作，大力推进“建党 100 周年”专题系列研究，推出更多高质量的原版新版中国版的话语体系建设研究成果。

权衡在致辞中指出，上海市庆祝新中国成立 70 周年系列丛书，坚持正确导向，通过系统梳理和总结新中国成立 70 年来我国政治、经济、社会、文化和生态建设等方面取得的伟大成就，分析研究新中国 70 年发展的内在逻辑、发展规律，有助于我们更加坚定四个自信；这套丛书坚持守正创新，提炼中国的话语，以国际表达的方式，把中国的政治、经济、社会、文化、生态五个方面的发展历史和伟大成就向世界讲清楚，并从中提炼出有助于推动中国哲学社会科学的学术体系、学科体系和话语体系创新发展的理论贡献；这套丛书立足现实问题,通过对70年的经验总结,同时也对当下中国发展当中出现的现实问题提出对策和建议,体现了中国理论建构与学者版、智库版的政策建议的有机统一。

当今世界面临百年未有之大变局,对中国道路、中国经验的学理性总结阐释,其重要性紧迫性空前增强,对外传播中国声音、中国话语、中国形象的现实性日益凸显。上海社科工作者要紧紧围绕党和国家对提出的新要求新期待,以重大历史纪念为契机开展相关学术研究工作,大力推进"建党100周年"专题系列研究,推出更多高质量的原版新版中国版的话语体系建设研究成果。

会上,丛书作者代表华东政法大学王立民教授、复旦大学唐亚林教授、上海市委党校黄力之教授、上海社会科学院王健研究员作交流发言。

"庆祝新中国成立70周年·当代中国发展的逻辑丛书"全面系统总结中国共产党从1949年建立新中国后,在经济、政治、文化、社会、生态等五大发展领域所创造的制度性原理、所形成的运作机制、所体现的价值追求、所型构的内在逻辑、所贡献的人类文明成果等具有普遍意义的经验,对建构关于当代中国发展的知识解释体系、制度解释体系、话语解释体系做出阶段性的努力,成为向新中国成立70周年献礼的具有重要学术价值、现实意义和国际影响力的研究成果。

"上海市纪念新中国成立70年研究丛书"坚持"以史为纲""史论结合",在回顾新中国成立70年伟大成就的基础上,系统研究、辩证揭示新中国70年历史性变革中所蕴藏的内在逻辑,总结经验,前瞻未来,为更好推进"五位一体"总体布局和"四个全面"战略布局提供强大精神力量,呈现了上海社科理论界在构建中国特色哲学社会科学中应当具有的历史使命和责任担当,是上海社科理论界庆祝新中国成立70周年的献礼之作。

江南文化

沪苏浙皖江南文化传播创新研讨会在上海召开

3月14日，由上海市社联和宝山区文旅局举办的沪苏浙皖江南文化传播创新研讨会在上海宝山国际民间艺术博览馆召开。中共上海市委宣传部副部长徐炯出席并讲话，宝山区委常委、宣传部长赵懿出席会议，宝山区副区长陈筱洁致辞，上海市社联党组成员、专职副主席解超主持研讨会开幕式；上海市社联党组成员、专职副主席任小文，江苏省社科联党组成员、副主席徐之顺，浙江省社科联党组成员、副主席陈先春，安徽省社科联党组成员、副主席卜幼凡，宝山区文旅局局长王一川，以及来自沪苏浙皖社科联的科普处(部)负责人及相关同志出席了研讨会。

徐炯在讲话中指出，沪苏浙皖地缘相亲，同饮一江之水，历史文化同根同源，都深受江南文化的滋养，三省一市具备共同研究、普及江南文化的文化共识、文化积淀和学术资源。希望长三角三省一市社科联发挥各自优势，整合学术资源，推进务实合作，实现互补共享，共建江南文化传播推广的文化品牌，共享江南文化传播成果，不断提升江南文化的影响力，服务长三角一体化建设的国家战略。

任小文在会上介绍了上海市开展江南文化研究相关情况，自2018年上海出台《关于推进本市江南文化研究工作的实施意见》以来，上海市社联组织社科界相继完成召开了“江南文化研究工作推进会”，成立了一个“江南文化研究联盟”，推出了一批“江南文化研究”系列课题，形成了一个“江南文化研究机构群”等十件大事，接着还将继续打造江南文化品牌国际论坛，自觉主动地把江南文化提升到自身战略资源的高度，为充分激发上海文化的创新创造活力，促进文化经济繁荣发展提供学术资源和研究支撑。

沪苏浙皖的社科联代表围绕研讨江南文化传播创新路径，交流江南文化传播工作经验，策划江南文化传播合作项目等议题，开展充分的交流和对话。陈先春对浙江的江南文化研究情况做了梳理，提出了建立一个沪苏浙皖的江南文化推广协作平台，开展“浙学与海派文化对话”等区域联动活动，共同梳理江南文化史三大建议。卜幼凡则提到，从国家战略上而言，安徽已融入长三角一体化建设中，这对于本省的经济社会发展是重大机遇，社科界要以国际徽学大会为契机，将徽学研究与江南文化研究结合起来，推动全省上下在文化心态方面融入长三角区域一体化。徐之顺表示，江苏省已通过设立江南文化专项基金开展“江南文脉论坛”工作，组织各个市把江南文脉工程的学理性研究成果通俗化；接下来希望能和沪浙皖一起在专家力量、资金投入、机构平台上加强合作，共同推进江南文化的研究和成果传播。

会议还邀请了上海交大城市科学研究院院长刘士林教授作题为“新时代江南文化：为何研究及如何传播”的专题报告。刘教授认为，中华文明复兴必然是我们民族特有文化模式和价值体系的复兴；江南文化是中华民族审美精神的最高代表，也是中国诗性文化最成熟的人文空间形态；在当下社会环境中，江南的“说”比关于江南的“在”已显得更加重要与紧迫。

解超在会议总结中指出，本次会议是在习近平总书记提出长江三角洲区域一体化发展的国家战略的背景下召开的，具有极大的现实意义，会议取得了积极的成果。一是形成了共识，三省一市都认识到在长三角一体化的今天，作为推动哲学社会科学研究发展工作的社联，有使命有责任来推动江南文化的研究和建设。二是借鉴了经验，三省一市在江南文化研究普及上都取得了积极的成果和丰富的经验，可以借鉴到自己的工作当中，为江南文化的进一步普及传播提供创新思路。三是酝酿了长三角江南文化推广的协作机制，我们将进一步细化和深化合作意向，推进合作项目落地，共享三省一市的专家资源，共建江南文化研究和推广成果。

江南文化研究系列课题开题报告辅导会在上海市社联召开

江南文化是上海文化之根，深入开展江南文化创新研究，总结提炼江南文化的精神标识与文化精髓，是打响上海文化品牌，服务长三角高质量一体化发展的一项重要内容。为推出一批高水平、标志性江南文化创新研究成果，努力打造江南文化研究高地，上海市社联、市哲社规划办于 2018 年 12 月完成首批市哲社规划"江南文化研究"系列课题的招标立项工作，来自 16 家科研单位的共 20 项课题正式立项。系列课题涉及江南文化研究多个方面的重要选题，课题负责人中既有江南文化研究的资深专家，又有上海各高校的中青年学术骨干，大部分是上海江南文化研究的重要新生力量。

为帮助课题负责人进一步明确研究方向、理清研究思路、搭建研究平台、提高研究质量，充分把握江南文化研究的时代性、创新性、现实性要求，上海市社联、市规划办于 3 月 14 日至 19 日，集中召开四场江南文化研究系列课题开题报告辅导会。上海市社联主席王战，市社联专职副主席任小文，市社联党组成员、副巡视员莫剑平，市哲社规划办主任李安方出席会议，20 位课题负责人集中进行课题开题汇报，市社联主席王战、市历史学会会长熊月之、上海社会科学院历史所研究员周武、华东师范大学历史系教授陈江等进行专题辅导报告，《文汇报》理论部副主任杨逸淇、《解放日报》"思想汇"栏目主编王珍介绍上海主流媒体江南文化的宣传推广情况。

上海市社联主席王战在专题辅导中，着重解读了江南文化的价值所在，指出江南文化是继先秦文化、中原文化之后的中国文化的第三高地，并归纳了江南文化区别于先秦文化和中原文化的特质。在海派文化和江南文化的关系问题上，王战提出了海派文化是江南文化第三个阶段的观点。海派文化以土山湾文化为起点，由中西文化交流融汇而成，海派文化不等于上海文化，也不是小资文化，而是江南文化的演进，是江南文化的 3.0 版本。认识这一点，对打造上海文化品牌，推动长三角一体化都会起到很大的推动作用。

上海市社联专职副主席任小文在会议中指出，江南文化系列创新课题研究与以往既有联系又有不同，此次研究既要盘活存量，也要做足增量；既要传承文化，也要创新文化；既要回首过去，更要展望未来；既要梳理历史，更要关照现实；既要潜心研究，更要做好宣传传播；既要群策群力，也要统筹谋划；既要进行文化理论建设，更需要服务长三角一体化国家战略，因而推进本次江南文化系列课题的深入研究不仅是一个文化、理论创新的机会，也是学术服务现实的机会。

上海市社联党组成员、副巡视员莫剑平在会上提出，江南文化的研究要紧贴目前的形势和社会发展的现状，通过研究对传统江南文化进行创新性的阐释，凝聚人心、推进社会进步和发展。在课题研究过程中，负责人应保证质量与效率兼顾，并注重成果的宣传和推介。

上海市哲社规划办主任李安方向课题负责人明确了江南文化系列课题的研究要求，强调课题研究首先应对标当下，将历史研究与把握时代性相结合，要在课题研究时限内推出保质保量的成果，同时注重成果的宣传推荐，既要重视理论研究，又要依靠理论支撑当下，影响社会大众，凝聚共识、营造氛围。

上海市历史学会会长熊月之研究员在专题辅导中，首先明确了从事江南文化研究所应掌握的一些基本共识，包括江南的三大历史发展阶段，行政江南、经济江南、文化江南的区域划分等。之后，熊月之重点介绍了上海在江南文化研究中与江苏、浙江两地的异同，强调上海与江南的关系至少有四方面值得特别注意，分别是上海城市的集聚功能、扩散功能、融合功能和上海的创新能力。熊月之以上海人既“崇洋”又爱国的特征为例，从上海的社会结构、文化结构出发，结合史实加以论证，帮助项目负责人更直观地理解了上海研究江南文化的独特价值与意义。

华东师范大学教授、上海民俗学会副会长陈江在专题辅导中强调，江南文化研究系列课题不仅是对学术理论的创新，更是通过理论服务现实的一个重要机会，只有以学术带动社会、经济的发展，才能使江南文化具有更为重要的价值。

上海社会科学院历史研究所周武研究员提出，江南的独特，首先表现在地理空间上，水网密布与连通南北的大运河，使得不同区域的文化都能在江南产生沟通融合；从历史时段而言，每个时代江南文化都有着各自的特点，但又不曾中断，每一个阶段都在不断地丰富、拓展、延伸，这便是江南文化的一个内涵。由上海史的研究出发，周武强调江南文化既是地方性的研究，又是具有全国性、世界性的研究，只看到江南文化的地方性，而忽略了它在中国乃至世界的影响与联系，是不懂江南，不了解江南的表现。

《解放日报》“思想汇”栏目主编王珍、《文汇报》理论部副主任杨逸淇从上海主流媒体的视角，详细介绍了上海相关媒体近年来在江南文化宣传推广方面的主要工作和搭建的平台，包括相关栏目、平台的创设和创新，以及对江南文化研究宣传报道的学术性、时代性以及社会影响力的要求，帮助课题负责人更好、更快地将学术研究成果转化为推动当下社会发展需要的重要力量，推动江南文化影响力超越长三角，进一步在“一带一路”建设当中、在构建东方文化价值观中发挥作用。

在会议上，来自16家单位的20位项目负责人分别围绕各自的课题作开题报告，详细汇报了江南文化系列课题的研究框架、重点内容、工作计划、成果形式等。报告过程中，专家、媒体代表也为各课题提供了独到的意见建议，各课题负责人之间也作了相应的交流探讨。

课题负责人表示这是一次内容充实、扎实成功的会议，会后将按照时代性、创新性、现实性的要求，保质保量如期完成研究工作，把课题做实、做好，取得预期成果，推进江南文化研究理论创新，服务长三角高质量一体化发展。

上海市江南文化研究工作交流会在上海市社联召开

为总结交流近期全市江南文化研究基本情况和初步成果，进一步推进下一阶段江南文化研究工作，6 月 11 日，上海市江南文化研究工作交流会在上海市社联召开，市社联专职副主席任小文出席会议并讲话，上海市江南文化研究联盟部分单位代表参加会议。

在会议上，来自复旦大学、上海交通大学、华东师范大学、上海师范大学、上海大学、上海理工大学、上海社会科学院、青浦区委宣传部、松江区委宣传部、市民俗学会、市历史学会等单位的代表，先后总结了联盟各单位近期在江南文化研究工作中的有关情况和丰硕成果，汇报了下一阶段的计划与设想，提出了关于未来江南文化品牌建设以及在长三角一体化示范区中融入江南文化元素的意见建议。

任小文在会议上指出，自去年全市江南文化研究工作推进会以来，在上海市委宣传部的直接指导和推动下，全市江南文化研究工作凸显出有高度、有力度、有广度、有热度、有温度等五大特征，迅速掀起了江南文化研究与传播的热潮。上海市社联在协同推进全市江南文化研究工作中发挥了汇总成果、推进传播、加强研究、对策建议、打造品牌、平台交流的六项基本职能，实现了江南文化研究工作的积极稳步有效推进。下一步，市社联与江南文化联盟各单位将积极探索新思路、创造新举措、打造新亮点，将在十个方面有针对性地协同推动江南文化研究工作，进一步推动长三角江南文化研究学术共同体建设，为长三角高质量一体化发展提供文化动力和理论支撑。

江南文化研究联盟各单位通过此次会议，加深了相互间的交流和了解，从中发现了工作中存在的共性和差异，商讨了今后的合作事宜，积极表示将进一步加强合作平台建设，推进江南文化研究联盟成员单位间的协作联动，更好、更快地推进江南文化研究工作的开展，积极助力长三角高质量一体化发展。

上海"江南文化研究"系列课题首场中期交流会召开

为进一步提升市"江南文化研究"系列课题研究质量，交流课题中期成果，推进下一步研究工作，6 月 20 日，上海"江南文化研究"系列课题首场中期交流会在上海市社联召开。上海市社联专职副主席任小文出席会议并讲话，同济大学董琇、上海大学郭骥、东华大学刘志辉、上海炎黄文化研究会杨剑龙、上海理工大学定律等课题负责人及市江南文化研究联盟相关单位专家代表参加会议。

任小文介绍了近期上海市社联在江南文化研究方面的工作情况和计划，并结合实际强调江南文化研究中理论与现实相结合的重要性，鼓励课题负责人积极开展阶段性成果展示，重视江南文化研究决策咨询工作，使江南文化研究工作更好、更全面地服务于长三角一体化国家战略。

会上，具体课题负责同志分别介绍总结了上半年课题研究的成果与工作进展，并对下一步的工作计划与构想展开交流。上海对外经贸大学马克思主义学院院长秦淑娟结合自身从事江南文化研究工作的经验，针对江南文化与长三角一体化等问题提出了独到的建议与构想。与会代表表示通过此次会议提高了认识，明确了方向，将按照时代性、创新性、现实性的要求，努力推出系列高质量理论研究成果。

第一届"江南文化与城市发展创新"青年论坛在沪召开

7月9日，第一届"江南文化与城市发展创新"青年论坛在上海师范大学召开。此次论坛由上海市社会科学界联合会、上海市哲学社会科学规划办公室、上海师范大学联合主办。

上海市委宣传部副部长徐炯出席论坛开幕式并讲话，上海市社联党组书记、专职副主席权衡和上海师范大学校长朱自强代表主办方致辞，论坛开幕式由上海市社联专职副主席任小文主持。上海世纪出版(集团)有限公司副总裁阚宁辉，上海人民出版社党委书记、社长王为松，《解放日报》党委副书记周智强，《新民晚报》党委副书记杨咏梅，上海市社联党组成员、副巡视员莫剑平，上海师范大学副校长陈恒，上海市江南文化研究联盟成员单位的代表以及来自全国各地的专家学者90余人出席会议。

徐炯指出，举办第一届"江南文化与城市发展创新"青年论坛，共同探讨江南文化的重要价值，深度交流江南文化创新发展，对打响上海文化品牌以及推进长三角高质量一体化发展具有重要作用。新时代的江南文化研究，既要把握历史性、继承性，又要体现时代性、创新性，要对江南文化进行创新诠释和阐述，总结提炼江南文化的精神以及其具有当代价值、世界意义的文化精髓。

他认为，上海是江南文化的荟萃之地，深入开展江南文化创新研究，是打响上海文化品牌，服务长三角高质量一体化发展的重要内容。进一步做好江南文化研究工作，我们还需要进一步强化意识、提高认识，充分理解加强江南文化研究对上海文化品牌建设的重要使命；进一步聚焦重点、深化研究，为长三角高质量一体化发展提供有力的文化支撑；进一步因地制宜、突出特色，塑造鲜明的江南文化品牌；进一步凝聚力量、协同推进，构建江南文化学术研究共同体。以贯彻实施长三角一体化发展规划纲要为契机，充分整合上海和长三角江南文化研究资源，发挥各自优势，推进务实合作，以建设江南文化研究学术共同体为依托，不断提升江南文化影响力。

权衡指出，研究好、传播好江南文化，使江南文化成为凝聚人心、推动社会进步和发展的重要力量，对于长三角城市发展创新具有非常重要的现实意义和文化价值。在新的阶段，长三角发展面临新的更大发展空间，也为江南文化研究带来新的更大空间。充分把握江南文化研究的时代特征，努力挖掘江南文化研究、江南文化的创造性，将为长三角高质量一体化发展提供更加强大的动力和智力支持。此外，在新时代要求下开展江南文化研究，中青年人才的培养尤为重要，青年才俊的加入将进一步夯实江南文化研究的基础，希望能够通过本次论坛挖掘更多优秀而有潜力的中青年学者加入江南文化研究团队中来，在前辈专家学者丰硕成果基础上，以及在他们的指导帮助下，紧贴目前的形势和现实发展的现状开展多样化的研究。

他表示，在上海市委宣传部的直接指导和大力支持下，全市社科界和全社会形成江南文化研究传播的热点。上海市社会科学界联合会从2018年下半年开始具体承担推进全市江南文化研究的工作。通过成立上海市江南文化研究联盟，形成上海江南文化研究的协同推进平台；推出"学术＋"的研究方式，形成江南文化研究的多方参与合作模式；推出市级江南文化研究的系列规划课题，推出江南文化研究的初步成果；推进决策咨询研究，形成为一体化国家战略建言献策的好办法；推动江南文化的社科普及，形成江南文化宣传推广的热潮。希望论坛搭建好江南文化研究交流的新平台，为江南文化与城市发展创新贡献真知灼见。

上海师范大学校长朱自强指出，随着我国城市化进程的快速发展，加强江南文化的传承与创新尤为重要。一方面，江南地区城市的发展，应以江南文化为底蕴，将传统文化融于城市的经济发展和文化创新；另一方面，江南文化是长三角地区共同的文化资源和精神家园。在全面推进长三角一体化国家战略的当下，充分而合理地利用江南文化资源，有利于提升长三角地区的凝聚力和发展活力，从而提高长三角一体化的水平和区域影响力。

他表示，上海师范大学多年来一直高度重视"江南文化与城市发展创新"的研究工作。在江南文化研究方面，学校形成了一支以唐力行、朱恒夫、钱杭、徐茂明、洪煜、查清华、张剑光等教授为首的稳定的研究队伍，已产出一批具有较大学术影响和社会影响的成果。在城市研究方面，学校拥有上海市地方高校唯一的教育部人文社科的重点研究基地"都市文化研究中心"、上海市首家重点智库"上海全球城市研究院"。学校希望能够以本次会议召开为契机，发挥学科专业优势，进一步夯实"江南文化"与"城市发展创新"之间的重要关联，为上海的发展、长三角更高质量一体化发展做出应有的贡献。

开幕式上，还举行了《江南文化百科全书》启动仪式，该书为支撑江南文化研究重要的基础性学术成果之一。

陈恒副校长介绍了以知名江南社会文化史专家、上海师范大学唐力行教授为首的上海师范大学学术团队编撰《江南文化百科全书》的情况。他指出高效的研究队伍、坚实的研究成果基础、稳定的人才培养体系是成书的必要条件。考察上海的文化，就是观察乡土文化在跨地域、跨文明过程中的和谐融合问题，是上海故事、中国故事和世界故事相得益彰的互补性展开，是进一步加强爱国主义教育的抓手。因此，当下我们研究近代上海的江南文化、海派文化、红色文化具有重要的现实意义。

阚宁辉副总裁从两个方面总结了编纂出版《江南文化百科全书》的价值和意义。第一，编纂出版全书是服务国家发展大局、加快推动长三角更高质量一体化发展的标志性文化工程。第二，编纂出版全书是全力打响上海文化品牌，大力弘扬红色文化、海派文化、江南文化的基础性文化工程。

现场，上海师范大学与上海世纪出版集团签订了《江南文化百科全书》出版合同。

论坛发言环节，来自复旦大学、上海交通大学、同济大学、华东师范大学、上海大学、上海社会科学院、上海师范大学、南京大学、中山大学、安徽大学、浙江树人大学、《探索与争鸣》《文化研究》等高校、研究机构和学术期刊的学者，以及《解放日报》《文汇报》、东方卫视、澎湃新闻等媒体单位的专家，齐聚一堂，围绕江南文化与长三角一体化、江南文化与传播创新、江南文化与城市品牌塑造、多学科视野中的江南文化等议题进行了广泛交流和深入研讨。

本次论坛由上海师范大学中国近代社会研究中心、上海师范大学都市文化与文学创新团队共同承办，《探索与争鸣》杂志编辑部协办。

首届长三角江南文化论坛在沪成功举行

为服务长三角高质量一体化发展国家战略，建设长三角江南文化研究学术共同体，上海、江苏、浙江、安徽三省一市社科联，于10月11日在修缮一新的上海社科会堂联合举办首届长三角江南文化论坛。长三角三省一市宣传部领导、上海市社科联领导，来自长三角各地的专家学者代表，以及上海江南文化研究联盟单位的代表近百人参加论坛。江苏省委宣传部副部长赵金松、浙江省委宣传部常务副部长来颖杰、安徽省委宣传部副部长李兵、上海市委宣传部副部长胡劲军分别致辞。上海市委宣传部副部长徐炯主持论坛开幕式。

会议指出，江南文化是长三角地区共同的文化资源和精神家园，是长三角一体化发展的文化基础。当前，在全面贯彻落实长三角一体化发展国家战略，着力推进长三角更高质量一体化发展的大背景下，必须挖掘好、利用好丰富的江南文化资源，持续深化区域文化的交流交融，积极推动区域文化的协同发展，持续提升区域文化软实力。新的阶段进一步做好江南文化研究，一是要提高思想认识，开展联合研究，为长三角高质量一体化发展提供强有力的文化支撑；二是要厚植共性根基，打造特色亮点，推动新时代江南文化的创造性转化和创新性发展；三是要推进务实合作，实现互补共享，共同建设江南文化研究学术共同体。

论坛开幕式上，三省一市社科联主要领导共同签署了长三角三省一市江南文化研究学术共同体合作框架协议，合作推进长三角江南文化研究学术共同体建设。长三角三省一市拟在打造长三角江南文化研究高端论坛、探索建立长三角江南文化研究智库联盟、加强长三角学术期刊江南文化研究合作联动、推动江南文化研究的社科规划和普及工作等方面进行全方位合作，共同推进长三角江南文化研究全方位深层次一体化长期合作，凝聚长三角三省一市江南文化研究力量和学术资源，联合长三角区域江南文化研究各有关单位、地区和机构，共同建设长三角江南文化研究学术共同体。

上海市社联主席王战、南京大学文学院院长徐兴无、浙江工业大学原党委书记梅新林、安徽省徽学学会会长王世华、上海社会科学院研究员熊月之5位知名专家学者围绕“江南文化与长三角一体化发展”的主题作了精彩的主旨演讲。

王战指出，江南经济繁荣源于“四水”经济，即长江、大运河、江南水网、海运。仓廪实而知礼节，四水经济为江南文化的发展提供了基础。由此派生出不同于其他地域的文化价值观，如移民文化、宗教文化、商业文化、运河文化等。其中，宗教文化核心特质是和而不同，各种宗教在中华大地上和谐共存。商业文化讲究信义仁智礼，信和义占据重要的位置。这不仅可以为长三角一体化打造共同精神家园所用，也可以为“一带一路”建设提供持续性的支撑，这正是打响江南文化品牌的意义所在。王战还特别谈到徐霞客这个享誉世界的大旅行家。徐霞客出生在江苏，成名在上海，出发在浙江，游得最多的是安徽，连通起了三省一市。王战认为，像徐霞客这样的人物是很好的江南文化名片，帮助各种概念落地，不失为打响江南文化品牌的一个突破口。

徐兴无认为，江苏文化作为南北文化交融的通道，中华文化创新、发展、复兴的基地，中外文化交流的前沿，中国现代文化学的发源地，在中国文化史上具有重要地位，不断地为中华民族的统一、中华文化的复兴和发展以及东亚文明的交流提供着有力的支撑。在他的理解里，江南应该是一个从中国历史文化、地理观念、审美观念提炼出来的能够涵盖三省一市的文化符号。作为历史文化的符号，“江南”涵盖了财富、人文、审美、观念、认同感、自豪感等等内涵或外延。要想使这个符号继续发挥它的功能，必须为它注入新的时代内容。“所以，今天所言的长三角江南文化应该是新江南文化，其方向是面向世界和未来。”

梅新林将日本学者赤松要“雁阵经济模型”应用到长三角一体化当中，总结出“新江南”的“雁阵文化模型”。所谓“新江南”的“雁阵文化模型”，梅新林认为，可以归纳为以上海为龙头、带动南京—杭州两翼的雁阵模型，并且可以由此延伸至引领全国、辐射亚太、面向世界的更大规模、更高层级的雁阵模型。梅新林提出，新江南的雁阵文化模型有三个层级。首先是对新江南文化版图本身来说，上海为“领头雁”，南京、杭州为两翼，合肥殿后。其次就全国来说，在未来可以形成以长三角城市群为“领头雁”，以环渤海城市群和珠三角城市群为两翼，在中国东南海岸线上形成新的雁阵模型。而在世界版图中，整个亚洲的南、西、北部都没有世界级城市群，需要地处亚洲的中国长三角城市群与日本东海道城市群加以引领。而由于地理、经济与文化上的优势，中国长三角城市群更具辐射力与影响力。

王世华以安徽最具代表性的徽州文化为例，分析了徽州文化与江南文化的关系。他认为，徽州文化丰富了江南城市文化，包括彰显了江南城市的特色，推动了江南城市学术的进步，强化了江南城市的文化氛围，活跃了江南城市的收藏市场。更为重要的是，徽商助推了长三角的社会转型。明代中后期，在经济文化最发达的长三角，已经初露社会转型的端倪，新的先进的社会因素开始出现。在这一过程中，活跃在长三角的徽商起到了积极的助推作用，比如他们在踹布业和丝织业中采用了雇工生产，这是一种新型的生产关系；再比如，徽商广交高官、学者，从而出现“士商合流”这一前所未有的新现象。

熊月之从城市比较优势与江南文化中心的转移分析了南京、杭州、苏州、上海各自崛起的脉络。从较长时段来看，江南地区文化中心存在着随着政治地位与经济地位的变化而转移的两种倾向，一种是南京、杭州因政治而位显，另一种是苏州、上海以经济而崛起。南京和杭州先后因为政治地位提升而成为文化中心，这是中国古代首都功能的常态。在这种背景下，明清苏州与近代上海作为非首都城市而成为江南地区文化中心，在熊月之看来就显得相当特殊了。熊月之认为，城市政治地位的变化无常，因政治而迅速崛起往往也会因政治地位的改变而快速衰落，相反经济发展才能促使城市保持更为长久的活力。

圆桌论坛分别以“江南文化的历史传承与创新发展”“江南文化与长三角高质量一体化发展”为主题，长三角三省一市的十位专家学者围绕主题开展热烈的交流讨论。浙江省社科联一级巡视员邵清，安徽省社科联党组书记、常务副主席马雷先后主持会议。

在论坛闭幕式上，举行了第二届长三角江南文化论坛交接仪式，江苏省社科联成为下一届论坛东道主。上海市社联党组书记、专职副主席权衡作论坛总结，上海市社联专职副主席任小文主持论坛闭幕式。

权衡在论坛总结发言中谈到，本次论坛对“江南文化与长三角一体化发展”这一议题的重要性和现实意义的认识，形成了新的共识。大家一致认为，在研究江南文化的同时，如果更进一步关注长三角一体化，深入研究长三角一体化发展与江南文化之间的内在关系，则是更具现实意义和创新价值的研究。“今天的论坛使我们更加深入地认识到，江南文化的研究，如果赋予长三角一体化发展的现实意义，那么江南文化的内涵和外延，就会有更大的深化、丰富和拓展；而从江南文化的角度来讨论长三角一体化，又使得长三角一体化发展会更好地突破地区发展的概念，深入了解江南经济、社会、历史、文化等内在的紧密联系。”

他指出，通过一天的研讨和交流，与会专家从不同的角度进一步对江南文化的价值、内涵、功能、特征等作了深入全面的阐释；三省一市社科界在长三角一体化高质量发展的进程中，如何更好地合作、更好地创新、更好地开放、更好地包容，这一问题既体现了江南文化的内在特征，也体现了长三角一体化发展的内在要求。他提出，长三角三省一市社科联将借此次论坛合作的成果，进一步就学会管理和服务、学术研究与决策咨询、社科普及、学术期刊等加强合作与交流，充分体现长三角社联的桥梁和纽带作用，进一步服务学会、服务学术、服务学者。

“首届江南文化国际论坛暨第13届江南社会史国际学术研讨会”在沪举行

10月26—27日，“首届江南文化国际论坛暨第13届江南社会史国际学术研讨会”在沪圆满举行。本次研讨会由上海市社联、上海市哲学社会科学规划办公室、上海师范大学联合主办，上海师范大学人文学院、上海师范大学中国近代社会研究中心共同承办。研讨会上，来自海内外的嘉宾、专家学者百余人共同围绕江南文化展开交流探讨，共谋江南文化研究新景象。

来自加拿大维多利亚大学、日本大阪大学、日本北海道教育大学、韩国全南大学、中国台湾“中央研究院”史语所、中国社科院历史所、复旦大学、南京大学、南开大学、华东师范大学、上海交通大学、浙江大学、首都师范大学、河南大学、中央财经大学、浙江师范大学、苏州大学、常州大学、安徽大学、安徽师范大学、黄山学院、温州医学院、浙江海洋大学、浙江水利水电学院、中央美术学院、北京画院、南京艺术学院、广西艺术学院、江苏理工学院、苏州博物馆、上海博物馆、上海师范大学、上海社会科学院、上海海洋大学、东华大学、商务印书馆、复旦大学出版社、中西书局、《江海学刊》杂志社等国内外高校及研究机构的100多位专家学者与会，大会共收到论文66篇。

上海市委宣传部副部长徐炯在论坛开幕式上讲话，上海市社联党组书记、专职副主席权衡，上海师范大学党委书记林在勇致辞，开幕式由上海市社联专职副主席任小文主持。

徐炯在讲话中指出，江南文化是中华文化的优秀组成部分，厚植于中华传统文化的丰沃土壤，是长三角共同的文化标识，对世界文化的交流发展具有重要的借鉴价值。深入开展江南文化创新研究，是打响“上海文化”品牌，服务长三角高质量一体化发展的必然要求，也是讲好中国故事、推动世界文明交流互鉴的重要内容。徐炯强调，推动江南文化的交流互鉴，要进一步挖掘江南文化资源，进一步聚焦特色亮点，进一步加强国际学术交流，拓宽江南文化研究领域，提升江南文化国际影响力。

权衡在致辞中指出，当前上海江南文化研究形成了各区、高校、学会、学者形成合力、资源整合、广泛参与、共同推动的可喜局面，长三角江南文化研究学术共同体也正式建立，长三角江南文化研究进入到一个新的阶段。可通过广泛的文化交流，持续彰显江南文化的世界意义，通过各种形式让世界了解江南、理解江南。

林在勇在致辞中介绍了上海师范大学多年来在唐力行、朱恒夫、钱杭、徐茂明、洪煜、查清华、张剑光等教授的带领下，形成了一批较有影响力的江南社会史研究成果，在国内外学术界产生了积极的影响。加强江南社会史研究,加深对江南社会的全方位思考,从而加快今天江南社会经济发展创新,有着重要的时代价值和现实意义。

海内外江南文化研究著名学者熊月之、滨岛敦俊、陈忠平、刘石吉、唐力行等教授先后作主旨演讲,分别对近代上海与江南、江南三角洲开发史、江南文化走向世界、江南研究的反思、徽州与江南文化等命题做了精彩的学术报告,凸显了江南文化研究的时代性、前沿性和创新性。

上海社会科学院研究员、原上海市历史学会会长熊月之作了题为"卓异·集聚·升华——近代上海与江南关系简析"的主题发言。他指出,近代上海与江南的关系可以分为三个不同的维度:第一,从较小的地域上来讲,上海是江南的一部分,是局部与整体的关系;第二,从宏大的空间上来讲,上海是国际大都市,上海与江南是城市与乡村、大城市与一般城镇的关系;第三,从相互联系的角度看,近代上海是江南经济社会的孵化中心、经济重镇与交通枢纽,是江南人才财富集聚之地,是江南文化荟萃发展之地。要在这种大框架下从集成、集聚、扩散、融合、创新等角度来讨论上海和江南的关系。近代上海是中国最大城市,江南地区人口、产业与资金高度集聚到上海,上海成了区域内重要的利益共同体,安全、法治、高度开放,而反过来上海对江南各地方的文化和社会风气的影响也更是无处不在。

日本大阪大学教授滨岛敦俊在发言中认为,关于江南,不同的史家、学者有不同的定义。从社会经济史的角度来看,近年李伯重博士的"江南八府"论非常有名。他也认可这种说法。比如商业习惯,以这一地理范围划界是适合的。但如要详细观察,从具体的实际形态来看,八府之中,苏州、松江、常州、湖州、嘉兴五府,与周围的三个府(镇江、应天、杭州)存在着明显的区别。

加拿大维多利亚大学教授陈忠平作了题为"英雄崇拜与大众文化关系的网络分析——从江南到全国和世界的龙舟节历史演变"的主题发言。陈教授认为网络化的关系起始于私人关系,之后不断发展形成组织化、规范化、制度化的关系网络,而这种关系网络将更多私人关系、组织关系吸纳其中,交流、互动规模便不断扩大。从江南到全国和世界的龙舟节历史演变也是这种网络化关系的体现,一方面,人民对英雄的崇拜助推龙舟节从江南向全国发展推广;另一方面,大众文化也通过龙舟节的庆典以保持对英雄的敬意。

中国台湾"中央研究院"史语所研究员刘石吉作了"近代化理论、地域社会与江南研究的反思"的主题发言。刘石吉研究员指出,我们做历史研究要有自己的一套理论、一个分析模型,西方的每个时代都有自己一套根据实证研究得来的典范理论,用西方的理论来解构中国传统文化在多数情况下是不合适的,研究江南文化要有我们自己一套特色的完整理论体系,这对西方社会科学也是一种补充。

上海师范大学教授、中国社会史学会副会长唐力行作了题为"从江南的视野解读徽州"的主题发言。唐教授指出,徽州与江南是互相依存的关系,江南有徽州,徽州也离不开江南。一方面,徽州的人口绝大多数来自太湖地区,粮食依靠江南地区供给,也从江南积累了大量资金;另一方面,江南社会经济的繁荣也离不开徽州,徽商推动了江南地区的商业发展,带动了江南资本主义萌芽的产生,同时也使得区域内的市民阶层得以逐渐成型。

本次论坛议题丰富而广泛，以“江南文化与中华源流”“全球化视野下的江南区域”“江南文化与长三角一体化发展”为主题进行了诸多研讨，就“江南经济”“地方文献与士人雅集”“科举与教育”“水利与城市”“民间信仰”“戏曲与园林”“宗教与地域”“艺术与消费”“文化与传媒”“区域互动”“徽学研究”和“传说与记忆”等专题展开了热烈的讨论，交流了江南文化研究的最新成果。

在闭幕式上，上海师范大学人文学院教授徐茂明、洪煜作大会总结。专家们对如何推进江南文化研究的深度、凸显江南文化研究在学术领域的优势地位积极建言献策。

首届“江南文化·岭南文化”论坛在华南师范大学圆满举行

12月13日，首届“江南文化·岭南文化”论坛在华南师范大学圆满举行。本次论坛由上海市社联、广州市社科联、华南师范大学共同举办。

上海市社联主席王战，专职副主席任小文，广州市委常委、宣传部部长徐咏虹，广州市委宣传部副部长、市社科联党组书记、主席曾伟玉，华南师范大学党委书记朱孔军、校长王恩科，以及上海社会科学院、复旦大学、华东师范大学、上海交通大学、上海师范大学、中山大学、华南师范大学、暨南大学、广州大学、广东财经大学、广东工业大学、南方科技大学、广东金融学院等多所高校及科研机构专家学者，论文作者、广州市有关部门代表200余人出席论坛。

本届论坛以“对话·互鉴·展望:地域文化的当代价值与实践传承”为主题，旨在挖掘和利用江南文化和岭南文化的固有优势，推动文化间的交融互鉴，发挥江南文化与岭南文化中优秀传统文化的当代价值，激发起传统文化的自豪感和筑牢新时代文化自信的根基，助推长三角一体化和粤港澳大湾区建设。

会议开幕式和主旨演讲由广州市委宣传部副部长、市社科联党组书记曾伟玉主席主持，广州市委常委、宣传部部长徐咏虹，华南师范大学党委书记朱孔军教授，上海市社联党组成员、专职副主席任小文分别致辞。

徐咏虹在致辞中指出，江南文化和岭南文化都是中华优秀传统文化的重要组成部分。两地文化自古就保持着频繁的对话与交流，这为我们今天推动两大文化深入对话，探讨更具创新性的发展路径提供了广阔空间。沪粤两地知名文化学者齐聚一堂，探讨在新时代如何实现中华优秀传统文化的创造性转化、创新性发展，这是一件非常有意义的文化学术盛事。面向未来，广州将以“培育提升文化中心功能，建设岭南文化中心和对外文化交流门户”的任务要求，全力打响红色文化、岭南文化、海丝文化、创新文化四大文化品牌，让岭南文化在传承创新中华优秀传统文化中焕发新的魅力。

朱孔军在致辞中指出，作为中华文化的瑰宝，江南文化和岭南文化是手足兄弟，在历史长河的发展中交互影响。两地文化既有开放性和进取性的共同特点，也因历史地理差异、经济发展方式和发展水平的不同而各具特色。探讨两地文化的产生、发展、演变及其特点，挖掘和利用两地文化优势，推动文化间的交融互鉴和传承创新，将对坚定文化自信，继承和发展文明，弘扬和繁荣文化，助推长三角区域一体化发展和粤港澳大湾区建设产生深远而重要的影响。

任小文在致辞中指出，江南文化与岭南文化都是璀璨悠久的中华传统文化的有机组成部分。当前，长三角一体化发展和粤港澳大湾区建设为江南文化与岭南文化的创新发展提出了新的时代课题。要从战略和全局的高度来认识江南文化和岭南文化，以高度的文化自觉和文化担当推进江南文化与岭南文化的创造性转化和创新性发展，更好地服务国家发展大局。期待本次论坛在交融互鉴、分享成果、推动合作方面发挥积极作用。

七位学者从不同角度对岭南文化和江南文化的历史发展、内涵特色、两地文化异同、发展趋势等进行了深入阐述。来自广州地区和上海各高校的专家学者及青年骨干围绕江南文化和岭南文化的特征、对话及发展等诸多议题展开讨论。

大会闭幕式由上海市社联任小文专职副主席主持，复旦大学历史学系戴鞍钢教授以"江南文化与海洋文化的汇通互动——兼及岭南文化"为题、华南师范大学马克思主义学院院长陈金龙教授以"地域文化的未来走向"为题作大会演讲，广州市委宣传部副部长、市社科联党组书记曾伟玉主席作总结发言。

曾伟玉表示，以本次论坛为新起点，围绕深化江南文化、岭南文化研究，下一步将聚焦三方面工作，集聚海内外研究力量，不断提升江南文化、岭南文化的国内外影响力。

国内协作

广州市社科联一行到访上海市社联座谈交流

4 月 16 日，广州市委宣传部副部长、市社科联党组书记、主席曾伟玉，副巡视员宣政等一行来到上海市社联开展调研。上海市社联党组成员、专职副主席任小文出席座谈会，并对曾主席一行的到访表示热烈欢迎。

座谈会上，沪穗两地社科联就如何进一步推动习近平新时代中国特色社会主义思想的学习、宣传、研究，如何进一步加强哲学社会科学领域的意识形态工作，有效防范、化解重大风险等问题，交流了经验做法。双方还商讨了合作举办文化论坛相关事宜。上海市社联办公室、科研处有关同志参与了座谈交流。

广东省社科联一行到访上海市社联交流研讨

6月19日至20日，广东省社科联调研组一行6人在党组书记、主席张知干，党组成员、副秘书长李翰敏带领下到访上海市社联，就群团改革及社科工作改革创新方面的做法与经验开展专题调研。上海市社联党组书记、专职副主席权衡，党组成员、专职副主席任小文，党组成员、副巡视员莫剑平及相关部门负责同志出席座谈会。

座谈会上，权衡首先对调研组来访表示热烈欢迎，并重点围绕如何做好“四个服务”，即服务国家、服务社会、服务群众、服务行业发展的总体工作思路，详细介绍了上海社联近年来推进群团改革的情况。权衡还从推进话语体系建设、组织开展课题研究、积极建设研究基地和更好发挥智库功能和作用、加强江南文化研究、创新社科普及形式、加强社团管理服务等方面，与广东省社科联调研组交流做法，分享体会。

张知干对上海市社联的热情接待表示衷心感谢，他指出，近年来，上海市社联认真贯彻落实中央关于加快构建中国特色哲学社会科学的战略任务，着力在推动中国特色哲学社会科学学术话语体系建设、打造思想理论创新高地、培育“上海文化”品牌上持续发力，成效显著，对广东社科联开创新时代工作新局面具有很好的借鉴和启示作用。

座谈会上，双方深入探讨了两地如何发挥各自优势，互补互鉴，共同构建社科联深化合作交流工作机制的问题，达成了整合两地社科资源、重点开展“粤港澳大湾区”与“长三角一体化”两大国家战略互动发展的课题研究意向。

在上海调研期间，广东社科联一行还专程前往中共一大、二大会址纪念馆参观访问。

《学术月刊》《探索与争鸣》编辑部赴《学术研究》《开放时代》杂志社调研座谈

10 月 23 日，上海市社联党组成员、副巡视员陈麟辉率《学术月刊》《探索与争鸣》编辑部一行 5 人赴广州，调研《学术研究》《开放时代》两家刊物。

上海代表团首先与《学术研究》编辑部开展座谈。广东省社联副主席、《学术研究》主编叶金宝研究员，上海社联党组成员、副巡视员陈麟辉研究员，《探索与争鸣》主编叶祝弟，《学术研究》副主编郭秀文，以及三家刊物的十余名编辑参与座谈。座谈会上，双方分别介绍了各自刊物的办刊现状与办刊方略，并就刊物的稿源质量保障机制、选题策划与学术活动情况、新媒体时代刊物的影响力和传播力等话题进行了交流。

随后，上海代表团与《开放时代》编辑部进行交流。上海社联党组成员、副巡视员陈麟辉研究员，广州社科院党组副书记朱名宏研究员，《探索与争鸣》主编叶祝弟，《开放时代》杂志社社长殷俊，《开放时代》副主编刘朝华，以及三家刊物的部分编辑出席本次座谈。交流过程中，与会者主要围绕期刊的意识形态风险把控，选题策划与举办活动基本思路，作者、读者与刊物的互动关系，编辑队伍的稳定和长效激励机制等议题进行了广泛而深入的探讨。

“全国 19 省市社科联对口支援新疆工作座谈会”召开

12 月 9 日，由上海市社联党组成员、二级巡视员陈麟辉带队，市社联办公室王心红、《学术月刊》编辑王鑫一行赴乌鲁木齐参加“全国 19 省市社科联对口支援新疆工作座谈会”。新疆维吾尔自治区人大常委会副主任马宁·在尼勒出席并讲话，中共中央宣传部全国哲学社会科学工作办公室社团管理处处长陈俊乾致辞。来自全国 19 省市社科联的 57 名参会代表参加会议。会议期间，北京、上海、江苏、浙江、山东、广东六省市社科联代表围绕建立新时代社科援疆工作机制作了深入交流研讨，其中，陈麟辉代表上海市社联发言。

陈麟辉回顾了新中国成立以来上海与新疆的交流合作，认为上海与新疆两地的文化相互影响、相互补充、共存共荣，形成了和谐的局面。他对援疆工作提出了六点建议：

一是积极发挥人才优势和综合优势，社会科学应该更加有所作为，在助力规划为先，着力提升项目监管质量，确保在援疆资金投放效益最大化的工作中更好发挥作用。

二是在加强体系建设，实施教育援疆工程中，实现智力援疆中更好发挥作用，如助力区域职业教育全面发展、助力提高区域普通话教学整体水平、助力完善教育人才组团援疆、助力新疆的社会科学工作者赴上海参加培训、参加课题研究或做访问学者等。

三是助力“文化润疆”，开展多视角民间文化合作与交流。

四是助力对上海专家的引导，推动上海专家学者进一步增进对新疆的了解与学习，促进开展多层次、多学科、多视角、全方位的新疆研究，特别是加深和完善对新疆反恐和打造丝绸之路经济带核心建设的理解和认识，深化更加符合新疆实际、有利新疆经济社会发展的有效举措和基本路径。

五是助力新技术、新媒体的运用，加大通过网络开展远程教育培训的力度，不断扩大上海援疆的参与面和新疆的受众面。

六是助力新疆历史文化和社会经济发展的传播，让更多世人了解新疆、热爱新疆、向往新疆、支持新疆！

“第二届(2019)东北振兴与东北亚区域合作学术论坛”召开

10 月 19 日，辽宁省社科联与上海市社联在辽宁师范大学联合举办“第二届(2019)东北振兴与东北亚区域合作学术论坛”。开幕式上，上海市社联党组书记、专职副主席权衡致辞。会上，权衡书记、华东师范大学经济学院院长殷德生、上海市社会科学院世界经济研究所研究员孙立行分别以“自贸区建设”“‘一带一路’与区域开放”“‘一带一路’与金融开放”为题做报告。

中国(海南)2019 智库论坛在海口举行

11 月 2 日,由海南省委宣传部指导,海南省社科联(社科院)、海南大学主办的中国(海南)2019 智库论坛在海口举行。来自中国、柬埔寨、菲律宾、马来西亚等国家的专家学者围绕“海南自贸区、自贸港与中国东盟互联互通互建”这一主题进行探讨。上海市社联专职副主席解超应邀出席并主持“中国(海南)—东盟自贸区(港)建设:经验与借鉴”分论坛。

成果发布与评价平台

CHENG GUO FA BU YU PING JIA PING TAI

成果发布与评价

上海市社联 2019 年度推介论文

"年度推介论文"活动由上海市社联自 2013 年组织发起并连续多年推出。2019 年的活动对上海学者年度内(2018 年 9 月 1 日至 2019 年 8 月 31 日)发表于国内学术期刊,引起学界关注的原创性学术论文作出推介,旨在反映上海哲学社会科学的发展水平,引领学术前沿,彰显时代主题。经各学科权威学者、学术期刊主编、资深学术编辑等多轮评审推荐,共产生本年度推介论文 10 篇(排名不分先后):

1.《马克思主义中国化与新文明类型的可能性》,载《哲学研究》2019 年第 7 期,作者:吴晓明(复旦大学哲学学院)

2.《从认识的转向到实践的转向看现当代哲学的发展趋势》,载《江海学刊》2019 年第 1 期,作者:刘放桐(复旦大学哲学学院)

3.《经济周期视角下的中国财政支出乘数研究》,载《中国社会科学》2019 第 8 期,作者:陈诗一　陈登科(复旦大学经济学院)

4.《法理学对中国哲学社会科学体系构建的意义》,载《学术月刊》2019 年第 4 期,作者:陈金钊(华东政法大学科学研究院)

5.《双重逻辑交互作用中的党治与法治》,载《学术月刊》2019 年第 1 期,作者:陈明明(复旦大学国际关系与公共事务学院)

6.《主观变量解释主观变量:方法论辨析》,载《社会》2019 年第 3 期,作者:胡安宁(复旦大学社会学系)

7.《西方早期汉籍目录的中国文学分类考察》,载《中国社会科学》2018 年第 10 期,作者:宋莉华(上海师范大学人文与传播学院)

8.《从正式帝国到非正式帝国——王家殖民地学会图书馆馆藏目录对帝国空间的不同想象(1881—1977)》,载《复旦学报(社会科学版)》2019 年第 3 期,作者:朱联璧(复旦大学历史学系)

9.《中国教育质性研究合法性初建的回顾与反思》,载《教育研究》2019 年第 4 期,作者:杨帆(上海师范大学教育学院)　陈向明(北京大学教育学院)

10.《论分析艺术作品的方法与经验艺术作品的过程》,载《文艺研究》2019 年第 3 期,作者:刘旭光(上海大学文学院)

上海市社会科学界第十七届学术年会优秀论文

上海市社会科学界第十七届(2019)学术年会得到上海市各高校、研究机构和广大专家学者的积极响应。2019年共计收到应征论文508篇,经专家评审最终从上海市应征、推荐论文中遴选出40篇优秀论文。

序号	论 文 标 题	作 者	单 位
1	社会主义的制度演进中的普遍性与特殊性	孙 力 蒋 瑛	国防大学政治学院
2	美好生活:中国共产党人初心使命的理性升华与实践自觉	刘 芳	国防大学政治学院
3	构建人类命运共同体:引领新型经济全球化的中国方案	王公龙	中共上海市委党校马克思主义学院
4	三个"完全正确":马克思主义为什么"行"的历史逻辑	黄力之	中共上海市委党校马克思主义学院
5	新中国七十年历史性成就蕴藏的内在逻辑:全面增强党的执政本领	周敬青	中共上海市委党校党史党建部
6	论习近平中国特色大国外交思想理论与实践的继承与创新	仇华飞	同济大学政治与国际关系学院
7	兴国之道的艰难探索——对新中国七十年的哲学反思	胡振平	上海社会科学院邓小平理论研究中心
8	论法律保障爱国主义的伦理责任	余玉花	华东师范大学马克思主义学院
9	新中国成立前一年中国共产党增强社会号召力的实践——以口号为中心的考察	杨丽萍	华东师范大学马克思主义学院
10	新中国七十年的上海考古与上海古代史的重建	胡嘉麟	上海博物馆
11	新中国七十年现代化道路的演进	何爱国	复旦大学中外现代化进程研究中心
12	秩序性与自主性:基层社会治理七十年演进轨迹——基于上海经验的透视	赵 欣 何海兵	上海理工大学 中共上海市委党校
13	新中国七十年以来的文学"走出去":历程、成就与反思	吴 攸	上海交通大学外国语学院

(续表)

序号	论文标题	作者	单位
14	海外中国研究70年:研究现状与发展趋势——基于SSCI(1949—2018)政治学类文章的知识图谱分析	王宇环 陈欣欣 赵文洁 徐景欣	中国海洋大学国际事务与公共管理学院
15	新中国70年农村公共服务供给变迁的政治经济学	胡志平	华东政法大学政治学与公共管理学院
16	市场取向的经济改革与中国反垄断法的产生和发展	王先林	上海交通大学
17	新中国涉海法治七十年的发展、检视与应然取向	马得懿	华东政法大学
18	区域协同立法模式探究——以长三角为例	宋保振	上海对外经贸大学
19	多边贸易体制分化背景下中国的非市场经济地位的对策研究	梁　咏 顾玲妮	复旦大学法学院
20	侦查预审体制改革七十年:回顾与展望	兰跃军	上海大学法学院
21	中国“法治”概念的流变:1949—2019	卢　博	西南政法大学
22	社会情境理论视角下的城市贫困群体问题及其治理——以上海为例	罗　峰	中共上海市委党校公共管理教研部
23	全球新博弈格局下中国应对气候变化的战略	曹莉萍 周冯琦	上海社会科学院生态与可持续发展研究所
24	高速铁路与人才的地理区位:来自中国发明家的证据	吴一平 杨　芳 郑春荣 徐　超	上海财经大学公共经济与管理学院 南京财经大学财政与税务学院
25	新中国成立七十年来上海对口支援新疆阶段、成效和模式研究	傅尔基	上海市发展改革研究院
26	中国特色社会主义经济转型思想的理论价值研究	马　艳	上海财经大学经济学院
27	追溯中国经济奇迹的源头——七十年的历程与四十年的改革开放	周　宇	上海社会科学院世界经济研究所国际金融室
28	创新网络、知识溢出与高质量一体化发展:来自长江三角洲城市群的证据	殷德生	华东师范大学金融与统计学院
29	新中国成立70年来民营企业接班人培养——年轻一代非公经济人士教育培养研究	陈光普	中共上海市金山区委党校
30	上海超大城市生活垃圾分类政策:执行困境及治理路径	贺小林	中共上海市委党校
31	试论中国“一带一路”倡议与联合国2030年可持续发展议程之间的关系	叶　江	上海国际问题研究院全球治理研究所

（续表）

序号	论 文 标 题	作　者	单　位
32	南南合作的演变与中国对联合国的外交筹划	毛瑞鹏	上海国际问题研究院全球治理研究所
33	世界“百年未有之大变局”：内涵、机理及应对	盛　垒	上海社会科学院世界经济研究所
34	新中国成立以来中国周边外交战略的历史演变及思考	刘海泉	上海对外经贸大学马克思主义学院
35	中国终身教育体系构建的“最后一公里”——基于老年教育发展现状的调查	史清华 高晶晶 卓建伟	上海交通大学安泰经济与管理学院
36	中国经济发展道路的政治经济学解释	乔兆红	上海社会科学院世界中国学研究所
37	新中国七十年中国共产党的城市理论思想研究	王晓静 周　枣 刘士林	上海交通大学
38	中国文化对外传播的话语构建	许正林 曾庆江	上海大学新闻传播学院 海南师范大学新闻传播与影视学院
39	新时代中国共产党服务型治理的逻辑分析	翟桂萍 田志轩	国防大学政治学院
40	关于对新中国成立以来基层党建发展的“历程—目标—功能—文化”的多维思考	常　俊 段佳佩	中共上海市长宁区委党校

社科志编纂

《上海市志·人文社会科学卷(1978—2010)》“规划与管理”篇专家咨询会召开

1月10日下午,《上海市志·人文社会科学卷(1978—2010)》“规划与管理”篇专家咨询会在上海市社联召开。市社联党组成员、副巡视员莫剑平主持会议。市社联原专职副主席武克全,市社联原党组副书记、专职副主席桑玉成,市方志办原副主任莫建备,市教委原科技处文科处长苏忱,复旦大学原文科科研处处长方晶刚,华东师范大学原社科处处长许红珍,市哲社办徐逸伦等出席会议。

会上,本篇编纂责任人,上海社会科学院图书馆馆长钱运春研究员介绍了初步编纂计划与本篇的框架结构。本篇内容拟分为哲学社会科学规划与哲学社会科学管理两章,每章各有若干节。目前,已经搜集了近20万字的基础资料。

与会专家在交流中结合上海社科发展的实际及自身的研究心得、工作经历,积极出谋划策,提出了很多具体而有操作性的建议。专家们提出,志书编纂一是要坚持“横排到边,竖排到底”的原则,即编纂的内容范围和时间范围要明确;二是要突出上海在规划与管理哲学社会科学事业中的创新办法与特色举措;三是要注意把握宏观管理与基层操作的关系;四是要充分体现项目管理与队伍管理的特征。

专家们的意见为本篇编纂提供了一个方向性的坐标,为最后成稿的质量奠定了坚实的基础。

《上海市志·人文社会科学卷(1978—2010)》“专题研究”章专家咨询会召开

1月22日下午,《上海市志·人文社会科学卷(1978—2010)》“专题研究”章专家咨询会在上海市社联召开。市社联党组成员、副巡视员莫剑平主持会议。市发改委原巡视员王思政,市政协文史委原副主任朱敏彦,上海研究院第一副院长、中国社会学会会长、市社联副主席李友梅,复旦大学传播与国家治理研究中心主任李良荣,市哲学社会科学规划办公室主任李安方,市哲学学会会长、市社联副主席吴晓明,《解放日报》社党委副书记周智强,市哲学社会科学规划办公室徐逸伦等出席会议。市社联党组成员、专职副主席任小文总结讲话。

会议介绍了在“专题研究”章启动编纂之初,根据过专家咨询会的意见,初步拟定了“上海文化发展与城市精神讨论”“人文精神讨论”“海派文化研究”等十个专题,以及初稿完成后,上海市委宣传部领导与社联党组审阅的情况。为更好地全面反映上海改革开放以来在全国处于领先地位的哲学社会科学创新成果与研究特色,再次召集专家进行深入讨论,以进一步提高“专题研究”章的编纂质量。

与会专家围绕专题研究章的选题展开了深入讨论,提出了很多宝贵意见。李安方指出,编纂志书要严格把握时间范围,要注意一些概念在历史时期中的提法,避免用现代话语套过去概念。王思政高度肯定了该章海派文化研究的选题,认为上海独特的海派文化的形成得益于这座城市得天独厚的地理位置与人文环境,有着悠久的历史,是近代以来上海卓越发展的关键要素。朱敏彦提出上海学界的邓小平理论研究走在全国前列,从概念提出、学术力量的形成、有关杂志和研究中心的创办成立等都独领风骚,可以考虑列入专题研究。吴晓明分析了各选题内容的重要性后,建议选题参考教育部人文社会科学重点研究基地和上海市高峰高原学科建设计划,这些代表了上海最具实力的研究领域。李良荣表示,专题研究选题内容应该明确为上海人文社会科学界具有重要独特性和代表性的成果,关于上海国际化大都市的研究系不二之选。李友梅从整卷志书篇目入眼,认为需注意学科划分与研究分类的区别,保证大纲设置科学规范统一。专家们的意见建议,为丰富“专题研究”的内涵,提高“专题研究”的质量给出了路径和方法。

咨询会上,任小文与各位专家深入交流,讨论和回应了许多关键问题。任小文在总结中指出,各位专家的建议可以归纳为聚焦三个重大,即重大理论问题、重大现实问题、重大实践经验总结。这为专题研究章的选题提供了非常好的思考路径,也提出了非常高的编纂要求。充分吸收专家意见,合理调整编纂内容是做好下一步工作的关键,要在有限的时间内花大力气解决这一问题,以确保本卷志书按时顺利完成。

上海市社联举行《上海市志·科学分志·人文社会科学卷(1978—2010)》编纂工作推进会议

2月27日下午,《上海市志·科学分志·人文社会科学卷》2019年编纂工作推进会议在上海市社联召开,市社联党组成员、副巡视员莫剑平主持会议。来自复旦大学、同济大学、华东师范大学、上海大学、上海师范大学、上海对外经贸大学、上海社会科学院、上海美国问题研究所等多家高校、科研机构的二十余位编纂责任人出席会议。

方志流传绵延千载,贵在史识,重在致用,各级政府都十分关心和支持地方志事业发展。在2018年10月召开的上海市地方志编纂委员会全体委员(扩大)会议上,上海市委常委、宣传部部长、市地方志编纂委员会主任委员周慧琳强调,当前上海地方志工作的重中之重,就是第二轮新编地方志书的编纂工作,要确保二轮修志工作全面、按时、高质量完成。

会议通报了上海市第二轮新编地方志书编纂工作完成情况,并传达了上海市地方志办公室《关于确保2019年完成第二轮新编地方志书编纂工作的函》的来函精神。按照应勇市长2019年1月27日在市十五届人大二次会议上所作《政府工作报告》中明确提出的“全面完成第二轮新编地方志书编纂任务”的要求,凡已进入分纂总纂的承编单位,应在2019年6月底前完成编纂工作并提交市级评议。会议指出,由于该卷内容复杂,体量巨大,目前完成情况不容乐观,尚处于初稿撰写阶段,时间紧迫,任务重大。各位编纂责任人需进一步抓紧编纂进度、抓好编纂质量,确保所承编的志书按时间节点完成。

在交流环节中,各编纂责任人围绕编纂进度、编纂思路和加快编纂的工作展开讨论。讨论中编纂责任人也提出了建立资料共享平台、互利互通、提高效率,编纂过程中先听取相关领域专家意见,确保内容的客观、准确、全面等一些很好的建议。同时,各编纂责任人也明确了下一步工作目标及预期完成时间。

会议强调,编修地方志是中华民族的优秀文化传统,其存史、育人、资治功能日益彰显,做好方志编纂工作既是荣誉也是使命、责任,社联将更好地为编纂责任人服务,和大家一起共同努力,按时间节点、保质保量完成人文社会科学卷的编纂任务。

《上海市志·人文社会科学卷(1978—2010)》“民族学”章专家评审会召开

3 月 15 日下午,《上海市志·人文社会科学卷(1978—2010)》“民族学”章专家评审会在上海市社联召开。复旦大学纳日碧力戈、安介生,华东师范大学安俭,上海社会科学院葛壮,中共上海市委统战部李伟民等专家学者出席会议。

上海市社会主义学院教研部主任蒋连华首先介绍了《上海市志·人文社会科学卷(1978—2010)》“民族学”章的编纂情况,本章系首次梳理回顾上海学界从 1978 年至 2010 年间该领域研究的发展历程。在此时间段内,上海高校、科研机构虽无民族学学科点,但得益于大都市城市的独特影响,依然受到较多学者关注,形成了一批有特色的研究成果。本文从民族史研究、民族学理论和专题研究、都市及城市化进程中民族问题研究等三个方面展开记叙。

与会专家认真审阅过稿件后,一致认为该章结构合理、条理清晰、论证充分、严谨求实,突出了上海学界民族学研究的特点,充分体现了作者的专业水准,并从内容取舍、概念界定、资料收集等方面给予了诸多意见,有力地推动了本章内容的完善与提升。

《上海市志·科学分志·人文社会科学卷(1978—2010)》"图书馆学、情报学与档案学"章专家评审会召开

3月20日,《上海市志·科学分志·人文社会科学卷(1978—2010)》"图书馆学、情报学与档案学"章专家评审会召开。会议由上海市社联党组成员、副巡视员、社科志编纂办公室副主任莫剑平主持。上海社会科学院信息研究所王世伟研究员、华东师范大学信息学系范并思教授、上海大学图书情报档案系金波教授、上海图书馆缪其浩研究员、上海图书馆邱五芳研究员、上海图书馆孙继林研究员、国防大学政治学院军事信息与网络舆论系薛匡勇教授等专家学者出席会议。

莫剑平在讲话中指出,应勇市长在上海市十五届人大二次会议上所作《政府工作报告》中明确提出"全面完成第二轮新编地方志书编纂任务"的要求,要确保上海全市2019年完成二轮志书编纂,2020年实现全部出版。因此,确保《上海市志·科学分志·人文社会科学卷(1978—2010)》整卷志书全面、按时、高质量完成,是当前工作的重心。自2015年底以来,上海社会科学院王世伟、上海图书馆马春、上海社会科学院唐涛和上海大学潘玉民四位老师对《上海市志·科学分志·人文社会科学卷(1978—2010)》"图书馆学、情报学与档案学"章的编纂在文献资料搜集和梳理、大纲的拟定、多次修订的基础上完成整章内容的撰写,全方位地总结、记录了改革开放以来上海图书馆学、情报学与档案学的重要成果。在此,我们衷心感谢王世伟等四位老师对社科志工作的大力支持以及在图书馆学、情报学与档案学章撰写过程中付出的巨大心血。

上海社会科学院信息研究所王世伟研究员、上海图书馆马春研究员、上海社会科学院唐涛副研究员和上海大学潘玉民教授分别就图书馆学、情报学和档案学的编纂过程作了简要说明。他们表示,上海学界在图书馆学、情报学和档案学研究领域成果众多,资料云集,系统、生动地揭示了30多年间学科研究的丰富图景。

与会专家一致认为该章全面完整地体现了1978年至2010年上海市图书馆学、情报学与档案学的学术研究成果,科学划分专业领域,系统梳理学术研究的阶段与进程,准确概括研究成果的内涵与结论,全景式描绘出改革开放后本市图书馆、情报与档案界在学术理论、专业技术和文献研究方面的开拓与发展。该章充分体现了作者的专业水准,并从编纂形式、资料取舍等方面给予了诸多的建议,有力地推动了本章内容的完善与提升。

莫剑平在总结讲话中充分肯定了“图书馆学、情报学与档案学”章的编纂质量与巨大努力，并以“地方志对我们铭记历史、传承文明、认知未来具有不可替代的重大作用”作结。他希望四位老师在充分听取专家意见的基础上，将内容打磨更加成熟，真正经得起历史、经得起学界检验。

《上海市志·科学分志·人文社会科学卷(1978—2010)》"宗教学"章专家评审会召开

3月29日,《上海市志·科学分志·人文社会科学卷(1978—2010)》"宗教学"章专家评审会召开。上海社联党组成员、副巡视员、社科志编纂办公室副主任莫剑平主持会议。上海社会科学院宗教研究所业露华研究员、上海市委统战部宗教处原处长张化、华东师范大学社会发展学院李向平教授、上海社会科学院宗教研究所罗伟虹研究员、上海大学宗教与中国社会研究中心肖清和研究员、上海师范大学哲学系王建平教授、复旦大学哲学学院郁喆隽副教授等专家学者出席会议。

莫剑平在讲话中指出,应勇市长在上海市十五届人大二次会议上所作《政府工作报告》中明确提出"全面完成第二轮新编地方志书编纂任务"的要求,要确保二轮修志工作全面、按时、高质量完成。宗教学章自2015年启动以来,晏可佳等三位老师在文献资料搜集和梳理、大纲的拟定、多次修订的基础上完成整章内容的撰写,全方位地总结、记录了改革开放以来上海市宗教学研究的重要成果,在此对各位老师的辛勤付出表示衷心的感谢。他指出,各位与会专家都是上海宗教学研究中的亲历者,相信通过评审会,本章将会更加全面、客观的呈现给读者。

该章的编纂责任人、上海社会科学院宗教研究所所长、研究员晏可佳在介绍相关的编纂情况时,对市社联方志办公室对方志编纂工作的支持和写作小组的通力合作表示感谢。他指出,该章自2015年启动以来,从收集材料、征求意见、组织相关研讨会等多方面努力,在卷帙浩繁、包罗万象的资料中提炼出宗教学整章的内容,主要从宗教基本理论研究和教别研究两个维度出发概述了1978—2010年间上海宗教学研究的发展历程。他提出,经过撰写本章,文章的体例安排、结构设想等方面有了新的思路、新的想法,在听取评审专家的意见之后会继续修订,以确保本章的编纂质量。

与会专家认为,宗教学章清晰地梳理了1978—2010年上海宗教学研究的形成和发展,比较全面、系统地反映了这一过程,对这一时期宗教学理论研究过程中的发展作了较为详尽的描述,并对宗教各分支的学科发展情况作了阐述,全面地反映了上海宗教研究学者在这三十多年间,在宗教理论和各宗教研究方面取得的重要研究成果以及作出的理论贡献,对于把握上海学术界改革开放以来的研究成果起到了提纲挈领的作用。与会专家建议文章可以吸纳上海学者对其他宗教(如印度教、犹太教、民间宗教等)的研究成果,并对宗教学研究中的重要会议、期刊、平台、项目等方面予以补充,以确保整章内容更加完善。

莫剑平在总结讲话中表示，“一邑之典章文物，皆系于志”。方志的编纂，不仅具有“补史之缺、参史之错、详史之略、续史之无”的存史价值，更可起到以志为鉴、启迪后人的作用。希望三位老师在充分听取专家意见的基础上，将内容打磨得更加成熟，真正经得起时间和历史的检验。感谢各位专家学者给予的中肯意见以及对方志工作的大力主持，也希望各位专家继续关心、关注方志编纂工作，共襄盛举。

《上海市志·人文社会科学卷(1978—2010)》“规划与管理”篇专家意见征求会召开

4月23日下午,《上海市志·人文社会科学卷(1978—2010)》“规划与管理”篇专家意见征求会在上海市社联召开。市社联党组成员、副巡视员、社科志编纂办公室副主任莫剑平主持会议。市社联原专职副主席武克全,市哲社办原主任、市方志办原副主任莫建备,市发展和改革委员会总经济师秦丽萍,市政府发展研究中心科研处处长陈群民,市地方志办公室市志处处长黄晓明,华东师范大学原社科处处长许红珍,复旦大学文科科研处副处长葛宏波,市委党校科研处副处长陆怡清,市哲社办徐逸伦等出席会议。

会议伊始,莫剑平首先对该篇的编纂责任人上海社会科学院图书馆馆长钱运春研究员和他的团队对社科志工作的大力支持以及在“规划与管理”篇撰写过程中付出的巨大心血表示衷心的感谢,对出席本次专家意见征求会的各位专家学者表示了诚挚的谢意。

莫剑平在讲话中指出,《上海市志·人文社会科学卷(1978—2010)》整卷志书包括机构、规划与管理、学术研究、学术成果、学术活动、学术传媒、学术人物7个篇目,今天召开专家意见征求会的是“规划与管理”篇。而钱运春老师在上次专家咨询会的基础上,利用三个多月时间,编纂出将近8万字的“规划与管理”的成果,劳苦功高。他表示,为了使本篇编纂更加客观公平、更加科学全面,今天我们向各位专家再一次进行征求意见以及建议。

该章编纂责任人、上海社会科学院图书馆馆长钱运春在介绍有关编纂情况时表示,整章资料长编多达20万余字,从中提炼出近8万字的正文,主要由哲学社会科学规划和哲学社会科学管理两大部分组成。本篇的撰写严格遵循志书的编写体例,内容上只述不论。钱运春表示,就目前提交给大家的成果,因资料缺失、不全面等现状,在编纂过程中难免有遗漏之处,希望各位专家学者鼎力相助,多提供资料,多给予指导。

各与会专家认为本篇内容丰富、体系严谨,历史脉络清晰,语言规范,符合志书编纂的体例。作为对上海1978—2010年三十多年上海规划与管理领域系统总结、回顾与整理的作品,具有极高的价值。与会专家建议本篇可在框架结构、编纂体例、资料搜集上再下功夫,在梳理资料、整合资料、补充资料中尽量完整体现三十多年间规划与管理的历史进程,而且在记述中建议以面为主,典型案例为辅,以保证要素的客观。

莫剑平在总结讲话中高度肯定了“规划与管理”篇的编纂质量与作者辛苦付出,希望钱运春老师及其团队在充分听取各与会专家意见的基础上,抽丝剥茧,层层整合,将实实在在的“干货”充实到文章当中,将作品进一步完善,以保证文章更加客观的展现“规划与管理”波澜壮阔的历史进程。

《上海市志·科学分志·人文社会科学卷(1978—2010)》"政治学"章专家评审会召开

5月15日,《上海市志·科学分志·人文社会科学卷(1978—2010)》"政治学"章专家评审会召开。上海社联党组成员、副巡视员、社科志编纂办公室副主任莫剑平主持会议。上海社会科学院法学研究所尤俊意研究员、上海师范大学法政学院原院长商红日教授、华东师范大学公共管理学院吴志华教授、国防大学政治学院孙力教授、上海市地方志办公室市志处黄晓明处长、上海市委党校研究生部主任袁峰教授等专家学者出席本次会议。

莫剑平首先代表承编单位社联对"政治学"章的编纂责任人桑玉成教授和他的团队对社科志编纂工作的鼎力支持以及在"政治学"章撰写过程中付出的努力表示感谢,对出席本次专家评审会的专家学者致以诚挚的问候。他指出,政治学章是桑玉成教授在文献资料整理、大纲拟定、多次调整修订的基础上完成整章内容的撰写,全方位地总结、记录了改革开放以来上海政治学的重要成果。希望各位老师根据审阅的实际情况,提供宝贵的意见及建议,以期更加完善该章的相关内容。

该章编纂责任人、上海市社联原党组副书记、副主席桑玉成教授指出,政治学章的撰写历时相对较长,尤其是在资料搜集方面下了很大的工夫,最后完成将近4万字的正文内容。整个政治学章的内容,包括"政治学理论""行政学研究""政治制度研究"和"政治思想研究",全面记述了1978—2010年33年间上海学界在政治学学科建构、教材编写、外文著作翻译、学术研究等方面的发展概况,同时在坚持马克思主义理论指导的前提下,为我国政治学的发展作出重要贡献。

各与会专家认为,由桑玉成教授领衔编纂的政治学章的撰写立场及指导思想正确;内容丰富,要言不烦,主要文论、重要著作、代表人物勾勒清晰;结构合理,脉络清楚,逻辑合理,行为流畅;资料翔实,取舍得当,大体反映、基本罗列、重点突出上海政治学界的政治学科建构和政治学研究与发展的成果;符合地方志书的质量要求。同时,与会专家提议,本章内容可在标题与内容的关系、内容的范围、"亮点"突出、语词的表达等方面进行修改、调整与完善,以保证结构更合理、语言更规范、重点更突出。

莫剑平在总结讲话中提出,"志书是中华优秀传统文化的重要内容,同时也是传承传统文化的重要载体"。由桑玉成教授承担的政治学章充分体现了学术史脉络与主题结构相交织、客观记载与现实事件相辉映、整体与部分相协调、“两点论”与“重点论”相统一的特色。同时，各位专家也提出了非常中肯的意见和建议，希望桑玉成教授和他的团队能在充分吸收专家意见的基础上，从完善内容、语言润色、调整结构等方面继续打磨文章。最后，再次感谢各位专家对我办工作的认可与支持，也希望各位专家继续关心、关注方志编纂工作，建言献策、群策群力，共同做好该项工作。

《上海市志·科学分志·人文社会科学卷(1978—2010)》编纂工作对接会议召开

5月24日下午,《上海市志·科学分志·人文社会科学卷(1978—2010)》编纂工作对接会议召开。上海市社联党组成员、副巡视员、社科志编纂办公室副主任莫剑平主持会议。来自复旦大学、华东师范大学、上海交通大学、同济大学、上海财经大学、上海外国语大学、上海大学、上海师范大学、华东政法大学、上海对外经贸大学等高校以及中国浦东干部学院、上海社会科学院、中共上海市委党校、上海市社会主义学院、上海市国际问题研究院、国防大学政治学院等单位科研管理部门工作对接负责人和部分编纂责任人近30人出席会议。

莫建平首先代表市社联对各有关单位科研管理部门对《上海市志·科学分志·人文社会科学卷(1978—2010)》编纂工作的鼎力支持表示感谢。会议指出,2019年1月27日,上海市第十五届人民代表大会第二次会议上市长应勇在《政府工作报告》"2019年主要任务"中明确提出"全面完成第二轮新编地方志书编纂任务"。在1月22日召开的上海全市宣传思想文化工作会议上,上海市委常委、市委宣传部部长周慧琳也强调指出:全市各志书承编单位和部门要抓紧推进二轮修志工作。会议透露,上海市社联正抓紧编纂进度、抓好编纂质量,全力以赴做好编纂工作。目前人文社科卷主体部分"学术研究"篇已经有16章完成,其他篇亦提交初稿,整体进入冲刺阶段。会议表示,行百里者半于九十,下一阶段涉及论证评审等工作依然十分艰巨,为了进一步做好这项工作,扩大意见征求范围,确保志书公正、客观、全面,希望与各有关单位建立对接工作机制,在资料提供、意见征求等方面谋求更深入的合作与帮助。会议强调,盛世修志,志载盛世,编纂本卷志书是上海哲学社会科学界的一件盛事,希望各有关单位积极建言献策、群策群力,共同做好该项工作。

在编纂对接工作交流中,编纂责任人围绕资料提供、时间范围、内容取舍、重点平衡等问题展开讨论。各单位参会联络人就有关细节问题沟通交流后,达成共识,一直赞成会议提议的对接工作机制,并表示会按照相关编纂要求,大力做好本单位资料搜集工作,共同推进人文社科卷的编纂工作。

《上海市志·科学分志·人文社会科学卷(1978—2010)》"艺术学"章专家评审会召开

6月11日,《上海市志·科学分志·人文社会科学卷(1978—2010)》"艺术学"章专家评审会召开。上海市社联党组成员、副巡视员、社科志编纂办公室副主任莫剑平主持会议。上海市地方志办公室市志处黄晓明处长、华东师范大学艺术学院谭根雄教授、上海大学影视学院陈犀禾教授、上海艺术研究所周兵研究员、上海人民美术出版社徐明松副总编辑等专家学者出席本次会议。

莫剑平指出,艺术学章自启动以来,潘力老师在多次调整、修订的基础上完成整章内容的撰写,全方位记录了改革开放以来我市艺术学研究的重要成果。希望各位老师根据审阅的实际情况,提供宝贵的意见及建议,以期更加完善该章的相关内容。

该章编纂者李田老师从艺术学章的节目设置、主体结构、资料搜集、内容撰写等多个方面介绍了上海学界1978—2010年间在艺术学理论建构与实践探索两个维度的整体面貌。

各与会专家认为,由潘力教授领衔编纂的艺术学章基本反映了改革开放以来艺术学范畴美术研究、表演艺术研究、影视艺术研究三大门类理论板块的历史面貌和文脉线索。同时,各与会专家从各自熟悉的领域,建议可进一步"梳理和厘清艺术现象、艺术思潮的来龙去脉以及在理论层面的呈现"、"美术创作的多元化格局"、增补"电影历史和理论"等内容。

莫建平在总结讲话中指出,各与会专家对"艺术学"章编纂意义的肯定,凸显出艺术学在人文社会科学中的重要地位。由潘力教授担纲的艺术学章体现了理论与实践相结合的特点,充分体现了学术史脉络与主题结构相交织、客观记载与现实事件相辉映的特征。同时,也请潘力教授等学者能够根据各位专家学者的意见建议再次修订文稿,保证编纂质量。他希望各位专家学者继续关心支持方志编纂工作,为更好地完成此次任务提供帮助。

《上海市志·科学分志·人文社会科学卷(1978—2010)》"社会学"章专家评审会召开

6月12日,《上海市志·科学分志·人文社会科学卷(1978—2010)》"社会学"章专家评审会召开。上海市社联党组成员、副巡视员、社科志编纂办公室副主任莫剑平主持会议。上海大学庞树奇教授、复旦大学刘豪兴教授、华东师范大学吴铎教授、上海社会科学院杨雄研究员、华东理工大学何雪松教授、上海市地方志办公室李洪珍等专家学者出席本次会议。

莫剑平首先代表上海市社联对"社会学"章的编纂责任人程福财研究员付出的巨大努力表示感谢,对出席本次专家评审会的专家学者致以诚挚的问候。他指出,程福财研究员在系统搜集大量资料的基础上,全方位地总结、记录了改革开放以来上海社会学研究的重要历程。希望各位老师提供宝贵的意见及建议,以期进一步完善稿件。

该章编纂责任人、上海社科院社会学研究所程福财研究员指出,"社会学"章以学科分类的为依据,结合具体研究实际,形成七节,主要反映上海社会学研究从1978年学科恢复到逐步发展、在21世纪进入新局面的历程,重点突出上海社会学在全国领先的研究特色。

各与会专家认为,文章内容丰富,语言凝练,结构合理,资料翔实,符合地方志书的质量要求。同时与会专家建议可以进一步突出上海社会学研究对于上海城市发展实践乃至全国社会经济发展的贡献。

《上海市志·科学分志·人文社会科学卷(1978—2010)》"学术活动"篇专家评审会召开

6月13日,《上海市志·科学分志·人文社会科学卷(1978—2010)》"学术活动"篇专家评审会召开。上海市社联党组成员、副巡视员、社科志编纂办公室副主任莫剑平主持会议。上海市地方志办公室市志处黄晓明处长、华东师范大学文科院吴瑞君院长、上海交通大学文科建设处吴建南处长、复旦大学文科处葛宏波副处长、上海师范大学社会科学管理处公磊副处长、国防大学政治学院韩洪泉副教授、上海外国语大学科研处毛文伟副处长等专家学者出席本次会议。

莫剑平首先代表承编单位上海市社联对"学术活动"篇的编纂责任人文军教授和他的团队在该篇撰写过程中付出的努力表示感谢,对出席本次专家评审会的专家学者致以诚挚的问候。他指出,"学术活动"篇自启动以来,文军院长和他的团队在整卷志书在章、节、目编制和调整、体例的编排与组织、内容的撰写和修订等方面苦下功夫,完成整篇内容的撰写,记录了改革开放以来上海市人文社会科学界各领域重要的学术活动,展示了上海市人文社会科学界30多年来研究的热点、特点与风貌的变迁与发展盛状。希望各位老师根据审阅的实际情况,提供宝贵的意见及建议,以期更加完善该章的相关内容。

该章编纂责任人、华东师范大学社会发展学院院长文军教授指出,学术活动篇的整理与撰写本身难度较大,主要体现在资料收集、学科分布、标准设定等方面。尤其"上穷碧落下黄泉,动手动脚找资料"的文献搜集的基础上,最后完成约4.8万字的正文内容,包括"国际学术交流活动"和"国内学术交流活动"两大主体板块,并尽最大努力,争取能够准确地撰述上海市1978—2010年三十多年间上海学界在学术活动方面的相关事迹。

各与会专家认为,学术活动篇的史料充实,内容丰富,较全面地反映了该期间上海各高校和科研单位举办的学术活动情况、社科界知名学者在国际学术舞台学术活动交流的总体情况和概貌、国际知名学者来上海进行学术交流情况。同时,与会专家提议,学术活动篇的编纂本身内容就很庞大,制定相应的标准和框架,至关重要。因此,本篇的内容可在标题的编写、内容的整合、特色的凸显、语词的修订、细节的增补等方面进行修改、整合与完善,以保证结构更合理、语言更规范、重点更突出。

莫剑平在总结讲话中提出,"地方志是全面记载地方政治经济社会的重要史料文献,具有完整性、系统性、权威性特点,是中华民族特有的优秀文化传统"。各位专家学者充分肯定了"学术活动"篇的编纂质量,并就活动入选的标准、活动资料的搜集与确保全面性等方面都提出了可圈可点的意见与建议；他请文军院长根据专家的意见建议以及相关单位提供的资料，再次修订文稿，将这 30 年间的学术活动盛况客观、真实、全面地留给未来的读者。最后，莫剑平对文军院长和他的团队能够完成如此高水平的作品再次表示感谢，也对各位专家学者的大力支持表示感谢。他希望各位专家学者继续关心支持方志编纂工作，为更好地完成此次志书编纂工作提供帮助。

《上海市志・科学分志・人文社会科学卷(1978—2010)》“新闻学与传播学”章专家评审会召开

6月19日,《上海市志・科学分志・人文社会科学卷(1978—2010)》“新闻学与传播学”章专家评审会召开。上海市社联原办公室主任、社科志编纂办公室副主任吴伟余主持会议。上海大学中国艺术产业研究院吴信训教授、上海大学上海电影学院郑涵教授、复旦大学新闻学院孙玮教授、上海外国语大学新闻学院郭可教授、上海社会科学院新闻研究所王蔚副研究员、上海市地方志办公室市志工作处李洪珍等专家学者出席本次会议。

吴伟余首先代表上海市社联对“新闻学与传播学”章的编纂责任人黄旦教授以及他的团队成员李美慧、李晓荣等老师付出的巨大努力表示感谢,对出席本次专家评审会的专家学者致以诚挚的问候。他指出,黄旦老师和他的团队在章节、篇目设置,内容撰写,体例修订的基础上完成整章内容的撰写,记录了改革开放以来上海市新闻学与传播学研究领域重要的学术成果,展示了上海市人文社会科学界对新闻学与传播学30多年来研究的热点、特点与风貌的变迁与发展的盛状。希望各位老师提供宝贵的意见及建议,以期进一步完善稿件。

该章编纂责任人、复旦大学新闻学院黄旦教授指出,“新闻学与传播学”章在数以万计的材料中抽丝剥茧,结合具体研究实际,形成四节内容,主要反映上海新闻学与传播学研究从1978年学科恢复到逐步发展、在21世纪进入新局面的历程。重点突出上海新闻学与传播学在全国领先的研究特色。

各与会专家认为,本章内容从新闻学研究、传播学研究、广告公关研究、媒介产业研究四大领域进行了相当深入细致的梳理,撰写结构合理,陈述清晰,资料丰富,符合学术规范,反映出了上海新闻学与传播学在这些研究领域的基本状况。

《上海市志·科学分志·人文社会科学卷(1978—2010)》"台港澳问题研究"章专家评审会召开

6月21日,《上海市志·科学分志·人文社会科学卷(1978—2010)》"台港澳问题研究"章专家评审会召开。上海市社联党组成员、副巡视员、社科志编纂办公室副主任莫剑平主持会议。上海国际关系学会原副会长郭隆隆研究员、上海社会科学院原图书馆馆长王海良研究员、上海台湾研究所常务副所长倪永杰研究员、上海国际问题研究院台港澳研究所所长邵育群副研究员、上海交通大学比较政治系王伟男副研究员等专家学者出席本次会议。

莫剑平首先代表上海市社联对"台港澳问题研究"章的编纂责任人倪建平付出的巨大努力表示感谢,对出席本次专家评审会的专家学者致以诚挚的问候。他指出,目前全市正大力推进二轮市志编纂工作,上海市社联正全力以赴加快完成人文社科卷,倪建平老师在大量搜集资料的基础上完成本章的初稿,希望各位老师提供宝贵的意见及建议,促进内容更加完善。

该章编纂责任人、上海市美国问题研究所倪建平研究员在发言中谈到,"台港澳问题研究"章是以问题为导向,结合国家政策研究实际,重点突出上海在台港澳问题研究方面的特色与创新。

与会专家一致认为,该章结构完整,内容详细,基本反映了上海学界在台港澳问题研究方面的整体情况,建议可以进一步加强反映上海学者智慧的特色与地位的内容,特别是在台湾问题研究领域。上海学者也应该做一些走在国家政策前面的创新性、突破性理论研究,以更好地展现上海台湾研究的独特风格与特殊贡献。与会学者还就该章结构调整、标题取用等方面展开深入交流探讨。

《上海市志·科学分志·人文社会科学卷(1978—2010)》"文学"章专家评审会召开

6月27日,《上海市志·科学分志·人文社会科学卷(1978—2010)》"文学"章专家评审会召开。上海市社联党组成员、副巡视员、社科志编纂办公室副主任莫剑平主持会议。复旦大学中国语言文学系朱立元教授、复旦大学中国语言文学系郧国平教授、复旦大学中国语言文学系吴兆路教授、华东师范大学中国语言文学系朱国华教授、上海师范大学人文与传播学院董丽敏教授、上海外国语大学高级翻译学院谢天振教授、上海外国语大学英语学院李维屏教授、巴金故居周立民常务副馆长、上海市地方志办公室市志工作处李洪珍等专家学者出席本次会议。

莫剑平首先代表市社联对"文学"章的编纂责任人黄霖教授以及他的团队成员复旦大学中国语言文学系周兴陆教授、复旦大学中国语言文学系郜元宝教授、华东师范大学中国语言文学系陈建华教授、复旦大学中国语言文学系陆扬教授等专家学者付出的巨大努力表示感谢,对出席本次专家评审会的专家学者致以诚挚的问候。其后,他简要介绍了《上海市志·科学分志·人文社会科学卷(1978—2010)》整卷志书的承编、协编单位以及进展情况。他指出,"文学"章自2015年启动以来,黄霖老师和他的团队在章节、篇目设置,内容撰写与修改,体例修订等方面投入了巨大精力,在黄霖老师统稿的基础上,整章内容得以完成。希望各位老师提供宝贵的意见及建议,以期进一步完善稿件。

该章编纂责任人、复旦大学中国语言文学系黄霖教授指出,"文学"章的各位编纂老师在资料查找、分门别类、问题意识梳理等方面设计并细分为四节内容撰写,主要反映上海文学研究在古代文学、中国现当代文学、外国文学和文艺理论等方面的成果、特色与风貌变迁。

各与会专家认为,本章内容主题清晰,历史线索有层次,对1978—2010年间上海文学理论研究的发展做了很好的梳理和评价,具有重要的理论指引意义。同时,他们建议可从简化分类、补充成果、语言润色、体例编排等方面进行修改,保证各篇章行文风格、结构排列更加合理。

《上海市志·科学分志·人文社会科学卷(1978—2010)》“教育学”章专家评审会召开

6月28日,《上海市志·科学分志·人文社会科学卷(1978—2010)》“教育学”章专家评审会召开。上海市社联办公室原主任、社科志编纂办公室副主任吴伟余主持会议。华东师范大学教育学部范国睿教授、华东师范大学教育学部王伦信教授、华东师范大学教育学部朱益明教授、上海市教育科学研究院唐晓杰研究员、上海师范大学教育学院陈建华教授、上海师范大学教育学院项亚光副教授、上海市地方志办公室市志处李洪珍等专家学者出席本次会议。

吴伟余首先代表上海市社联对“教育学”章的编纂责任人丁念金教授和他的团队付出的巨大努力表示感谢,对出席本次专家评审会的专家学者致以诚挚的问候。他指出,“教育学”章自启动以来,丁念金老师在章的节、目设置专家论证会的基础上,分八节详细地描述了1978—2010年间上海市教育学研究领域的重要成果,基本上全面地展示了上海市教育学理论界对教育学方向的研究现状、特点与风貌。同时,希望各位老师根据审阅的实际情况,多提意见及建议,以期进一步完善稿件。

本章编纂责任人、上海师范大学教育学院丁念金教授简要介绍了整章的编纂情况。他指出,本章内容以约6.8万字的篇幅,从教育原理、基础教育、高等教育、职业教育、教师教育、终生教育、教育史、国际与比较教育八个方面阐述了上海市1978—2010年间教育学的理论研究走上新的发展轨道而取得的一系列成果与成就。

各与会专家指出,教育学整章的撰写,结构设置完整、语言表达精炼、内容层次明朗,涵盖了从1978—2010年间的上海教育学研究的各个领域,主题研究选取的专家学者具有一定的代表性与典型性,能够比较全面地反映上海地区不同年代教育发展研究的基本特征和具有影响力的教育发展与改革内容,也凸显了各阶段的研究主流,体现各阶段的发展水平。同时,他们也指出,本章内容的撰写可从完整框架结构、分类标准、研究成果入选标准、德育研究、史料补充、撰写体例等方面进行调整与修改,以保证撰写质量。

社科普及平台

SHE KE PU JI PING TAI

东方讲坛、望道讲读会等科普专项

“解码江南　以启未来”2019年望道讲读会首讲在上海开讲

1月20日，上海市社会科学界联合会和上海人民出版社联合主办，中共上海市嘉定区委宣传部承办的“解码江南　以启未来——2019年望道讲读会”首讲在上海开讲。

中共上海市委宣传部副部长徐炯，中共上海市嘉定区委常委、区委宣传部部长顾惠文致辞。上海市社会科学界联合会专职副主席、秘书长解超主持活动。上海世纪出版集团党委书记、总裁王岚，中共上海市嘉定区委副书记周金林，上海世纪出版集团副总裁阚宁辉，上海人民出版社社长、总编辑王为松等领导出席。

徐炯表示，讲读会要走进历史、立足当下，充分发挥理论界人才优势，立时代之潮头，发思想之先声，积极服务于城市发展实践。我们要通过一系列活动，来唤醒江南历史记忆和文化意识，从历史意识走进去，从现代意识走出来，从大江南的地域和文化背景中，挖掘资源，自觉主动地把江南文化提升到自身战略资源的高度，为打造长江三角洲一体化发展提供智慧、力量以及文化支撑。江南文化是海派文化的母体和底色，红色文化又发端于上海的江南文化和海派文化，三者交融、交织、交流，密不可分，“解码江南”就是要展示中华文化江南传统，发掘红色文化的江南基因，探寻海派文化的江南根基，从而更好地用足、用活三种文化资源，充分激发城市文化的创新创造活力，让海派文化更具感召力和传播力，以启城市发展的美好未来。

顾惠文表示，文化品牌是一座城市的重要标志，承载着城市的精神品格和理想追求。我们要让传统文化滋养心灵，让公共文化触手可及，让产业文化点石成金，让文明创建蔚然成风。面向未来，我们要全力打响文化品牌建设，在长三角区域一体化协同发展过程当中，进一步传承弘扬江南文化，并以此作为核心价值观培育和践行重要源泉，作为构建活力之城，提升城市能级和核心竞争力的不竭动力。

本次讲读会聚焦“解码江南　以启未来”主题，邀请华东师范大学图书馆馆长胡晓明教授、上海市历史学会会长熊月之研究员和上海师范大学唐力行教授分别围绕“世间何物是江南”“海派文化与江南文化的关联”及“苏州评弹与江南社会”3个话题展开主旨演讲，并与现场观众进行互动交流。本次活动尝试将艺术演绎引入讲读会的呈现形式，特邀上海评弹团优秀青年演员侯骁晟、姚依依现场为观众带来极具江南文化艺术特色的评弹曲目《赏中秋》,加深了听众对江南文化的直观了解。

江南文化精神是有温度的、灵秀的、低调内敛的、刚柔并济的,江南文化是独特的文化,独特的文化必然有其孕育成长的独特的土壤。胡晓明以水的特征来类比江南文化特质,并认为江南文化中的江南水性是复杂的、多元的。胡晓明指出,江南离不开水乡,江南的水具有多种特质,包括柔与刚、生与杀、清与浊、有和无等复杂而又辩证统一的特点,这些特质滋生出了独特的江南文化,影响了一代代的江南人。

熊月之以扎实深厚的史料为依据解读了江南文化和海派文化的关联。熊月之表示,海派文化从江南文化中孕育而生,并且以此为基础,继承、集聚、扩散,通过融入和升华,实现创新和发展。近代以前的上海地区文化总体上统属于江南文化,海派文化直接继承了江南文化;产业、人口、资金等资源的高度集聚加速了江南文化的集聚进程;密集的水网、众多的公路将上海与江南各地紧密地联系在一起;城市人口异质程度的增加提升了文化创新的速率。因此,以江南文化为底蕴,吸纳了中国其他地域文化因素及部分近代西方文化元素而形成的海派文化就具有了明显的近代特性,并表现出突出的创新属性。

讲述江南文化,不应只从历史、学术的角度理性地思考江南,也应从人文、艺术角度去感性地触摸江南。唐力行以苏州评弹为例,讲述了苏州评弹与江南文化的关系和渊源。唐力行表示,苏州评弹与江南社会是不可分割、相互影响的,它是观察江南社会的窗口,并随着江南社会经济文化的发展不断升华。苏州评弹由评话与弹词两个曲种组成,其渊源可追溯到唐、宋,但真正意义的苏州评弹则兴起于明末清初,与苏州市民社会的兴衰同步。评弹艺术深刻影响着江南人的性格、社会风尚和价值伦理。因此,对评弹进行全方位、多层次的研究,探讨其与地方社会复杂的互动关系,以及传统文化在社会转型过程中如何与现代社会相容共生、如何传承与保护,具有重大的社会价值。

会上,主办方向中共上海市嘉定区委宣传部、上海市嘉定区教育局、上海市嘉定区南翔镇、上海市嘉定区嘉定镇街道、上海市嘉定区图书馆五家单位赠送了《江南文化研究丛书》,该丛书作为本次望道讲读会的推介书目,将帮助广大听众更好地理解江南地区特有的人文地理、社会结构及文化传统。

近年来,上海市社会科学界联合会着力打造城市品牌文化的标志性成果,积极用足用好包括望道讲读会在内的各类人文社科交流平台和资源载体,充分挖掘社会科学界专家资源,先后推出红色文化、江南文化和海派文化系列讲座、科普短视频、地铁专列等活动,此次望道讲读会以"解码江南　以启未来"为题,正是为了助力上海文化品牌建设,提升上海文化品牌的感召力和传播力。

据悉,望道讲读会自创办以来,以"十年读书、以启学林,沉浸浓郁、含英咀华"为宗旨,先后开展了 25 次讲读活动,推荐经典读本数百本。2019 年,望道讲读会将继续坚持专业讲读、阅读推荐、社会开放、媒体传播相结合的方式,推出更多更好的讲读活动,让社科知识飞入寻常百姓家,以期将"望道讲读会"打造成一个"博约兼顾、广深结合"的高端学术交流平台和一个引领大众阅读的文化符号。

"中美关系40年"——望道讲读会聚焦中美关系的现状与未来

2019年是中美建交40周年。40年来,中美关系的走向不仅牵动着两国人民的心,也是全世界注目的焦点。当前中美正在经历着怎样的重大结构转折与重构?3月6日,望道讲读会"中美关系40年"在上海电视台演播大厅举行。本次望道讲读会由上海市社会科学界联合会、上海人民出版社、中共上海市静安区委宣传部主办,上海东方青年学社协办。本期活动将在东方卫视"环球交叉点"节目中播出。复旦大学美国研究中心主任吴心伯、同济大学国际与公共事务研究院院长夏立平、上海美国学会会长黄仁伟,应邀就中美关系的现状与未来发表了精彩演讲。

吴心伯认为,展望中美关系的长远走向要有信心。中国崛起是一个不可阻挡的趋势。中国的资源、手段和能力会不断提升。中国在处理中美关系上将有更大的主动性和能动性,更能塑造美国的对华政策,影响中美关系的走向。

夏立平指出,中美经贸关系是中美现在关系重构的一个重要的组成部分。当前中美之间的贸易摩擦把中美关系带到了"十字路口"。怎么走出"十字路口",关键是中国。我们要利用国内外的力量把自己的事情做好,使中国改革开放上一个新台阶。中美两国必须相互尊重、相互适应、共同演进,构建一个不冲突、不对抗,相互尊重、合作共赢的新兴大国关系。

黄仁伟谈到,特朗普当选后,美国逐渐放弃多边主义基础上建立起来的国际秩序,对外政策走向了单边的、保护主义,导致中美关系发生了重大转变。但是,回顾中美建交的40年,两国之间虽然有矛盾、有冲突,却始终有共同利益和发展规律:一是经济领域,双方的相互依存度越来越高。二是中国的改革开放,始终是中美双边关系的一个推动力。三是中美关系的变化影响着国际秩序的建构。未来的中美关系如何发展?黄仁伟认为,以上三点将依然是中美关系走向的判断基准。

随后,三位专家围绕中美是否会出现新的贸易摩擦,2019年中美还将在哪些方面交锋,2020年的美国大选年将会如何影响中美关系,中美怎样才能提高互信,中美如何共生共存共同发展,中国如何应对中美战略相持阶段等问题进行了讨论和听众互动。

习近平主席曾经指出,中美有一千条理由把关系搞好,没有一条理由把关系搞坏,合作是双方最好的选择。回望历史,建交40年来中美关系经历风风雨雨,始终破浪前行。展望未来,保持中美关系健康稳定发展,不仅符合两国人民的根本利益,也是国际社会的普遍期待,更是两国对当下历史负责的表现。

“历史画卷　精神图谱——庆祝上海解放 70 周年”望道讲读会在上海解放纪念馆举行

4 月 29 日，由上海市社会科学界联合会、上海人民出版社、中共上海市宝山区委宣传部及宝山区文化和旅游局联合主办的“历史画卷　精神图谱——庆祝上海解放 70 周年”望道讲读会在上海解放纪念馆开讲。中共上海市委宣传部副部长徐炯出席并讲话；上海市社联党组书记权衡出席并主持；上海市社联党组成员、专职副主席解超，中共上海市宝山区委常委、宣传部长赵懿，上海人民出版社社长、总编辑王为松，宝山区文化和旅游局局长王一川等领导出席。

徐炯在讲话中指出，在 2019 年上海解放 70 周年、新中国成立 70 周年这个重大节点来重温“战上海”的历史，可以激励党员干部不忘初心，坚持开天辟地、敢为人先的首创精神，坚定理想、百折不挠的奋斗精神，立党为公、忠诚为民的奉献精神，有助于汲取干事创业、城市治理的智慧和营养，不断提高执政能力和执政水平。

在讲读活动中，《战上海》的作者、上海交通大学刘统教授认为作为历史学者首先应该是一个忠实的记录者，要真正实现把共产党那些跌宕起伏、布满曲折、充满动人情节的历史细节加以如实反映。他本人创作《战上海》的过程就是一个还原上海解放战争历史细节的过程。

本次讲读会还有幸请到了上海战役亲历者、上海警备区原副政委、90 高寿的阮武昌，他回忆了自己 1949 年 5 月 24 日跟着部队抵沪参加上海战役，从上海的西南角，一直打到东北角，三天三夜的战斗过程，并分享了战场上耳闻目睹的事实。

中共上海市委党史研究室副主任严爱云指出，党中央为了完整地保全上海这个中国最大的工业中心城市和更好地接管、重建这个国际化程度很高的城市，解放上海时提出了“瓷器店里打老鼠”的总战略，并对上海的领导班子作了周详部署。

上海师范大学苏智良教授认为，上海的解放除了归功于正面作战的中国人民解放军，还得益于此前就潜伏在上海的地下党组织，“人数不算太多，但实际上能量很大”；此外，大教联（大学教师的联合会）等各类进步势力的配合也为上海顺利解放发挥了重要作用。

上海市社联举办“历史与当代:《共产党宣言》在中国”望道讲读会

6月27日下午,上海市社联在五峰书院举办“历史与当代:《共产党宣言》在中国”望道讲读会。复旦大学哲学学院郑召利教授、华东师范大学马克思主义学院陈红娟副教授与现场听众共同品读陈望道先生的经典译著《共产党宣言》。

陈望道(1891—1977),浙江义乌人,坚定的马克思主义者、著名教育家,精于语言学、修辞学。他积极投身新文化运动,破封建传统,立科学教育,曾任《新青年》编辑,他翻译的《共产党宣言》第一个中文全译本影响了毛泽东、周恩来等一批开国领袖。陈望道先生毕生从事进步语文运动和语文科学的教学研究,建立了我国修辞学的科学体系,对哲学、伦理学、文艺理论、美学等都造诣较深;主编《辞海》,著有《修辞学发凡》《文学简论》等。

陈红娟副教授以“《共产党宣言》汉译本在中国的翻译与传播”为主题,介绍了《共产党宣言》在中国呈现的若干文本形态。1899年到1919年之间中国有17篇文章涉及《共产党宣言》的翻译,1920年到2009年间总共出现了12个全译本。最初,《共产党宣言》被编译在西方译著中。最早提到该著作的是《万国公报》。而后,由赵必振翻译、日本人福井准造写的《近世社会主义》在上海出版的《新世界学报》上刊登,以较多的篇幅介绍了欧洲各种社会主义流派,并在书中四次提到马克思、恩格斯的《共产党宣言》。此外,当时中国的先进知识分子也对《共产党宣言》有所介绍。例如,叶夏生以梦蝶生为笔名,在《民报》第7号上发表《共产党与革命党之说明》,文中援引《共产党宣言》中的十条纲领,以说明革命党所言之社会主义并非乌托邦。朱执信在《德意志社会革命家小传》一文中介绍了马克思,以及《共产党宣言》的十大纲领。但这一阶段关于《共产党宣言》编译只是“只言片语”式的。

陈红娟副教授指出中国人真正开始接触《共产党宣言》,并由“只言片语”转向“篇章译介”是在五四新文化运动以后。由于当时“社会主义”思潮成为新时尚,对马克思主义经典著作的传播遂从自发转为自觉。例如,谭平山的《“德谟克拉西”之面面观》、张闻天的《社会问题》、李泽彰的《马克斯和昂格斯共产党宣言》等。《共产党宣言》的翻译由“篇章译介”发展到“全文翻译”后,六个译本比较有名:陈望道译本、华岗译本、成徐译本、陈瘦石译本、博古译本。陈望道是完整翻译《共产党宣言》的第一人,当时借北伐之风,发行量颇多,影响也颇大。从进入中国语境初期的转译到1920年没有序言、没有注释的全译本,再到2009年7个序言附上48个附注、45个注释的全译本,《共产党宣言》的文本形态越来越丰富，同时不同译本的《共产党宣言》也见证了中国人对《共产党宣言》解读的不断深化，体现了中国共产党的与时俱进。

郑召利教授以"《共产党宣言》是一本什么样的书"为主题，分析了《共产党宣言》产生的条件、基本思想与文本结构，以及重要观点和思想。他认为，《共产党宣言》是马克思和恩格斯为"共产主义者同盟"起草的纲领性文献，它标志着马克思主义公开问世。从《共产党宣言》产生的背景看，它是大工业时代的产物。19 世纪中叶，自由竞争的资本主义还处在上升时期，随着资本主义的发展，工业革命具有无限的物质进步前景。然而，大量的雇佣劳动者形成产业大军，许多在极端恶劣条件下劳作的"无产者"，陷入了新型贫困。工业手段的拥有者越来越富有，越来越有权势，而广大劳动者越来越贫穷。于是，工人开始意识到，新的经济制度，即资本主义，是造成少数人拥有巨大财富和多数人遭受痛苦和压迫的原因。"无产者"必须自己组织起来同统治者进行斗争，工人运动此起彼伏。但实践表明，必须有一种科学的革命理论来引导工人运动走上正确道路。马克思和恩格斯适应无产阶级革命斗争需要，总结了国际工人运动的历史经验，发表了《共产党宣言》这一划时代的著作，为无产阶级的解放事业提供了强大的理论武器。

《共产党宣言》由七篇序言、引言和四章正文组成。郑召利教授强调，七篇序言是正确解读《共产党宣言》历史背景、发展变化的重要线索，不认真研读序言就有可能对其中的思想产生误读和曲解。《共产党宣言》的关键词是"阶级斗争"和"无产阶级革命"，并精辟阐述了马克思主义基本原理：第一，一定条件下的生产力运动是历史发展的根本动力。第二，资产阶级时代阶级斗争的特殊性在于无产阶级要使自己从资本的奴役下解放出来，就必须联合起来，夺取政权，使无产阶级上升为统治阶级。第三，无产阶级只有用暴力才能推翻资产阶级的统治，最终实现共产主义即自由人的联合体。

最后，郑召利教授指出，在今天《共产党宣言》对我们而言的一个重大意义是告诉我们应该"不忘初心"。所谓"初心"，一言以蔽之就是为了人的自由和解放，或者是为了无产阶级挣脱束缚创设一定的条件。正如马克思的墓志铭，即《关于费尔巴哈的提纲》的第十一条提纲所言："哲学家们只是用不同的方式解释世界，问题在于改变世界。"改变世界就是为了人的自由，为了人的解放，这是马克思主义的初心，这也是共产党人的初心。

“奋斗创造城市传奇——上海相册:70 年 70 个瞬间”望道讲读会召开

1949 年 5 月 27 日,上海解放。我国最大的经济中心城市和中国共产党的诞生地迎来新生,在随后 70 年中创造出一个个城市发展传奇。

为庆祝新中国成立 70 周年和上海解放 70 周年,致敬上海城市建设奋斗史,由上海市社会科学界联合会、上海人民出版社、中共上海市委党史研究室、上海人民广播电台共同主办的“奋斗创造城市传奇——上海相册:70 年 70 个瞬间”望道讲读会召开。本期望道讲读会的推荐书目是由上海人民出版社出版的《上海相册:70 年 70 个瞬间》一书。该书精选新中国成立后,上海 70 个具有特色和重要意义的大事,通过讲述故事,反映历史,透过上海的变化,折射出新中国 70 年来的发展变迁。

活动现场,上海音乐学院教授、中国著名小提琴演奏家、全国劳动模范俞丽拿,上海航空股份有限公司原乘务长、首批“空嫂”、全国劳动模范吴尔愉,中国商飞试飞中心试飞运行部党支部书记、副部长,C919 首飞机组成员吴鑫,围绕“‘梁祝’唱响‘上海之春’”“上海敲响全国压锭第一锤”“国产大型客机翱翔蓝天”三个历史瞬间,分享在新上海城市发展中的亲身经历,中共上海市委党史研究室主任徐建刚介绍《上海相册:70 年 70 个瞬间》一书的创作目的与编写过程,演讲嘉宾与现场听众共话新上海城市建设者的奋斗精神,展望上海发展的美好未来。

此外,以《上海相册:70 年 70 个瞬间》为素材,上海市社联联手上海人民广播电台、中共上海市委党史研究室合力打造“《奋斗创造城市传奇——新上海的 70 个瞬间》——城市声音笔记”,从 5 月 28 日至 9 月 13 日,在上海新闻广播《990 早新闻》节目中播出,并在阿基米德、话匣子 FM 同步呈现。

东方讲坛·“思想点亮未来”系列讲座之“大国博弈中的科技创新与能力培养”在上理工附中举行

9月20日下午，东方讲坛·“思想点亮未来”系列讲座第六季第一讲在上理工附中举行。华东师范大学国际关系与地区发展研究院教授、博士生导师余南平作讲《大国博弈中的科技创新与能力培养》，上理工附中全体师生及部分社会预约观众现场聆听。

余南平教授从二十世纪至今大国博弈的历史过程娓娓道来，向大家介绍了战后美国主导的全球化与国际智力模式、特朗普当选与反全球化、动荡的欧洲与反全球化，在此背景基础上介绍了全球视域下的中美博弈，指出中美产业链具有各自优势与技术创新模式，特别讲到2019年的中美贸易战及华为的科技报国值得我们好好学习，指出人工智能产业是世界竞争发展的方向，未来的社会创新研究最有价值，鼓励高中生学习的价值越来越被显现。

余南平教授还从中国教育供给与创新能力培养方面，给大家介绍了中国工程师培养模式的现状、创新经济模式与教育基础准备的方向，呼吁学校多开课程，进行教育创新实践，并引导学生多进行创新能力的培养，比如文理不要脱离，比如可以主动从兴趣入手，形成自我学习，才会走得更远等。

余南平教授的讲座振奋人心，互动交流时，听众提问积极踊跃，同学们问及英国脱欧最大的挑战是什么？应如何看待最近伊朗与美国关系持续恶化？中美持续贸易战会对未来中国人工智能的发展有多大影响？余南平教授深入浅出地作了回应，指出大国的博弈是长期的，伴随着金融博弈、政治博弈等诸多因素，贸易战背后叠加的是技术战，我们中国有这个体量、能力打好这场战役。他的回答赢得了全场热烈掌声。提问的同学还获得了主办方送出的社会科学普及系列读物《孔子的故事》，并与余南平教授合影。

这次讲座，余南平教授以他渊博的学识和犀利的国际关系视角给全校师生带来了别样的历史、政治、科技等多方位文化盛宴，让大家进一步明确了如何全面客观看待当今的国际局势及未来科技创新能力培养的重要性，大大激发了同学们投身科技兴国的动力。

科普活动

让社会科学走进群众心坎里——第18届上海市社会科学普及活动周启动

5月25日，由上海市社会科学界联合会主办的第18届上海市社会科学普及活动周在徐汇区华鑫慧享中心隆重开幕。中共上海市委宣传部副部长徐炯讲话并宣布科普周开幕，上海市社联党组书记、专职副主席权衡致开幕辞，中共上海市徐汇区委常委、宣传部部长吕晓慧致欢迎辞，上海市社联专职副主席、秘书长解超主持。开幕式上，与会领导为冯契学术成就陈列室、上海市龙华烈士纪念馆和上海淞沪抗战纪念馆三家2019年新增"上海市社会科学普及示范基地"授牌，并表彰了2017—2018年度上海市社科普及工作优秀个人、项目、学会和先进单位。

徐炯强调，如今的中国正处于"两个一百年"奋斗目标的历史交汇期，14亿人民将共同参与和经历这场波澜壮阔的伟大社会变革，我们广大哲学社会科学工作者既要在倡导先进思想，开拓学术研究，引领社会风尚上有所作为，也要在社科普及工作发挥应有的作用，勇于回答时代课题，直面改革中的发展难题，为广大市民解疑释惑，更好地助力党和国家改革发展稳定大局，更好地为上海深入推进"五个中心""四大品牌"建设和全力实施"三大任务、一大平台"战略服务。

权衡指出，宣传普及社会科学知识和科研成果是上海市社联的主要职能之一，自2002年创办科普活动周以来，我们一直致力于探索适应社会科学发展的规律和行之有效的工作机制，打造出了一批社科普及活动品牌。2019年的科普周以"让社会科学走进群众心坎里"为主题，就是希望通过本届科普活动周的举办，能让社会科学更好地走进人民群众，服务社会发展。

本届科普活动周以"让社会科学走进群众心坎里"为主题，吸引了全市130家社会单位参与，将推出130余项精彩纷呈的社科普及活动，为广大市民献上一场文化思想大餐。

开幕式结束后，本届科普活动周举办了首场活动——"5G将为我们带来什么"东方讲坛·科技与人文的对话。上海先进通信与数据科学研究院院长徐树公教授，中国电信上海公司网络运营部党委书记、总经理李进博士，复旦大学顾晓鸣教授，上海交通大学杨力教授，华东师范大学余南平教授5位自然科学与社会科学专家，围绕5G为我们带来的社会变化与思维变革展开了一场精彩的跨界讨论。

2019 年恰逢新中国成立 70 周年，也是上海解放 70 周年。上海市社联将围绕这一重要时间节点在科普活动周期间举办一系列庆祝活动，营造共庆祖国华诞、共享伟大荣光、共铸复兴伟业的浓厚氛围。

5 月 27 日上海解放纪念日当天，上海市社联与市委党史研究室、上海人民广播电台合作制作的《奋斗创造城市传奇——新上海的 70 个瞬间》70 集系列广播节目，将在上海人民广播电台 FM93.4《990 早新闻》开播，在为期 3 个月的时间中，用声音日记真实还原新中国成立以来上海城市的发展变迁。“新上海 70 个瞬间”地铁专列也将于 5 月 27 日在地铁 2 号线上推出，通过 70 幅珍贵的历史图片记录上海 70 年发展长河中的重要事件。

“70 年思想的力量——用中国理论解读中国实践”庆祝新中国成立 70 周年系列论坛，是上海市社联为庆祝新中国成立 70 周年特别策划的一档极具社科界特色的活动。上海市哲学学会、上海市政治学会、上海市社会学学会、上海市经济学会、上海市历史学会，邀请学界知名学者，举办五大主题论坛，分别从哲学、政治学、社会学、经济学、史学五大学科视角，讲述新中国哲学社会科学繁荣发展的光辉历程及其对中国特色社会主义理论与实践发挥的重要作用。

科普活动周期间，上海市社联还将联合团市委、市档案馆等单位推出“父辈在解放上海战役的战斗经历”主题论坛、“城市记忆　上海传奇——庆祝上海解放 70 周年档案文献展”、庆祝上海解放 70 周年南京路定向竞赛、“印痕：在迎接上海解放的日子里”情景党课等 17 场主题活动。

望道讲读会是上海市社联与上海人民出版社合作的高端学术交流和深度阅读平台。科普活动周期间，将在五峰书院、海派文化中心等特色公益文化场馆举办 8 场讲读活动，通过专业讲读、阅读推荐、社会开放、媒体传播相结合的方式，评述钱穆、陈望道、王造时、刘大杰等社科大师的著作与思想。

2019科技与人文的对话:5G将给我们带来什么?

5G、华为,最近成为新闻热词。但许多人仍是雾里看花,因为5G看似只是高科技通信领域的又一次升级换代。5月25日,正在举行的第18届上海市社会科学普及活动周上,一场"5G将给我们带来什么"的对话,跨界科技与人文,畅谈5G硬核科技对百姓、社会的巨大影响。

如今在中国,哪怕是偏僻的乡村,小小杂货铺里往往也可以扫二维码、通过微信或支付宝完成支付。这种"无现金生活"得益于中国4G通信网络的广覆盖。"如果说4G改变了我们的生活,那么5G将改变我们的社会。"上海先进通信与数据科学研究院院长徐树公展望5G技术愿景时认为,和前面几代相比,5G最主要的差别,是开启了"人—物""物—物"通信的新纪元,能够使万物互联。

万物互联意味着什么?人们可以遐想一下未来的场景。现在还处于小范围试验阶段的无人驾驶,在未来可能广而用之。只是和现在欧美无人驾驶主要以"车"为研究主体,在车上装很多的传感器、雷达等不同;未来进入5G时代的中国,很可能实现车路协同的自动驾驶。每辆车都成为万物互联的一部分,各行其道,根据实时场景灵活穿梭。

5G时代,还将加速城市更新,让城市印记更加清晰耐看。比如,上海的标志性建筑武康大楼等,通过完成光纤改造、发展5G网络等,露在外面的架空线将逐渐退出历史舞台,经过高科技精雕细琢后,更符合上海这座城市的特质,让城市更加美好。

华为的5G风波也让中国人清楚地意识到,只有拥有硬核科技、不被关键技术"卡脖子",才能在世界上有发言权、在国际市场站稳脚跟。中国电信上海公司网络运行部有关负责人认为,现阶段,中美之间比拼的是设备制造能力和技术研发能力,在未来,则要比拼运营商之间的建设能力和服务能力,中国必须未雨绸缪,提早布局。5G时代,对上海也是一个新的机遇和挑战,无论是工业物联网、智能制造还是互联网医疗等领域,都将有巨大变革,对经济结构发展带来深远影响。

中国要争夺5G应用的制高点,和高科技息息相关,却不仅仅与高科技有关。正如习近平总书记所说,"一个国家一个民族,不能没有灵魂。"最近,华为把《山海经》里面所有的中国神兽全部注册了,在网上成为热帖。华为作为一个技术型的公司,对《山海经》传统文化很重视,这意味着,科技和人文的跨界,将开启人类智慧的新境界。爱因斯坦说过,想象力比知识更重要。进入到5G时代,想象力同样也是最大的资源。中国智慧的一大特点就是包容性,这种源头活水也将推动5G时代不断跨界、迸发出新的创造力。

5G的愿景虽好,我们在为华为人加油的同时,也要意识到路长且阻。面对生死攸关的挑战，华为创始人任正非在接受媒体专访时，却将重点放在谈基础研究和基础教育上。他引用了一句话："一个国家的强盛，是在小学教师的讲台上完成的。"因为从华为遭遇美国禁令到近期不断升级的中美贸易摩擦，其实质是科技实力的较量，根本问题还是教育水平。

华东师范大学教授余南平在谈到这一问题时，也一针见血地指出，我们在为华为人加油的同时，也要认识到这个问题的严重性；因为我们在研发起点上的确存在短板。他曾看过一个数据，从2012到2017年毕业比例最大的学生，按学科算，第一名是教育学，第二名是媒体、通讯和信息，第三名的学科是金融。在5G时代智能生产方式来临的时候，大量岗位将消失，这个社会的失业率将大大增加。为此，我们应该重新考虑，对教育体制做深度改造，调整掉不适应未来竞争的内容，因为这是关乎未来十年、二十年，甚至更长期的国家竞争力。

在任正非眼中，发展5G不是为了赚钱，更不是为了消灭别人，而是共同为人类服务。"一个国家强大的基础不是铁路、公路、交通设施、城市建设、自来水各种环境的硬设施。硬设施没有灵魂，灵魂在于文化、在于哲学、在于教育。"

"大学之道，在明明德，在亲民，在止于至善。"5G时代，是高科技的竞争，更考量着伦理道德、教育理念、人文修养。中国传统的经典话语在新时代一样耐人寻味。

“新上海70个瞬间”主题地铁专列启动

5月26日，上海解放纪念日当天，上海市社会科学界联合会、中共上海市委党史研究室与上海申通地铁集团有限公司联合打造的“新上海70个瞬间”主题2号线地铁专列在人民广场站启动。启动仪式上，与会领导还向申通地铁集团赠送了《上海相册：70年70个瞬间》。

本次地铁2号线专列的科普内容取材自由上海人民出版社出版的《上海相册：70年70个瞬间》一书，精选反映解放以来新上海重要时刻的70张珍贵历史图片，配上文字介绍，展示在地铁车厢里，展现新上海建设的奋斗史诗与创业传奇，图片同时配有二维码，乘客可以扫码收听由上海市社联、中共上海市委党史研究室和上海人民广播电台联合制作的《奋斗创造城市传奇——新上海的70个瞬间》特制音频，不仅能了解上海70个具有特色和重要意义的大事，更能从历史音响中重温70年的岁月峥嵘，感受上海的城市变化，感受新中国70年来的发展变迁。

自2016年以来，上海市社联联合申通地铁集团，已相继开通了“思想的天空”“上海——中国共产党诞生地”“礼赞上海社科大师”“学习新思想，走进新时代”等多趟主题专列。通过流动的车厢，向市民乘客传播党的创新理论，普及红色历史文化，宣传社科人文知识，取得了良好的社会反响。

西方理论不能很好地解释中国转型实践，社会学如何构建“中国学派”

6月10日，庆祝新中国成立70周年系列论坛“新中国70年：社会学与社会发展”在华东师范大学举行。本次论坛由上海市社会科学界联合会主办，华东师范大学社会发展学院、上海市社会学学会承办。

70年来中国社会的转型发展

中国社会学会会长、上海市社会学会会长、上海大学教授李友梅以“中国社会整合的实践经验”为主题作了发言。她指出，一个国家从传统社会转向现代社会和开放社会的进程中，尤其是在既定制度规则受到全球化大潮的迅猛冲击、面临外部压力和内部张力的双重影响下，如果选择了切合实际的发展战略和发展所需要的内在动力，并勾画出一个清晰可行的、能够为绝大多数成员所接受的蓝图，就能最大程度调动更多积极因素。“小康社会”的提出和持续建设，就是一个最佳例证。

李友梅梳理了小康社会自提出以来的历史发展过程，指出小康社会的基本内涵和衡量标准是在实践当中不断丰富和发展的。从温饱小康到富裕小康，从全面建设小康到全面建成小康，从经济标准小康到全面发展的小康，这个过程成为考量中国改革开放以来重大成就的一条主线，体现了中国共产党领导经济社会发展始终坚持以人民为中心的基本原则。小康社会建设是一个可以凝聚中国各民族人民美好理想的发展路线图与时间表，同时也是国家引领人们对美好生活向往、增强社会信心的一个重要途径，它符合人民群众不断改善民生的需求，具有内在发展动力，发挥着引领社会预期的重要作用。

中国社会工作教育协会常务副会长、南开大学关信平教授聚焦新中国70年社会政策研究。党和政府一贯高度关注民生问题。从新中国成立之初政府接管政权开始，就着手做保障改善民生的事情。从恢复经济社会发展，建立中国工业化体系，到建立一套社会保险体系，民生不断得到改善。总的来说，改革开放以前，民生保障的现实要求是在经济落后条件下保障每个人基本生活。改革开放之后，随着社会主义市场经济的建立与发展，社会政策领域的一些制度开始更多发挥市场的力量。但市场是把双刃剑，在社会保障领域也引发了一些问题，为此，加大社会建设、构建和谐社会，成为一个主要目标。党的十八大以来，中央提出既要尽力而为，又要量力而行，要在发展中保障改善民生，要提高保障改善民生的水平等，体现出既积极又稳妥的发展思路。

社会学研究要着重培养六种能力

华东师范大学人文与社会科学研究院院长吴瑞君教授表示，新中国成立70年来，中国的社会经历了不同于西方国家的转型，我们称之为压缩型现代化。所以，基于西方的一些社会理论，已经不能很好地解释中国社会的转型实践。中国社会作为全球化背景下转型社会的一个特殊样本，既需要新的理论，也有责任为创造新的理论提供素材。

华东师范大学社会发展学院院长文军教授指出，立足中国70年来的社会发展实践，反思当代中国社会学的学科建设与学术研究，对于构建中国特色社会学的学科体系是非常具有意义的。中国社会学70年，特别是恢复重建以来的40年，取得了丰硕的成果，在国际上的学术影响力不断提升。但不可否认，社会学研究也存在一些问题，比如对于西方的社会学理论过度依赖，整体上缺乏学术共同体大致信服的理论建构；各种泛社会学化的趋势使得社会学研究越来越有被各种形形色色理论观点所替代的危险，社会学研究面临碎片化问题；从研究方法来看，虽然产生了有一定深度的社会学理论研究成果，但是我们对西方的社会学理论研究，很多时候依然停留在翻译性介绍上。在这种背景下，中国社会学要有转型发展和创新发展，需要重点培育以下几方面能力。一是现实研判能力，要培养学生或者下一代学者具备准确研判现阶段和未来社会发展各种社会问题的能力。二是培养具备对理想社会治理方案的规划设计与实践能力。三是要有社会引导力，即社会学研究者不能仅仅充当一个解释者，更多的还是要有建构社会的能力。四是培养具备联合攻关、协同作战的集体意识，慢慢形成中国学派。五是培养具备转化中国本土学术语言，开展全球性对话的学术能力。六是培养从中国社会现实当中提炼出具有中国特色的本土社会学理论的能力，也就是新的社会理论建构能力。

经济学专家在沪纵论“新中国经济学 70 年”

6 月 13 日，由上海市社会科学界联合会主办，上海市经济学会、上海师范大学、上海师范大学商学院举办的“新中国经济学 70 年：回顾与展望”大会日前举行。上师大副校长陈恒教授说，商学院在应用经济学本科教育、研究生教育以及国际合作与交流方面做出了许多探索与实践，希望商学院能够拓展理论视野，做大做强经济学优势专业，不断把学科发展到新高度，打造成经济学研究新高地。

大会主旨演讲阶段由华东师范大学经济学院院长、上海市经济学会副会长殷德生教授主持。中国几代经济学家，经济学人，一直在不断推动中国经济的发展、实践，推出新的经济学理论。大会邀请的 5 位经济学家，是中国非常具有代表性的经济学家，他们在中国的经济学理论体系构建，用理论来解释中国实践方面做出了突出贡献。大会通过此高端论坛形式来纪念中国经济学 70 周年，对过去中国 70 年经济学发展进行回顾与展望。第一位主旨演讲嘉宾为南京大学学术委员会主任、中央马克思主义理论研究和建设工程首席专家洪银兴教授，他作了题为“中国经济改革逻辑和政治经济学领域的重大突破”的主旨演讲。第二位主旨演讲嘉宾为复旦大学经济学院院长、上海市经济学会副会长张军教授，演讲主题为“中国经济学 70 年——知识缺失、吸收与创造”，介绍了马克思主义政治经济学的普及和研究、中国学者对计划经济与转轨的系统研究，改革开放后中国学者对西方经济学的研究。上海全球城市研究院院长、上海市经济学会会长周振华研究员对此次高端论坛进行精彩点评与总结。

在互动讨论环节，与会的专家学者就中美贸易战与政府角色、数字产业与经济学理论发展、收入分配改革方案等问题与主旨演讲嘉宾展开热烈的讨论互动。

学会服务平台

XUE HUI FU WU PING TAI

上海市社联第十三届“学会学术活动月”开幕式暨秋季会长论坛隆重举行

10 月 25 日，上海市社联举行第十三届(2019)“学会学术活动月”开幕式暨秋季会长论坛。市社联主席王战致辞并宣布开幕，党组书记、专职副主席权衡主持开幕式，党组成员、专职副主席任小文主持会长论坛。市社联所属各学术团体负责人和专家学者 160 多人参加会议。本届“学会学术活动月”举办期间，市社联所属的 100 多家学术团体将联合有关高校、党校、部队院校、研究机构、党政群机关等单位共同举办新中国成立 70 周年系列研讨会、学科研究、跨学会学术研讨和青年学者学术活动等各类学术交流活动 130 多项。

王战在致辞中指出，习近平总书记在庆祝中华人民共和国成立 70 周年大会上的重要讲话，在上海社科理论界引发热烈反响。70 年风雨兼程、披荆斩棘，70 年沧桑巨变、换了人间。站在新的起点上，社科理论界要认真学习贯彻总书记的重要讲话精神，以强烈的民族自豪感、历史使命感和社会责任感，坚定“四个自信”，不忘初心、牢记使命，勤学实干、砥砺前行，把握当代、面向未来，投身事业、奋发有为。

王战强调，我们党领导的伟大斗争、伟大工程、伟大事业、伟大梦想正在如火如荼进行，当今中国正经历着我国历史上最为广泛而深刻的社会变革，正在进行着人类历史上最为宏大而独特的实践创新。党的十九大描绘了决胜全面建成小康社会、开启全面建设社会主义现代化国家新征程、实现中华民族伟大复兴的宏伟蓝图。在新的征程上，只有坚持用习近平新时代中国特色社会主义思想武装头脑、指导实践、推动工作，立足实践，深耕理论，为党和人民做大学问、做真学问、做好学问，才能构建具有中国特色、中国风格、中国气派的哲学社会科学，为实现“两个一百年”奋斗目标和中华民族伟大复兴的中国梦作出社会科学界应有的贡献。

2018 年首届会长论坛的举办，成为一大新的亮点。为进一步办好会长论坛，发挥好学会会长、副会长的学科带头人带动作用，更好服务会员，团结凝聚社科界专家学者，打造知名学术活动品牌，社联计划每年按季度召开春夏秋冬四次会长论坛。每年的“学会学术活动月”设为秋季会长论坛，本届活动月开幕式为秋季论坛首次举办。

在秋季会长论坛上，上海市马克思主义研究会副会长、上海科学社会主义学会副会长王公龙，上海市社会学学会副会长文军，上海市国际关系学会会长杨洁勉，上海市宏观经济学会会长王思政分别围绕“论新时代伟大斗争的历史形态及其展开逻辑”、“新中国

70 年来社会建设的伟大成就与演进路径”、“中国外交 70 年的辉煌成就和成功经验”、“扩大服务业开放、促进服务消费——上海十四五规划的思考与建议”作了学术报告。

王公龙表示，正如党的十九大报告所指出的，中华民族伟大复兴，绝不是轻轻松松、敲锣打鼓就能实现的。全党必须准备付出更为艰巨、更为艰苦的努力。实现伟大梦想，必须进行伟大斗争。伟大斗争不是凭空想象出来的，而是扎根于新时代中国大地上，基于社会矛盾运动。由此决定了新的伟大斗争具有的新的历史形态。伟大斗争不是孤立的，伟大斗争、伟大工程、伟大事业、伟大梦想这“四个伟大”在十九大报告里面是相互联系、相互贯通、相互作用的。

文军指出，新中国成立 70 年来，社会建设大体走过了“以物为本”的单向度经济发展到“制度—技术”主导的社会管理，再到满足“人的美好生活需要”的社会建设过程，这是一种由外显型社会逐步转向为一种内生型社会的发展过程，也是一个从“物本”向“人本”的转型过程，更是人的自身发展和生活质量不断提高的过程，是社会建设逐步回归“生活本真”的返璞归真的过程。

杨洁勉认为，中国外交的巨大成就是中华人民共和国成立 70 年以来所取得的伟大成就的重要组成部分。当前，人类社会正处于世界百年巨变的关键时刻，不稳定不确定因素急剧上升，国际体系进入承前启后的过渡阶段，国际秩序面临巨大挑战，国际关系出现重大质的变化，全球治理站在新的十字路口。在此百年巨变之时，中国需要在世界发展中找到正确和准确的定位，成为历史潮流的主动力和正能量。为此，中国需要认清时代方向和国际大势，对内固本培元，对外协和万邦，不仅要做到顺势而为，还要提高造势能力，更要和国际社会一起努力，共同营造和平、发展、合作、共赢的世界大势和时代大势。

王思政认为，服务业是上海经济未来的一个重要增长点。发展服务业要有新思路、新举措。服务业的发展需要产业支撑，要发展产业龙头，由这些龙头带动整个产业发展。要发挥上海的综合优势，通过融合发展带动服务业的发展，尤其是要通过数字经济带动数字消费。现在我们都在说创新，创新并不仅仅停留于科学技术层面。传统服务业主要是满足需求，创造需求引导消费，这是现代服务业很重要的一个理念。

上海市社联2019年冬季会长论坛隆重举办

12月16日，上海市社联举办2019年冬季会长论坛，主题为“大变局与治理能力现代化——2020年形势与展望”。上海市社联党组书记、专职副主席权衡出席并致辞，党组成员、专职副主席任小文、解超先后主持论坛。上海市社联所属各学术团体负责人和专家学者120多人参加论坛。

为进一步发挥好学会负责人的学科带头作用，团结凝聚社科界专家学者，打造知名学术活动品牌，上海市社联计划举办春夏秋冬四季会长论坛，解读两会政策、论道学术前沿、聚焦重大主题，展望新年形势，开展学术交流研讨，形成高质量成果，更好服务国家、服务社会、服务群众、服务学术。其中，“冬季会长论坛”定于每年年底召开，由经济、金融、社会学、国际关系类学会学者参加，旨在盘点一年大事，预测来年走势。

本次冬季会长论坛的目的是通过各位专家的交流研讨，进一步促进学会全面贯彻落实党的十九届四中全会精神，深入贯彻落实习近平总书记考察上海重要讲话和在第二届中国国际进口博览会开幕式上的主旨演讲精神，深刻把握全会的重大意义和实践要求，围绕“坚持和完善中国特色社会主义制度、推进国家治理体系和治理能力现代化”这一重大命题，深刻领会其重大意义、目标要求、丰富内涵、制度特征、根本保证，切实提高认识，不断加深理解，切实把思想和行动统一到党的十九届四中全会精神上来；促进学会聚焦上海市委、市政府的中心工作，把贯彻党的十九届四中全会精神与落实中央交给上海的重大战略任务结合起来，进一步发挥好决策咨询作用，在全力实施三项新的重大任务等重大实践中抢占先机、厚植优势，形成一批体制机制创新的研究成果，更好地服务上海经济社会高质量发展。

在本次会长论坛上，上海市宏观经济学会副会长袁志刚，上海市金融学会副会长孙辉，上海市社会学学会副会长彭希哲，上海市美国学会会长黄仁伟分别围绕“中国经济增长面临的挑战与机遇”“大变局与央行治理体系现代化”“转型过程中的上海人口与社会发展”“百年未有之大变局与上海的战略定位”作了学术报告。

在互动交流环节，与会专家学者围绕“如何保持新常态下中国经济的中高速增长”“人工智能AI能否应对人口老龄化带来的劳动力短缺”“如何应对WTO上诉机构停摆对中国改革开放的影响”等问题进行了深入研讨与交流。

上海市社联召开所属学术团体负责人、党工组负责人会议

12 月 23 日，上海市社联召开所属学术团体负责人、党工组负责人会议。上海市社联党组书记、专职副主席权衡，党组成员、专职副主席解超、任小文出席会议并讲话，市社联学会处处长、二级巡视员王克梅主持会议。市社联所属学术团体负责人、党工组负责人 140 多人参加会议。

会议学习传达了党的十九届四中全会精神、习近平总书记考察上海重要讲话精神和上海市委十一届八次全会精神，学习传达了《关于加强哲学社会科学学术社团建设的指导意见》文件精神、《中国共产党宣传工作条例》精神等。会议还通报了社联近期有关学会工作的重点考虑。

权衡在讲话中强调了本次会议传达学习相关内容的重要意义。他指出，中宣部、民政部印发的《关于加强哲学社会科学学术社团建设的指导意见》为推动学术社团繁荣发展提出了指导性的意见，对推动哲学社会科学发展、加强完善学术社团自身建设有非常重要的作用。《中国共产党宣传工作条例》是第一部关于宣传工作的主干性、基础性党内法规，这也是坚持和完善中国特色社会主义制度、推进国家治理体系和治理能力现代化的重要体现。该《条例》强调，社科学术团体是意识形态工作很重要的一个阵地。他要求各位学会负责人一定要确保正确方向，推动学术社团健康可持续发展。

权衡要求，社联所属学术团体要认真学习贯彻党的十九届四中全会精神。党的十九届四中全会审议通过的《中共中央关于坚持和完善中国特色社会主义制度、推进国家治理体系和治理能力现代化若干重大问题的决定》紧扣坚持和完善中国特色社会主义制度、推进国家治理体系和治理能力现代化这个主题展开。通过学习党的十九届四中全会精神，我们要充分认识坚持和完善中国特色社会主义制度、推进国家治理体系和治理能力现代化的重大意义；深刻领会中国特色社会主义制度和国家治理体系的显著优势，更加坚定中国特色社会主义道路自信、理论自信、制度自信、文化自信；同时，要准确把握坚持和完善中国特色社会主义制度、推进国家治理体系和治理能力现代化的总体要求、总体目标和重点任务；加强党的领导，确保全会确定的各项目标任务全面落实到位。学会要从自身研究出发，在深入学习阐释贯彻全会精神上多下功夫。

权衡用四个关键词概括了习近平总书记考察上海重要讲话精神：完善城市治理体系、推动高质量发展、深化高水平开放、进一步加强基层党建。习近平总书记强调，上海在落

实“三项重大任务”过程中，临港新片区要做好“五个重要”推进更高水平对外开放，科创板并试点注册制要促进科创中心与金融中心联动发展，长三角一体化要建设好绿色生态一体化示范区。他还指出，不久前闭幕的上海市委全会要求要深刻领会习近平总书记关于推动上海城市治理体系现代化的重要精神，更加持续地提升城市治理能力现代化的水平，要统筹协调，把“四大功能”与“三项重大任务”、招商引资与培育壮大发展新动能、保障改善民生与释放内需潜力、狠抓落实善做善成与谋划“十四五”规划结合起来。

会议要求各学术团体负责人、党工组负责人认真学习会议精神，及时把会议精神传达到学术团体领导班子和广大会员，充分发挥党工组的政治引领作用，确保学术团体健康发展；同时希望各学术团体要在推进学术研究、交流和普及，在推进中国特色新型智库建设等方面发挥更大作用，为繁荣发展哲学社会科学事业、服务上海经济社会高质量发展作出新贡献。

“三史”讲堂在社科会堂举办

12 月 27 日，由上海市社会科学界联合会和上海市地方志办公室联合主办，上海市地方史志学会承办的首届“三史”讲堂在社科会堂举办。中共上海市委宣传部副部长徐炯出席并讲话，上海市社会科学界联合会党组书记、专职副主席权衡和上海市地方志办公室党组书记、主任洪民荣先后致辞。上海市社联党组成员、专职副主席任小文主持开幕式。相关学会代表 100 多人参加讲堂。

徐炯指出，习近平总书记在上海考察时强调，要引导广大党员、干部深入学习党史、新中国史、改革开放史，让初心薪火相传，把使命永担在肩。徐炯表示，上海是近代中国的缩影，历史内涵生动，红色资源丰富，上海社科史志界在“三史”主题中大有可为。徐炯强调重温“三史”、研究“三史”、普及“三史”具有重要意义。希望市社联和市地方志办公室联手相关学会，办好“三史”讲堂，打响上海文化品牌。

权衡强调，要坚持以史为纲、史论结合，弘扬上海品格、激发强大力量，整合各方资源、开展跨会活动，通过讲堂的研究和宣传，总结历史规律，揭示历史趋势，把历史性变革中的内在逻辑和上海改革开放的实践成就紧密结合起来，向市民群众和广大学生宣传我们党所进行的理论创新、奇迹创造和实践探索，把“三史”讲堂打造成上海社科界有影响的重要公共文化平台和知名学术活动品牌。

洪民荣希望创造性开发利用方志资源，集上海社科界专家学者的理论指导和智力支持，发挥二轮志书 180 余家承编单位力量，讲好“三史”，把“三史”讲堂办出特色、办出成效、办出影响、办成品牌。

上海市地方志办公室市志工作处处长、市地方史志学会秘书长黄晓明主持了专家演讲。复旦大学上海史国际研究中心主任、博士生导师，中国史学会副会长熊月之，应邀担任首届“三史”讲堂主讲嘉宾，作了题为《学习三史　解读上海城市品格》的主题演讲。熊月之首先重温了习近平总书记视察上海重要讲话精神，解读了上海红色资源基础，回顾了 70 年间上海由计划经济时代负重前行到改革开放以后勇立潮头，正在迈向全球卓越城市的发展历程；而后分析了上海襟江带海、腹地广阔的自然禀赋和近代开放制度等城市品格形成要素，并给予权威专业的解读。最后，熊月之表示上海的未来一定会更加美好。

学会学术交流

XUE HUI XUE SHU JIAO LIU

语言、教育、文化、新闻

上海市外国文学学会青年学者论坛顺利召开

1月19日，以“新时代外语学科的发展与创新”为主题的上海市外国文学学会青年学者论坛在华东师范大学中北校区办公楼小礼堂顺利召开，来自华东师范大学、上海外国语大学、华东政法大学等高校的专家和青年学者相聚在丽娃河畔，探讨新时代下外国语言文学学科青年学者的发展。此次论坛由华东师范大学外语学院院长袁筱一教授主持。

首先，上海外国语大学汪小玲教授作题为“学问三棱镜：人文博雅·跨界交叉·国际学术”的报告。她从人文博雅（知识结构、人格建设）、跨界交叉（生成式学习、探究实践）、国际学术（多元架构、互融互通）三个方面提出文学研究的路径。其中，博雅要求文理哲广泛铺垫；跨界要求方法交叉，跨界实践；跨国界是指以科学精神与人文素养为共识，交叉学科的创新为平台，参与国际研究，共建学术话语。

华东政法大学外语学院院长、教育部青年长江学者屈文生教授作题为“翻译史研究与法律翻译研究：翻译研究的跨学科视角”的报告。他结合自己的语言和法律结合的学术背景，以《南京条约》《望厦条约》的翻译以及课程方案暨研究计划为实例，从跨学科的角度分享了自己从事翻译史研究和法律翻译研究的心得和感悟。

华东师范大学中文系教授、教育部青年长江学者金雯作题为“中西平行比较的新境：18世纪情感小说与女性权威的起伏”的报告。她对比了18世纪英国的情感小说和16—18世纪中国的写情小说，考察中英两个语境中情感叙事与女性权威的构建之间的内在关联，表示可以以17世纪和18世纪叙事文学和“情感”话语的发展为支点，撬动中西叙事文学传统细致全面的比较。

在交流讨论环节，与会青年学者也针对自己在教学和学术研究中遇到的问题和困惑积极向专家学者请教，并分享了自己的经历和看法，纷纷表示此次论坛提供了一个与不同专家学者及同行深度交流的机会，十分难得，收获颇丰。

最后，上海市外国文学学会会长、上海外国语大学教授李维屏作总结发言，他表示上海这座城市具有现代化的优势，同时五光十色的生活很容易分散青年学者对学术的注意力。他对青年学者的发展提出了希冀和要求。

上海市教育学会等举办“阅读经典　传承发展：2019 年世界读书日活动”

经典是人类文明的精髓，是思想和知识的宝库。青少年正处于阅读发展的关键时期，承载着阅读经典、传承经典、发展经典的历史重任。4 月 23 日，在第 24 个世界读书日来临之际，由上海市教育学会、上海教育丛书编委会、同方知网（北京）技术有限公司联合主办的“阅读经典　传承发展：2019 年世界读书日活动”在上海市向明中学如期举行。出席本次活动的有上海市教育学会中小学图书馆专业委员会常务理事及中小学图书馆馆长、小学教育管理专业委员会校长、初中教育管理专业委员会校长、九年一贯制教育管理专业委员会校长、小学语文教学专业委员会（教研员、教师）等约 300 人。活动邀请业内专家针对经典阅读、文化传承、课程改革等主题内容进行了研讨交流。

本次活动主要由大会交流和主题论坛构成。上午的大会交流在向明中学逸夫楼 4 楼报告厅举行。会议在上海市教育学会秘书长苏忱的主持下拉开帷幕。上海市教育学会会长尹后庆，同方知网（北京）技术有限公司副总经理薛德军代表主办单位致辞。尹后庆会长引用近代著名学者张元济先生的一句话“天下第一好事还是读书”，强调读书是事关人类智慧传承的大事，一代代人必须读书，才能继承和发扬前人的智慧。关于在知识爆炸、巨量书籍产生的年代选择怎么样的书来读，尹后庆会长认为经典阅读是首选，在追求更高精神品质和价值追求时，经典必定是攀登的阶梯。

中国教育学会中学语文教学专业委员会理事长顾之川、复旦五浦汇实验学校校长黄玉峰分别以“阅读：教育的第一要义”和“阅读，提升享受幸福的素质”为题做大会报告。顾之川教授介绍了世界读书日的来源和设立的目的，并从精神成长的需要、接受教育的需要、学习语文的需要三个方面分析了“为什么要阅读”以及“怎么学好语文”。北京市第八十中初中主管校长赵慧、上海外国语大学附属双语学校科研室主任樊阳、同方知网基础教育研究院院长孔德珍等同与会者分享了在经典阅读教育教学及经典阅读推广领域的研究和思考。大会交流之后，举行了“教育改革 40 年——我读《上海教育丛书》”征文活动颁奖仪式。

下午的主题论坛“经典阅读与课程教学改革”在向明中学震旦书院底楼演讲厅举行。上海市浦东新区万科实验小学书记、执行校长胡春华，同方知网基础教育研究院副院长冯晓英，上海市风华中学图书馆馆长付慧英等分别从阅读习惯培养、经典阅读特色校本课程建设、图书馆助力学校教育教学研究等不同角度开展了主题发言。

上海市教育学会已持续多年举办“世界读书日”活动,效果良好。本次活动旨在培养学生良好的阅读习惯,形成学校浓厚的阅读氛围,与经典同行,推动中华优秀传统文化的传承与发展。

上海市语文学会召开第十三届会员代表大会

9月7日，上海市语文学会召开第十三届会员代表大会，进行换届选举。会议由副会长陈昌来主持，大会审议并通过了学会第十二届理事会工作报告、财务报告和新的章程，选举产生了新一届学会理事会和监事。在随后召开的第十三届理事会第一次会议上，与会理事选举产生了新一届学会领导班子。胡范铸为会长，陈昌来、吴勇毅、陈忠敏、杨逢彬、张豫峰、束定芳、曹秀玲、胡开宝为副会长，吴勇毅兼任秘书长。

上海市教育学会举行“学术活动月”开幕式暨学术论坛

10 月 24 日，上海市教育学会“学术活动月”开幕式暨学术论坛在上海市向明中学的报告厅举行。与会教育界专家学者共话核心素养背景下的课程与教学变革。作为上海市社联第十三届“学会学术活动月”的重要组成部分，上海市教育学会聚焦学科核心素养与课程教学改革主题进行理论与实践探索，组织了学会年度“学术活动月”开幕式暨学术论坛。活动的顺利举行也标志着上海市教育学会“学术活动月”正式拉开了帷幕，后续还将开展更多学术交流活动。

开幕式由上海市教育学会秘书长苏忱和上海市教育学会副会长、华东师范大学教育治理研究院院长范国睿主持。上海市社联学会处处长王克梅、上海市教育学会会长尹后庆分别发表致辞。

王克梅在致辞中祝贺开幕式暨学术论坛圆满成功，并预祝接下来的系列活动顺利开展。王克梅介绍，上海市社联是上海社会科学界的联合组织，现有所属社会科学各学科学会 160 个。上海市社联一直以来积极推动和引导学术团体开展学术研究和交流。每年的“学会学术活动月”活动是通过社联引导推动，各学会发挥学术功能，开展学术活动的重要平台，在全市都产生了良好的反响，已经成为上海社科界学术团体一年一度的学术盛会。

尹后庆会长在致辞中表示，上海教育学会与上海十多万老师有着广泛的联系，开展和组织更多的学术活动、总结学校教育改革的经验、引领和推动教育改革的持续发展，是上海教育学会的使命所在。尹后庆介绍，本次学术活动月以“核心素养与学科教学”为主题，关注核心素养在教学过程和教学方法上的落实。活动的举办既是对教育大会精神的落实，也是回应基层的需要，更是回应了整个世界纷繁变化的需要。

教育部课程改革专家组核心成员、福建师范大学教授余文森报告的主题是“核心素养与课堂教学改革”，分享了他在福建开展的一些实践，即“读・思・达”教学法。他指出，从“双基”到“三维目标”再到“核心素养”，中国基础教育不断地从“物”走向“人”，实现教育回归到落实立德树人的轨道上。在他看来，学习过程即阅读、思考、表达的过程，也是教学中的三个基本环节、步骤和流程。具体到“读・思・达”教学法在一所学校的实践，余文森认为，学校培养目标和各科教学目标要做到一致性和连贯性，通过跨学科的教研教学，让学生成为终身阅读者、理性思考者、负责任的表达着和坚定地行动者。

上海市教育学会副会长、上海市教委教研室主任徐淀芳的报告的主题是“把握学科核心素养，强化单元教学设计”，他以生动具体的课例来说明如何进行课堂教学设计的变革。

他指出，教师要从学科本质观出发，凝练学科核心素养，以学科核心素养为纲，选择、构建课程内容；以学科核心素养为目标，变革教学方式；结合学科核心素养和内容，设计学业质量要求；以学业质量要求为依据，探索评价方式变革。具体而言，落实学科核心素养有两个关键技术，教师可以通过分解学科核心素养，形成分年级、单元、课时教学目标；同时通过变革教学方式和评价方式，强化活动、作业、评价、资源设计。

会上，现场还进行了交流互动，与会专家学者就学科育德任务如何实现、信息技术与新课标的融合等问题进行了详细地解答。

上海市教师学研究会举办生命科学学科专场活动

10月30日下午，上海市教师学研究会和上海市教育学会在七宝中学举办“学会学术活动月”系列活动生命科学学科专场活动。活动以“关注学科素养，落实因材施教”为主题，由上海市生命科学教研员周韧刚老师主持。上海市七宝中学校长朱越出席活动并致辞，她高度肯定了生命科学教研组针对不同类型的学生个性化教学的方案，也对落实学科核心素养提出了自己的看法和要求，并表达了对生命科学教研组建设的美好祝福。上海市教育学会生物教学委员会新老理事会成员、上海市教师学研究会生命科学专业委员会成员、各区生命科学教研员、教师代表参加了本次活动。

会上，上海市七宝中学杨光老师给大家呈现了一堂针对高二年级的《DNA复制与科学思维》复习课。杨光老师充分挖掘生命科学教材上“DNA分子的半保留复制”和“证明DNA半保留复制的同位素标记实验”两幅教学插图，通过设计问题引导学生思考实验原理，并让学生画图模拟两条DNA母链复制过程的活动，自己发现DNA复制过程的“半不连续”特点。层层铺垫，在指导学生利用已有知识设计“复制过程中存在片段现象”的实验方案中重温科学家的科研之路，达到本节课的教学高潮。

杨光老师还巧妙地将DNA复制与遗传基因特征点进行了整合，引导学生思考并比较各民族的基因组成关系，从而帮助高中生以科学的视角思考人类起源和发展问题，树立正确的民族观和历史观。整节课师生互动丰富，在利用科学思维对文字图表信息的分析、推理中，落实了学科素养。

此外，七宝中学张菲菲老师和韩晓帅老师分别就“新高考背景下的高中生命科学教学思考与实践”和“生命科学资优生培养策略与思考”两个主题做了发言。

上海社会科学普及研究会举办“浦东开发开放与国家战略推进”学术论坛

11 月 7 日，上海社会科学普及研究会和浦东新区区委党校共同举办 2019 年学术年会暨“浦东开发开放与国家战略推进”学术论坛，相关领域的专家学者 80 多人与会。

浦东新区区委党校常务副校长高国忠在致辞中指出，浦东新区是国家战略的产物，更是国家战略的集中承载地。作为全国改革开放的窗口和现代化建设的缩影，面对新的重大任务和要求，浦东新区将以更大的责任担当，更好的精神状态当好排头兵当中的排头兵，先行者中的先行者，为上海乃至全国做出最大的贡献。

研究会周智强会长在致辞中指出，浦东未来的发展必须坚定不移地高举开发开放的旗子，在与时俱进的过程中与上海承载的其他国家战略协同推进，在推进国家战略的过程中体现创新的要求，在经济、政治、文化、生态、社会建设等领域形成的好的经验、做法，把它制度化，做进一步的提炼，形成发挥国家战略的无可替代的溢出效应。

浦东新区政府研究室主任檀莉从“浦东改革开放再出发的实践与思考”出发，阐述了浦东近 30 年的开发开放历程和实践意义。2019 年，上海市委市政府出台了《关于支持浦东新区改革开放再出发实现新时代高质量发展的若干意见》，赋予了浦东新区更大改革发展自主权，提出浦东新区通过 7 年左右努力，经济总量突破 2 万亿元，在高水平改革开放、高质量发展、高品质生活等方面走在全国前列的总体目标。浦东新区具体将从三个方面进行落实。一是以敢跟全球顶级水平对话的志气，全力推动经济高质量发展。二是以强烈渴望建功立业的心气，全面提升城市规划建设治理水平。三是以艰苦奋斗忘我工作的朝气，切实回应民生期盼。

上海社会科学院经济研究所所长沈开艳的发言主题是“浦东开发开放与国家战略推进”。她从六个方面进行介绍，一是浦东开发开放的时代背景和意义。二是浦东开发开放与国家战略互动的四大特征。三是浦东开发开放对中国市场经济体制改革的推进。四是浦东开发开放与创新型国家战略的推进。五是浦东开发开放与中国区域发展战略的推进。六是浦东开发开放与上海“五个中心”融合发展。

上海影视戏剧理论研究会召开第二届会员大会

12 月 8 日,上海影视戏剧理论研究会召开第二届会员大会进行换届选举。大会审议并通过了研究会第一届理事会工作报告、财务报告和新的章程,选举产生了研究会新一届理事和监事会。在随后召开的第二届理事会第一次会议上,与会理事选举产生了研究会新一届领导班子,厉震林任会长,李建强、聂欣如、杨晓林、刘海波、杨新宇任副会长,张晓欧任秘书长。

哲学、史学

上海市伦理学学会等单位联合主办“主题与方法：伦理学研究 70 年小型高端研讨会”

4 月 20 日，上海市伦理学学会、上海师范大学哲学与法政学院哲学系和《上海师范大学学报》联合召开“主题与方法：伦理学研究 70 年小型高端研讨会”，来自上海市伦理学学会、复旦大学、华东师范大学等科研院所近 80 多位专家学者、青年学子参加会议。上海师范大学副校长陈恒教授、上海师范大学哲学与法政学院党委书记贺朝霞教授、上海市伦理学学会会长陆晓禾教授到会并做了热情洋溢的开幕致辞，开幕式由上海师范大学哲学与法政学院哲学系主任张自慧教授主持；王正平、张自慧、洪庆明、樊志辉、余玉花五位教授分阶段主持了会议，上海师范大学教授晏辉做了大会总结。

2019 年适逢新中国成立 70 周年盛典，伦理学作为面向生活世界的实践哲学，理应对 70 年来的伦理现状和未来趋势做出理性的回顾、思考、回应与展望。70 年来，由中国共产党人领导的伟大的社会主义革命和建设，带领中国从前现代社会走向现代性社会，造就了人们特有的思维方式、情感结构和精神世界，从而也造就了特定的德性结构和规范体系。为此，本次研讨会从研究主题上回应伦理学基本理论的建构、中西伦理思想的比较与借鉴与社会转型中重大伦理道德问题，从研究方法上从先前的着重辩护而忽视反思与批判的致思范式转向反思与建构相统一的研究范式，分为四个分主题进行探讨：(1)70 年来伦理变迁的总体性考察；(2)西方伦理思想研究的历史性考察；(3)对作为文本和生活形态的中国传统伦理思想的历史性考察；(4)应用伦理学诸领域的研究现状及其未来趋向研究。

复旦大学哲学学院冯平教授认为，当代中国伦理学的发展正处于多岔路口，我们需要了解当代中国的发展趋势，立足于时代前沿，转变我们的观念，把伦理学的研究重心转向对人们价值判断能力的培养上，注重道德推理和道德判断，而不是仅仅局限于制定道德规范引导社会。

上海市伦理学学会会长陆晓禾教授从三个参照系与考察点对 70 年的伦理变迁进行了说明，并从三个方面进行了比较：(1)基于公民道德比较蔡元培的《中学修身教科书》与当代《公民道德纲要》；(2)基于社会核心信念比较《共同纲领》与当今社会主义核心价值观；(3)基于个人权利比较中国传统伦理本位和社会结构与现代的社会结构变迁。陆教授认为中国伦理学取得了巨大进步，对存在的问题与未来的发展提出了三点建议：要重视优秀传统伦理文化的建设，要重视道德规范背后的信仰支持的作用，要处理好个人修身与公共政治文化建设关系。

华东师范大学余玉花教授首先从历史发展演变中回顾了70年来中国伦理学发展中的公民道德议题，认为公民道德的提出是理论伦理学与社会文化的进步，同时，公民道德的促成与出现是有条件的，也是必然的。它伴随着现代化进程中国家的政治、法治领域而诞生，现代化进程中的城市化、社会化与公共交往的发展带来了丰富的公共生活，现代化进程中形成的开放流动的市场、虚拟空间的开拓也对社会道德带来了极大冲击，这些对为公民道德的出场提供了条件和挑战。此外，建构内涵更广泛的公民道德有着中国传统文化积蓄这一优势，政治上有着强调以德治文明治国的智慧，有助于现代人文明素质的培养，但也存在学界对此理论研究不足的缺陷。

同济大学邵龙宝教授比较了中西知识观与儒释道生命智慧的联系与区别，并提出儒释道智慧可以作为新时代世界启蒙的最丰厚的资源，可用于学生的人格建构中，而探究其应用的创造性转化的方法是在人格框架内的信仰、德性、价值观、意志品质、审美情趣、智慧、法权人格七层次中展开。

华东师范大学教授、《华东师范大学学报》主编付长珍指出70年来中国伦理学的研究范式应该朝着理论化、哲学化的方向进行转型，在概念清晰化、分析论证精细化上加以反思。重构当代中国伦理学的研究范式，既要告别做哲学史的心态，避免掉入过度理论化的陷阱，又要警惕跨文化诠释的限度，应以谱系学方法开展对勘式研究。以孟子“四端说”为例，做中国伦理学既要在儒学的脉络中同情理解“四端说”，又要在跨文化比较中进行批判创新，进而从比较式研究中走向合作式对话。

上海师范大学晏辉教授综合“时代之思”与“伦理之思”，认为中国伦理学的研究存在着两种值得注意的倾向，一是用西方话语解释中国伦理学，过度集中于文本的教条主义倾向；二是停留在日常经验，现实问题在学术上得不到回应，过度集中在现实的经验主义倾向。在当代中国，人与自然的自然生态问题、人与人之间的社会生态问题、人与自己的与心灵秩序问题重叠在一起；前现代问题、现代问题、后现代问题三种问题域交叉重合，形成了中国独特的问题丛和课题域。在此语境下，伦理学作为面向生活世界的实践哲学，必须深入分析和缜密论证四个至关重要的问题：问题的重叠性、德性的差异性、规范的多样性、行动的复杂性。

与会专家对上述主题发言的观点进行了探讨与互动，复旦大学高国希教授认为以上六位教授所谈都涉及了两个问题，一是社会与个体的关联问题，一是对社会、个体道德的建构应采取什么方式的问题。如今随着社会公共生活领域在现代社会的开展，人们更多地从人性恶、权力的制衡方面去制定道德规范。而现代生活公共化的转换也提出培养什么样的人、道德应该如何建设、伦理观念如何培养、如何促成道德的善、伦理学话语体系如何展开等问题，这些都需在当今社会环境与氛围下得到解释。上海师范大学王正平教授指出我国应用伦理学研究发展经历的三个发展阶段：20世纪70年代末至80年代末的孕育与起步阶段，20世纪90年代勃兴发展阶段以及21世纪以来深入和逐步完善阶段。新时代我国应用伦理学研究肩负重大使命，作为人类面对科技、经济与社会发展所引起的生存困境的伦理反思,它要为人们如何应用传统的道德智慧与价值理念分析与解决各种重大的道德难题提供具体的伦理指导,避免社会整体的“道德迷失”。而对于应用伦理学的一个具体领域,上海师范大学周中之教授指出在市场经济条件下,传统的慈善伦理面临着新的挑战,我们必须正确处理慈善与功利的关系。他认为中国伦理学的建构不仅要吸收西方的长处,更要形成中国的特点,同时也要考虑老百姓是否能接受与认可。

复旦大学高国希教授认为,作为一项社会主义道德原则,集体主义原则在社会主义市场经济中仍然发挥重要作用,但其实行受到各种各样的挑战。他提出,集体主义原则的落实不能只停留在形式上,应注重其理论阐释与经验实现。对此,伦理学工作者应考虑以下问题:在社会利益分化的情况下应如何实现社会共识,公共理性何以可能,以及社会主义核心价值观如何在社会真正发挥作用。上海大学陶倩教授主要回顾了雷锋精神内涵的时代变迁与媒体建构,并提出我们应以动态的眼光看待雷锋精神的发展,以开放的眼光看待雷锋精神的内涵,以整体性的眼光看待雷锋精神体系。上海师范大学樊志辉教授则从政党伦理、国家伦理与市民伦理之间的贯通与紧张关系方面提出了中国当代伦理建构的六个阶段,在当代尤其要侧重市场经济条件下政党国家伦理对伦理资源的整合。陆晓禾教授认为王正平教授谈及的应用伦理学与樊志辉教授谈及的当代伦理的转向是古无今有的内容,而针对陶倩教授谈及的雷锋精神,她提出要注意两个问题:面对年代久远的雷锋精神,年轻人是否应该传承以及如何传承起来?

上海师范大学陈泽环教授指出,伦理学作为一门系统研究人类道德活动的人文学科,不仅必须以理论的方式关注和探讨现实生活,而且也应该以实践的方式参与和规范现实生活。他在基于回顾几代伦理学学人的学术历程,指出伦理学研究要结合大伦理与小伦理、大文化观和小文化观,既要立足中华优秀传统文化,也要汲取人类文明有益成果,共同发展一种公共性道德问题,尤其是关于对年轻一代的德性伦理培育,这既要立足于悠久的优秀民族传统,又要对其实现创新性发展与创造性转化,使其既成为民族复兴的外在伦理秩序和最广大中国公民的心灵秩序。上海财经大学郝云教授则从市场经济角度谈论应用伦理,他认为,经济伦理要考虑三个问题:一是我国社会从计划经济转换到市场经济,市场经济伦理的合理性问题;二是市场经济伦理如何不偏离社会主义的目标问题;三是我们的知识结构跟不上经济发展,市场边界不明确的问题。

上海师范大学崔平老师认为中国甚至世界的伦理学存在着几点错误与缺陷。第一是主题设置缺陷、主题安排错位。伦理学的建构不能绕开伦理学的基本问题,或对伦理学的基本矛盾视而不见,致使伦理学研究碎片化;且伦理学的问题是有谱系的,应按照谱系遵守逻辑由上到下解决。第二个是以文本解读代替语言建构、以史代论,这并非伦理学本真的研究。第三是建构方法的非逻辑性。我们应借助元伦理学的分析与对有效问题的设置,如果没有合适的问题,没有科学的方法,伦理学的建构就不能完成。最后,他提出了对新时代伦理学建设的希冀在于学人要敏于逻辑与敬于逻辑。

华东理工大学王荣发教授探讨了 70 年来中国的不同社会治理模式,并提出在现代文明的社会治理中,要实现多种治理方式相结合,使其功能得到更大程度、更高水平、更有成效的发挥。

上海师范大学哲学与法政学院哲学系系主任张自慧教授从作为道德情感的“敬”为切入点反思当下中国的道德建设和伦理学建构的起点，从理性和情感的两个维度分析中西伦理思想特质之异，指出我们既要向西方那样重视理性，也要像中国先哲那样重视情感，以“情”为基础，重植与培育“敬”的精神，用情理交融的道德认知和教化模式，构建具有中国特色的伦理话语体系。

复旦大学冯平教授认为，王荣发教授应阐明中国的腐败如何在体制的转变中产生，而不是简单说明法治体制下产生坏人，他还认为权力不加限制地施加于市场，才是腐败产生的根源。针对崔平教授的发言，她指出，提出口号前要先弄清楚前提，即为什么要讲传统，讲传统的意义何在？最后，冯平教授建议，我们应该立足于逻辑与历史的真实把握上对事情的理念、目标、路径设计与结果进行反思，而不是简单地“摸着石头过河”。

上海应用技术大学邱杰教授对当今媒介在社会道德恐慌中扮演的角色、作用，以及媒介道德恐慌生成、传播、蔓延与扩散的原因及其治理研究趋向作了深入剖析，认为我们应该关注从风险社会的道德教育这一视角应对媒介道德恐慌，道德教育尤其要科学分析社会群体思想的动态性和复杂性，增强对风险因素的识别和判断能力，完善风险预警机制。

上海师范大学四位年轻老师分别从不同视角阐述了中国当今伦理学发展所面临的不同主题。蔡志栋副教授认为新中国成立初期我国的幸福观的核心就是劳动幸福、奋斗幸福。随着现实生活的日益多样，人们在幸福观上提出了不一样的观点。劳动固然是创造幸福的源泉，同时也不该否定社会改革对于创造幸福的重要意义。张永超副教授以中国大陆伦理学教科书为中心，分析了不同阶段教科书的时代和理论方法特点，对 70 年来伦理学研究进行了回顾、反省与展望。黄素珍博士对哲学化伦理学与道德心理学的跨学科研究的可能性、必要性和前景做出了说明，并通过后果论和道义论的决策方式、人工智能伦理这两个案例说明哲学化伦理学与道德心理学的跨学科研究不仅可以帮助我们反思和重构旧争议，同时理解和解决新问题。伍龙博士对道德原则的情感基础进行了探讨，侧重考察个体的情感在道德原则践行过程中的积极作用，注重其情感基础最终是为了发挥道德原则的作用，而不是取消它的判别功能，如此才能更好地促进个体的发展与社会的和谐。

华东师范大学付长珍教授认为，邱杰教授把研究对象与自己文章所处理的问题混淆了，可从典型案例入手，突出问题意识，也使文章有着力点，而蔡志栋副教授应该首先厘清“幸福”的概念。她赞同张永超副教授从伦理学教科书入手分析伦理的教化的做法，也提出要对伦理学中元概念与元问题进行梳理。她认为黄素珍博士与伍龙博士都关注到了情感问题，并提出概念的理论化要与社会观念史的维度相结合。

研讨会由上海师范大学哲学与法政学院副院长樊志辉教授主持，由上海师范大学哲学与法政学院的晏辉教授作研讨会总结。他从“亮点”“重点”与“观点”三个方面高度评价了与会学者的发言，指出学者以极为认真的态度、高度负责的精神，奉献了热情、贡献了思想。晏辉教授认为，在现有学术和理论研究的基础上，在友好的讨论、争论和辩论中，凸显出如下一些值得进一步分析和论证的问题：(1)什么是伦理学中的元理论？如果元理论不扎实牢靠，那么以此所做的分析和论证以及所得出的结论就不可靠、可信。(2)对伦理学研究来说，道德形而上学和道德哲学何以必要和重要？(3)伦理学，作为学科还是作为学说？(4)研究范式的现代转换如何是重要的？(5)如何实现学术与思想的融合？(6)关照现实问题的两种范式：总体考察与专题研究。(7)伦理学嵌入生活世界的方式问题。(8)应加强对当代道德观念和道德实践发生史的研究。

与会者既总结了当代中国道德观念发生史，也梳理了道德实践发生史；既有用中西伦理思想资源为学术背景关照当代道德人格的培养、生成，又有对伦理学本身致思方式的省思与检视。与会学者对当代中国伦理学必须也能够为中国特色社会主义建设提供理论论证和观念支持，表现出了足够的信心和决心。

“逻辑思维能力测评与培养学术研讨会”在沪召开

4月20—21日,“逻辑思维能力测评与培养学术研讨会”在上海召开。会议由教育部考试中心《中国考试》杂志社与中国逻辑学会联合主办,复旦大学哲学学院与上海市逻辑学会承办,来自40余所知名高校、教育部考试中心、人社部人事考试中心、部分省市考试院以及中学的近80名研究者与会。会议是全国首个以逻辑思维能力测评与培养为主题的高端学术研讨会,教育部考试中心副主任杨松、中国逻辑学会秘书长杜国平、复旦大学哲学学院党委书记袁新、上海市逻辑学会会长冯棉在开幕式上致辞。

逻辑思维是创新思维的前提和基础,是创新型人才必须具备的关键能力。根据联合国教科文组织的统计,由世界500多名教育家列出的16项最重要的教育目标中,“发展学生的逻辑思维能力”排在第二位。相较西方,我国对学生逻辑思维能力的重视程度相对较弱。随着我国建设创新型国家步伐的加快,创新型人才的需求急剧增加,对学生思维能力的培养提上议事日程。有鉴于此,本次研讨会设立的研讨内容涉及逻辑思维能力在各级各类考试中的测量与评价、批判性思维的测评与培养、逻辑思维能力的培养路径与策略、通识教育与逻辑思维素养提升等。

研讨会共收到70余篇论文,经过组委会严格评审,有40位专家获邀与会交流。专家们就逻辑思维能力、批判性思维能力的界定及其在基础教育、高等教育以及考试选拔中的意义作用、实施路径和方式方法等提出理念构想和操作思路。主题报告精彩纷呈,分论坛会场气氛热烈,专家们或咬文嚼字,或质疑辩驳,每人30分钟的思想碰撞倏然而过,让人意犹未尽。

在闭幕式上,与会专家初步形成数项共识:其一,本次会议为逻辑思维能力测评与培养学术研究搭建了一个良好平台,《中国考试》杂志将陆续刊发其中的研究成果;其二,逻辑思维能力测评与培养需要中国逻辑学会联合各界有识之士共同关注,在基础教育、高等教育、考试选拔等多个层面深入研究,使测评实践合理化、能力培养科学化;其三,在各级各类教育中注重对学生逻辑思维能力的培养是一项立足长远、利在千秋的大事,期待国家有关部门进一步出台相关政策,加强逻辑思维能力测评和培养,提升学生的科学理性素养。

上海市历史学会举行第十六届会员大会

4 月 26 日，上海市历史学会第十六届会员大会在上海市社联群言厅举行。上海市社联党组书记权衡出席会议并讲话，市社联党组成员、专职副主席任小文出席会议。

权衡在讲话中首先对新一届学会领导班子的当选表示祝贺，他希望学会深入学习习近平新时代中国特色社会主义思想，在习近平总书记关于历史学科的重要论述指导下，开展各项工作，切实推进历史学科的学术研究。上海市社联将一如既往地支持学会工作，做好学会的学术服务、平台服务、管理服务、传播服务等，相信在学会全体会员的热情支持与参与下，在新一届领导班子的带领下，上海市历史学会一定会取得更大的发展。

大会审议并通过了第十五届理事会工作报告、财务报告、章程草案，选举产生了新一届理事会和监事，随后举行的第十六届理事会第一次会议，选举产生了新的常务理事和学会领导班子，章清任会长，陶飞亚、姚大力、张剑光、吕健、周靖、邵建等任副会长，陶飞亚兼秘书长。

新任会长章清在讲话中对上一届理事会的辛勤付出表示感谢，并对学会今后的工作提出了具体设想，希望充分发挥各会员单位和各会员的积极作用，开展多种形式的学术活动，使上海市历史学会的工作在各方面都取得新的进展。

纪念贺绿汀先生音乐会暨学术研讨会在上海音乐学院举行

4 月 27 日，纪念贺绿汀先生音乐会暨学术研讨会在上海音乐学院学术厅举行。此次活动由上海音乐学院贺绿汀中国高等音乐研究院和上海市美学学会主办，上海音乐学院音乐系、音乐研究所和艺术处协办，由国家双一流高校建设与上海高水平大学建设项目支持。

本次活动是 2019 年上海音乐学院特别学术活动、上海音乐学院音乐学系学术季活动之一，同时也是上海市美学学会“向前辈致敬大型学术研讨活动”之一。贺绿汀先生是中国现当代历史上著名的音乐家，在新中国成立后曾长期担任上海音乐学院院长，也是上海市美学学会首任会长，他为音乐教育事业的发展和新中国音乐人才的培养鞠躬尽瘁，为上海市美学事业和中国文化事业做出重要贡献。为缅怀贺老的创作成就和理论贡献，活动时间特选定为 2019 年 4 月 27 日——贺老逝世 20 周年的纪念日举行。

在开幕式上，上海市社会科学界联合会专职副主席解超、上海音乐学院副院长刘英和上海市美学学会会长祁志祥分别致辞，简述了贺老生平经历和他在音乐、教育中上的重要贡献。音乐会环节上演了由上海音乐学院师生精心准备的节目，每个节目前由上海音乐学院副研究员肖阳进行导赏，其中包括贺老脍炙人口的经典作品《牧童短笛》《天涯歌女》《游击队歌》等，音乐会在上音原创歌剧《贺绿汀》中的插曲《上音，我的爱》中结束，观众情绪高涨，掌声经久不息。

在学术研讨会上，上海音乐学院冯长春教授、李小诺研究员、肖阳副研究员、复旦大学艺术教育中心讲师赵文怡博士和上海译文出版社编辑王赟分别发言，从作曲技法、音乐形式、美学观念阐述了贺老“洋为中用、中西合璧”的美学思想，以及贺老对中国专业音乐教育体制建设的重要贡献。活动在祁志祥先生的总结发言中圆满结束。这次活动带领大家重新回顾了贺绿汀先生的一生，加深了对贺老音乐作品、美学思想和教育实践的认识与理解，也向大家再现了贺老作为中国共产党优秀党员、忠诚的共产主义战士，始终坚守与人民在一起的时代精神，坚持创作民族化道路的民族精神。贺绿汀先生不仅为中国音乐事业留下巨大财富，也为后辈留下不朽的精神丰碑。

新四军历史研究会等共同主办"庆祝上海解放 70 周年网上书画展"

5 月 12 日，为了庆祝上海解放 70 周年，生动反映上海 70 年来取得的辉煌成就，深切缅怀为上海解放作出卓越贡献的老一辈无产阶级革命家和革命先烈，激励各界群众和广大官兵奋进新时代、阔步新征程，由上海市委宣传部、上海市退役军人事务局、上海警备区政治工作局指导，上海市国防教育协会、上海市新四军历史研究会、中国金融信息中心主办的"天翻地覆慨而慷——庆祝上海解放 70 周年网上书画展"于在黄浦江畔的中国金融信息中心启动。

上海市国防教育协会会长孙进少将在启动仪式上表示，2019 年是新中国成立 70 周年，也是上海解放 70 周年。70 年前的今天，中国人民解放军第三野战军按照毛泽东主席和党中央的战略部署，发动了解放上海的战役。经过 16 天的浴血奋战，在上海地下党组织和人民群众的有力配合下，打败 20 万国民党守军，解放了上海。这座远东第一大城市有幸完整地交回人民的手中。

上海的解放，在中国人民的解放事业中具有特殊的重要意义。新华社在上海解放的第二天，发表了毛泽东主席亲自审定的社论《祝上海解放》，指出上海解放的意义。首先，上海是中国最大的经济中心，上海的解放意味着中国人民在军事、政治和经济上，都已经打倒了自己的敌人国民党反动派；其次，上海是帝国主义侵略中国的主要基地，上海的解放，表示中国人民已经确立了民族独立的基础。70 年后回望历史，我们内心充满敬仰和感动，倍感毛泽东主席的伟大、共产党的伟大、人民军队的伟大、上海人民的伟大！

孙进少将强调："今天在场的有亲历解放上海战役的老战士代表，也有当年参战的南京路上好八连、淞沪战役一等功臣连所在部队的官兵代表。面对老部队、老前辈，我们肃然起敬！让我们向为上海解放作出卓越贡献的老一辈无产阶级革命家、革命先烈、革命前辈和光荣的部队致以崇高的敬意！"

作为上海解放战役亲历者代表，上海警备区原副司令员相守荣将军在致辞中表示："作为当年的一名战士，重温这段历史，不禁激起我对战火纷飞年代那日日夜夜难忘岁月的回顾。"1948 年秋，相守荣将军在华东军区司令部通讯局做无线电机务工作，正全力以赴地为保障淮海战役前线的胜利而装配无线电收发报机。1949 年 2—3 月，部队挥师南下准备渡江，为解放全中国而战。"战局发展如此之快，使我们始料不及但却倍受鼓舞。"

渡江战役胜利之后，相守荣将军所在的部队到达总前委所在地江苏丹阳，邓小平、陈毅在此坐阵，粟裕在苏州指挥这次战役。在上海战役总攻发起前的两天，5 月 10 日上午，陈毅同志为部队作了入城前的动员报告。“我当时有幸和老机务员一起，担任陈老总做报告时的扩音保障工作。陈老总的通篇讲话激发了大家为解放上海，执行入城政策、入城纪律和做好接管上海工作的高度自觉性和责任感。陈老总的讲话我印象最深的一句是：‘今天世界上没有任何力量可以阻止我们解放上海接管上海！’”

启动仪式上，上海解放战役的亲历者代表上台，共同启动《天翻地覆慨而慷——庆祝上海解放 70 周年网上书画展》。

书画展共分解放洪流、红色血脉、城市新生、浦江春潮、沧桑巨变、同心圆梦六个篇章。主办方从历次展览和博物馆向公众展出及部分画家创作的反映上海历史变迁的绘画作品中，精选了 128 幅，同时请部分亲历解放上海战役的老战士和在沪的老将军，创作了 37 幅书法作品。

“新四军与上海”学术研讨会在沪举行

为庆祝上海解放70周年，进一步推进新四军历史研究，由中共上海市委党史研究室、上海市新四军历史研究会与上海市中共党史学会联合主办的“新四军与上海”第四次学术研讨会于5月19日在上海举行。解放军总政治部原副主任童世平上将，北京军区原副司令员粟戎生中将，中国人民对外友好协会原会长陈昊苏，上海社联党组书记、专职副主席权衡等出席会议并讲话。

权衡在讲话中表示，上海是中国共产党诞生地，具有深厚的红色基因和光荣传统。上海是新四军筹划组建的孕育之地、人员物质的重要供给地，以及地下交通站、情报收集地和接受国际援助的转运地，是苏浙等地区抗日游击战争的策源地，是宣传新四军和华中抗日根据地的重要窗口渠道。新四军的英勇抗战为上海人民的抗日救亡斗争指明了方向，鼓舞了斗志，坚定了信念。新四军和华中抗日根据地不仅是上海地下党组织和广大人民的坚强后盾，而且为抗日战争、解放战争胜利做出了重要贡献。他认为，举办庆祝上海解放70周年学术研讨会，进一步研究宣传新四军老战士为上海的解放、接管和建设所作出的巨大贡献，更好地传承信仰之光和理想之火，让新四军的红色基因融入城市血脉，让新四军的铁军精神持续发扬光大，对于中共党史和新四军历史的研究，一定会起到很大的促进作用。

与会专家就新四军老战士与上海的解放、上海的接管、上海的建设以及新形势下如何发扬新四军铁军精神等方面展开了热烈而卓有成效的讨论与交流。

刘苏闽会长在题为“新四军与上海的解放和接管”的主旨发言中指出，新四军老部队是解放上海的重要攻坚力量；新四军暨华中抗日根据地培养的大批干部在接管上海中发挥了重要作用。他特别强调：“饮水思源，不忘初心，新四军暨华中抗日根据地为上海的解放接管和建设发展作出的历史性贡献将永垂青史。”90高龄的上海市新四军历史研究会名誉会长、上海警备区原副政委阮武昌将军在70年前参加了解放上海的战斗，亲身经历了上海回到人民手里的伟大历史时刻。他在题为“我所经历的上海战役”发言中指出：“上海战役的胜利，为上海也为我们国家带来了历史性的巨大变化。我们一定要珍惜这个来之不易的胜利，勿忘缔造难。要牢牢守好红色江山，巩固这来之不易的胜利。还要开拓进取，不断发展已经取得的胜利。让我们以建设更加美好的上海、更加富强的祖国的实际行动，来纪念这个具有历史意义的日子，来告慰为解放上海献出宝贵生命的先烈们。”张晓宇、罗愤、余江如等分别回忆了父辈们参与上海解放的经历，强调今日的和平来之不易。

新四军老战士刘天同回忆了自己随军南下参加接管大上海的难忘岁月，上海师范大学马克思主义学院副教授徐剑雄介绍了钟期光在接管上海期间的思想政治工作，上海公安学院副教授陆俊青介绍了上海警察系统地下党为迎接解放、配合接管工作所作出的重要贡献。

国防大学政治学院教授张云在“上海解放之战何以能取得军政全胜”的发言中，从主观和客观两方面深入分析了上海之战取得军政全胜伟大胜利的原因。华东师大邬正洪教授在题为“新四军老战士与接管上海工作的重大胜利”的发言中认为，党中央和毛泽东主席的决策部署为接管上海工作的胜利指明了正确的方向，新四军老战士和地下党的密切配合，依靠工人阶级和广大群众是接管上海工作的特色和重要经验。

粟戎生中将认为，解放上海是第三野战军渡江战役中非常重要的一次作战。上海完整地解放和顺利的接管，表明我军不但在军事上取得了伟大的胜利，同时在政治上也取得了伟大的胜利。陈昊苏认为党中央英明领导、解放军将士英勇战斗、上海和全国人民的广泛支持，开创了中国的新篇章，为新中国的发展开辟了伟大的前程。

与会代表一致认为，在庆祝上海解放 70 周年、新中国诞生 70 周年之际，重温这段历史，深切缅怀老一辈无产阶级革命家的丰功伟绩，对于上海今天传承党的优良传统，不忘初心、牢记使命，推动新时代特色社会主义事业不断向前发展具有现实意义。

政治、法律、社会、行政

上海科学社会主义学会举行“学习习近平考察上海重要讲话”学术研讨会暨常务理事会

1月19日，上海科学社会主义学会在上海对外经贸大学博观楼举行了“学习习近平考察上海重要讲话”学术研讨会暨学会第九届理事会第五次常务理事会议。会议由上海对外经贸大学党委副书记、学会副会长许玫主持，上海市社联专职副主席、会长解超，副会长孙力、周智强、王公龙，学会监事朱坚强及学会常务理事20人参加了研讨交流活动。

围绕习近平总书记在进博会期间考察上海重要讲话的重要背景、重大意义，上海未来高质量发展新机遇，服务国家战略定位，改革开放再出发新使命新任务，处理好改革开放与制度创新、社会治理与保障民生、推进全面发展与全面从严治党的关系等，各位与会者积极踊跃发言交流。

会议听取了学会副会长兼秘书长吴解生做的2018年学会工作总结和2019年工作的建议，充分肯定了学会过去一年紧紧结合学习研究贯彻习近平新时代中国特色社会主义新思想和改革开放40年的学术研讨主题，拓展了跨学会、跨学科研讨交流的力度，提升了学术引领的影响力，同时对2019年迎接新中国成立70周年、学会成立40周年和服务上海发展需求，加强学会理论联系实际的研究，出成果出人才，提出了富有价值的建议。解超会长感谢大家为2018年学会工作做出的充实和坚定的支持，同时对提升2019年学会活动的强度、广度、力度、深度提出了新要求。

《上海年鉴(1852)》专家研讨会在沪召开

3月19日下午在上海市政协3号楼304会议室，召开了由上海市政协文史资料研究会、上海市地方志办公室、上海市年鉴学会共同主办的《上海年鉴(1852)》(英文版)专家研讨会。上海市政协文史资料研究会的领导马建勋、周蔚中、祝君波、苏智良、黄显功、姚卓匀等，上海市地方志办公室副主任、上海市年鉴学会会长生键红等出席了会议。来自高校、社科研究机构专家30余人参加了研讨。

《上海年鉴(1852)》(英文版)是中国内地最早的年鉴，史料价值较高，计划于2019年6月由世纪出版集团上海书店出版社影印并全文翻译出版。该书为2018年国家社科基金重大项目"徐家汇藏书楼珍稀文献整理研究"成果之一，得到上海市教委高峰高原规划资助。

会上，上海师范大学周育民教授介绍该书主要内容和翻译过程，上海图书馆历史文献中心主任黄显功介绍了该书收藏经过。与会专家围绕文献史料价值挖掘、资源开发利用等展开热烈的研讨。

如果说历史是棵大树，那么年鉴就是年轮，呈现丰富多样的肌理。年鉴兼具实用价值和史料价值。《上海年鉴(1852)》包含多方面信息：提供五个口岸的居住者和若干商业设施；月相和月食；日程表；人寿保险行；口岸和港口管理规章；进出口关税；扬子江航行指南；等等。年鉴资料是历史研究的宝藏。《上海年鉴(1852)》刊载了当时西方人绘制的最详细的上海地图，北至吴淞江虹口到曹家渡一线，南至白莲泾到龙华一线，东至黄浦江陆家嘴，西至徐家汇、法华镇，包括了境内重要的河道、步道、桥梁、寺庙以及其他地理信息，地名均分别用中英文标注，也解决了中国读者阅读早期外人对于上海叙述的许多困惑。收录"上海口岸1840—1850年气候观测均值一览表"和"气象测量记录摘要"，是上海历史上第一次连续的、系统的气象统计史料。《徐光启记略》记载了作者亲自考察过的一些遗迹，包括城内徐光启的故居与祠堂、徐光启晚年居住过的"双园"以及徐家汇徐家老宅的情况，并根据采访和地方志书叙述了徐家后代在上海地区的一些情况。其中有些铭文、碑刻、墓葬等史料上海地方史书缺载。

本书作为早期西人在中国编纂的年鉴，具有文献学价值。与同时代的《香港年鉴》比较，既有"历书"的内容，如历表，月相和日、月食，口岸和管理规章，有关机构、商业和侨民，进出口关税以及扬子江航行指南等；又另增"文献"一编，占全书的四分之三，以致其篇幅在当时外人在中国编纂的年鉴中首屈一指。

与会专家认为，在上海日益成为全球关注的热点城市的今天，不断地挖掘上海城市的历史史料给今天管理城市以借鉴是很有意义的。这本英文年鉴的翻译出版，提供了上海早期综合性的史料，很有出版的价值。

上海市第六届马克思主义研究青年论坛在上海市委党校召开

为继续推进上海市马克思主义研究，特别是为青年马克思主义学者搭建平台，培育和凝聚马克思主义研究的青年学者队伍，上海市第六届马克思主义研究青年论坛于5月11日下午在上海市委党校举行，论坛主题为“纪念五四运动100周年·庆祝新中国成立70周年”。本次论坛由上海市习近平新时代中国特色社会主义思想研究中心、上海市委党校、上海市马克思主义研究会共同举办。上海市政协学习委员会常务副主任、市马研会会长王国平，上海市社联专职副主席解超出席论坛并作学术致辞，上海市委党校副校长郭庆松主持论坛开幕式，来自上海市各高校、科研院所、党校系统的青年学者及有关专家共60余人与会。

王国平在学术致辞中指出，建立中国共产党、成立中华人民共和国、推进改革开放和中国特色社会主义事业，是近代以来实现中华民族伟大复兴的三大里程碑，也是近代以来我国发生的三大历史性事件，而这三大里程碑和三大历史性事件的历史起点就是五四运动。五四运动也是旧民主主义革命与新民主主义革命的分水岭，五四运动实现了近代中国历史的伟大转折。中国独特的文化传统、独特的历史命运、独特的基本国情决定了中华民族必然选择以马克思主义为指导，必然走中国特色社会主义发展道路。作为一名合格的当代哲学社会科学工作者，我们应学习研究好马克思主义理论，坚定道路自信、理论自信、制度自信和文化自信，更好地肩负起传播马克思主义，不断推进马克思主义中国化。

解超在致辞中表示，当今世界正在经历百年未有之大变局，我们今天学习五四精神、坚定马克思主义理想信念，就是要把远大理想和脚踏实地统一起来，树立起青年对马克思主义的信仰、对中国特色社会主义的信念、对中华民族伟大复兴中国梦的信心，坚持把马克思主义基本原理同新时代中国实际更紧密结合起来，把个人理想融入民族复兴伟大理想和中国特色社会主义思想，不断把马克思主义中国化推向前进。上海作为全国的思想理论重地，需要培养和造就一支政治过硬、本领高强、求实创新的新时代青年理论队伍，凝心聚力去实现中华民族伟大复兴梦。

华东师范大学终身教授齐卫平以“五四精神是中国青年新时代奋斗的精神”为题作主旨演讲，上海市委党校科研处处长、市马克思主义研究会副会长兼秘书长周敬青教授作论坛总结发言。上海教育报刊总社社长、市马研会监事仲立新介绍征文与评审情况并宣读了获奖名单。裴学进等7位征文获奖代表作交流发言，黄凯锋、高晓林、孙力、周书俊等作专家点评。

“新中国辉煌70年与中国共产党领导力”研讨会在上海市委党校举行

10月27日，“新中国辉煌70年与中国共产党领导力”研讨会暨上海市领导科学学会2019年学术年会在上海市委党校举行。

上海市领导科学学会会长、上海市委党校副校长郭庆松教授从历史角度对中国共产党的领导力进行了研究。他指出，在革命、建设和改革的不同历史时期，由于所要完成的历史任务存在差异，完成这些历史任务所要采取的方式方法不尽相同，而党自身的发展状况发生了重要变化，中国共产党的政治领导力、思想引领力、群众组织力、社会号召力展现出不尽相同、各有侧重的特点，成为铸就不同阶段辉煌历史的政治基础、思想基础、群众基础、社会基础。建立中国共产党，党的领导力发挥引路“灯塔”的作用；成立中华人民共和国，党的领导力发挥树立“丰碑”的作用；推进改革开放和中国特色社会主义事业，党的领导力发挥高举“旗帜”的作用。

会议特邀上海国际问题研究院学术委员会主席杨洁勉研究员作主旨演讲。杨洁勉指出，外交是治国理政的重要内容，也是体现执政党领导力的重要方面。70年来，新中国外交始终坚持以中国化马克思主义为指导，坚持党的领导和中国特色社会主义道路。中国外交思想理论源自马克思主义、中国传统文化和外交实践等。中国共产党在夺取政权前的长期革命斗争中首先获得的革命理论，是通过列宁主义阐述发展的马克思主义。对于最重要和最根本的指导思想——马克思主义，中国外交既是一脉相承，又是与时俱进，先后经历从站起来、富起来到强起来的发展阶段。习近平外交思想是习近平新时代中国特色社会主义思想的重要组成部分，正在指导着强起来的中国外交开创中国特色大国外交的新局面。当前，人类社会正处于世界百年巨变的关键时刻，不稳定不确定因素急剧上升，国际体系进入承前启后的过渡阶段，国际秩序面临巨大挑战，国际关系出现重大质的变化，全球治理站在新的十字路口。为此，我们需要向历史找经验，向当前找问题，向未来找方向。

在学术演讲环节，上海市领导科学学会名誉会长、中国浦东干部学院首任常务副院长奚洁人教授聚焦新中国的逻辑演进与党的创新力。中国共产党是具有伟大创造力、创新力的马克思主义政党。党的政治领导力、思想引领力、群众组织力、社会号召力，背后起推动作用的是创新力。中国共产党的创新力包括理论创新、实践创新、道路创新、制度创新，还包含理念创新、路线创新、战略创新、方针政策创新的能力等。其中，最为重要也是最为集中的体现,就是首创领导力。首创领导力本质上属于政党领导力,是一种伟大的政治创造力、影响力,具有鲜明的时代性、政治性、战略性、全局性,体现了中国共产党人坚定执着的理想信念,解放思想、实事求是的思想品格,敢为人先的创造精神,与时俱进的改革锐气,以民为天的价值立场,艰苦奋斗的工作作风,坚忍顽强的革命意志和永不懈怠的奋斗姿态。面向未来,世界处于百年未有之大变局,肩负着领导人民实现民族伟大复兴的中国共产党,必须继续增强党的创新力,全面提升党的领导力,这也是推进国家治理体系和治理能力现代化的题中应有之义。

上海市领导科学学会副会长、中共上海市经济和信息化工作委员会书记陆晓春指出,中国特色社会主义最本质的特征是中国共产党的领导,中国特色社会主义制度的最大优势是中国共产党的领导。新中国成立以后,中国共产党成为执政党,领导经济工作的能力是治国理政能力的重要组成部分。新中国 70 年伟大成就已经充分证明了这一点。新时代,着力提高党领导经济工作的能力和水平,其中一个重要方面就是打造创新引领、协同发展的产业体系。创新引领、协同发展,目标是高质量发展,关键要提升自主创新能力,要在打造良好营商环境方面下功夫。

基层党组织领导力是党的领导力的构成基础,党的领导力最终还是要通过基层党组织来体现。浦东新区泥城镇党委书记王国娟聚焦基层党建实践探索,提出加强基层党组织建设,要以提升组织力为重点,以传承红色基因、引领绿色发展为主线,以提升基层党组织的政治领导力、组织创新力、同心凝聚力、为民服务力、高效战斗力为抓手,积极探索实践"五力聚合"工作路径,把党的组织优势、组织活力转化为推进绿色发展、高质量发展的强大动力。

张智强、石建勋、朱纯辉等也在会上作了发言。会上还宣读了上海市领导科学学会 2019 年优秀论文获奖名单,8 篇论文获得一等奖,13 篇论文获得二等奖。

本次会议也是上海市社会科学界联合会第十三届"学会学术活动月"活动之一。

“马克思主义执政党政治建设”学术研讨会在上海师范大学举行

10月27日下午，上海科学社会主义学会与上海市政协理论研究会、上海师范大学比较政党研究中心、上海市德育课程教学研究基地联合在上海师范大学徐汇校区西部外宾楼101会议室召开了“马克思主义执政党政治建设”学术研讨会。上海师范大学党委书记林在勇、上海市社联专职副主席解超出席会议并致辞。来自高校、党校、政府机关、媒体等40多位学者参加了研讨活动。本次会议也是上海市社会科学界联合会第十三届“学会学术活动月”活动之一。

林在勇和解超在致辞发言时指出，此次主题研讨会是在党的十九届四中全会召开的前夕举办，具有特殊的理论与现实意义。党的十九大把政治建设列为全面从严治党战略部署的首位，执政党的治理是社会主义现代化整个治理体系建设的重要组成部分，马克思、恩格斯、列宁有关执政党政治建设的重要论述，至今仍有重要的指导价值。必须坚持发挥中国共产党领导一切的政治制度优势。

上海科学社会主义学会副会长吴解生、学会监事朱坚强教授分别主持了上下半场的研讨活动。

研讨会上半场，上海对外经贸大学党委副书记、上海科学社会主义学会副会长许玫教授，国防大学政治学院教授、上海科学社会主义学会副会长孙力，上海交通大学马克思主义学院教授、上海市逻辑学会副会长黄伟力，苏州大学马克思主义学院院长田芝健教授，静安区(原闸北区)人大常委会原副主任黄军龙在上半场研讨活动时，围绕“执政党政治建设的重要性、对党的建设的影响、政治建设的主要任务、对国家政权建设的价值、民主集中制与政治建设的重要保证”五个方面展开了论述。

研讨会下半场，上海市政协副秘书长、上海市人民政协理论研究会常务副会长邢邦志，华东政法大学副校长、上海科学社会主义学会副会长张明军，上海市政协研究室综合处处长、上海市人民政协理论研究会秘书长侯永刚，上海市教委教研室教研员何宁，上海师范大学比较政党研究中心教授、上海科学社会主义学会副会长黄福寿，围绕“中国共产党政治建设与协商民主，中国共产党依法执政的特征及优化逻辑”“中国共产党政治建设与国家治理现代化”“反对官僚主义和形式主义是中国共产党政治建设的艰巨任务”“中学党的理论教育的现状”做了专题发言。

上海科学社会主义学会副会长兼秘书长吴解生做了研讨会总结。他认为本次主题研讨站在引领学术研究的时代前沿，拓展了跨学会学术研讨的领域和范围，探索了马克思主义经典作家有关执政党政治建设的理论源头，加深了对习近平总书记有关党的政治建设重要讲话的认识与理解，回应了党的十九大提出党的政治建设面临的理论与实践的热点、难点问题与挑战，体现了理论密切联系实际的责任担当。

上海科学社会主义学会召开“社会主义现代化强国治理体系和能力现代化学术研讨会暨常务理事会”

11月17日下午,“社会主义现代化强国治理体系和能力现代化学术研讨会暨上海科学社会主义学会九届四次常务理事会”在上海对外经贸大学古北校区综合楼501会议室召开。上海对外经贸大学党委书记殷耀,上海市社联党组成员、专职副主席、上海科学社会主义学会会长解超与来自高校、党校、媒体等近60多位学者参加了研讨活动。上海对外经贸大学党委副书记、上海科学社会主义学会副会长许玫,《解放日报》社党委副书记、上海科学社会主义学会副会长周智强分别主持了上下两场的研讨活动。

殷耀、解超先后致辞。他们指出,要充分认识党的十九届四中全会《决定》的重大意义,明确坚持和完善中国特色社会主义制度、国家治理体系和治理能力现代化的基本原则、目标、任务和贯彻要求,坚定制度自信,对社会主义制度和国家治理的本质特征展开深入研究,提供理论支撑。

国防大学政治学院副教授李海平认为,要牢牢把握新时代中国共产党关于社会主义制度五个科学评价标准。上海市委党校马克思主义学院副院长、副教授李宗建认为,要坚定地站在人民的立场,充分体现社会主义制度的价值优势,调动一切积极因素,为民族伟大复兴提供根本保障。上海海事大学刘泽雨教授认为,当代中国取得的世界罕见的经济和社会发展奇迹,体现了国家治理效能的巨大成就,展现了中华民族优秀文化基因的比较优势。

华东理工大学马克思主义学院院长杜仕菊教授认为,党的十九届四中全会《决定》标志着党领导人民依法参加国家和社会治理的理论继承和发展了马克思主义和毛泽东思想有关治理的论述,为国家长治久安和社会长期稳定提供了新的实践路径。国防大学政治学院教授翟桂萍认为,《决定》再次强化了执政党对治理的领导,突出治理价值在于机制重构,推进国家与社会融合的治理范式。上海市委党校社会学教育部主任马西恒教授认为,治理是制度运作的过程,是社会各方维护共同利益和共同行动的过程,国家功能在于构建“治理共同体”。复旦大学马克思主义学院副院长吴海江教授认为,制度体系、治理体系和治理能力现代化是人类历史发展的必然趋势,中国治理现代化是顺应时代潮流的自我革命和自我革新,为构建世界公共秩序提供了建设性方案。

华东师范大学郝宇青教授认为,面对社会分化,组织化是巩固党的执政基础优势,通过组织再造,打造“新生共同体”是治理的重要任务。上海师范大学教授黄福寿认为,要充分重视贯彻党的十九届四中全会《决定》提出“大力纠治形式主义、官僚主义”的重要决策，不断净化党内政治生态，反对形式主义是提升国家治理效能的内在要求。上海对外经贸大学党委宣传部部长严大龙认为，一定要针对当下高校脱离社会发展实践的短板，认真贯彻党的十九届四中全会《决定》，加强高校领导干部能力现代化培养，从信仰信念信心入手，激发高校领导干部办学治校的精神动能，提高高校科学治理效能。

上海科学社会主义学会副会长兼秘书长吴解生在研讨会总结发言时提出，科学的社会制度必定在一定的历史发展阶段人类社会实践活动过程中探索产生，具有反映事物本质及其发展规律的特征，经得起实践和时间的检验。社会主义现代化强国建设就是通过改革创新的伟大实践，不断推进社会制度体系、国家治理体系和治理能力现代化的艰巨和长期的过程，国家治理体系和能力现代化必须适应和服务于现代化强国建设和民族伟大复兴的目标达成。破除阻碍社会生产力发展和人的自由全面发展的体制机制弊端，建立有利于解决发展不平衡不充分主要矛盾的治理制度，完善和发展集中资源满足人民追求美好生活迫切期待办大事的制度，提高防范各类重大风险的有效治理效能，巩固党的全面领导的执政基础，防止学习贯彻党的十九届四中全会精神的理论研究宣传脱离实际，都需要党的各级领导干部自觉提高制度执行能力和治理本领。

会上，上海科学社会主义学会第九届四次常务理事会依据学会章程增补了学会常务理事会新成员，听取了学会年度工作进行报告，提出了明年学术活动主题和要求。

理论经济、综合经济、产业经济

上海蔬菜经济研究会召开“乡村振兴和蔬菜产业高质量发展论坛”

4月23日，上海蔬菜经济研究会召开“乡村振兴和蔬菜产业高质量发展论坛”，上海市社联党组成员、专职副主席任小文出席论坛并讲话。上海市蔬菜生产保护镇、蔬菜种植面积较大镇相关负责人，上海蔬菜经济研究会理事，上海蔬菜食用菌行业协会负责人，蔬菜龙头企业和合作社代表约60人出席论坛。

任小文在讲话中肯定了研究会在贯彻国家和市委农业农村经济发展方针政策、服务“菜篮子”、服务社会、服务政府、服务会员等方面所开展的工作，希望上海蔬菜经济研究会充分发挥智库功能，对标国际先进水平，吸收国外先进技术和经验，探索具有上海特色的蔬菜产业高质量发展道路。

论坛以乡村振兴和蔬菜产业高质量发展为主题，对有关政策进行解读和辅导，并从规划、案例、科技、模式等方面开展交流，旨在为推进乡村振兴和蔬菜保护镇的产业发展提供智力支持。服务乡村振兴、推进蔬菜产业高质量发展是当前上海市蔬菜产业工作着重聚焦、着力解决的两大任务。如何将两者有机结合，依托乡村振兴推进本市蔬菜产业的高质量发展，通过蔬菜产业的高质量发展，实现产业兴旺，从而激发乡村振兴的活力，是一项值得研究和实践的课题。

江苏省农业科学院农经所所长朱方林解读了乡村振兴战略产业兴旺的内涵，就江苏省推进乡村振兴和蔬菜产业发展的经验和典型案例作了主题报告。近年来，江苏省蔬菜种植面积平稳上升，蔬菜已成为继粮食作物之后江苏种植面积第二大的经济作物，蔬菜产业为全省六大主导产业之一。2017年，江苏省蔬菜种植面积达2 111万亩，产量5 541万吨，总产值1 802.58亿元。全省规划建设137个“菜篮子”工程永久性蔬菜基地，规划面积150万亩。

上海蔬菜经济研究会会长、上海市农业科学院研究员朱为民以“蔬菜保护镇产业兴旺与乡村振兴”为题，系统回顾了孙桥现代农业的发展历程，分析其成功的原因以及在转型发展中开展的探索，并结合当前上海郊区蔬菜产业发展新业态新模式提出了推进蔬菜产业兴旺的技术途径。朱为民认为，保护镇乡村振兴中蔬菜产业的定位应该以生产为主要任务，立足于为城市提供优质蔬菜；以经济效益为基础；走高质量、高品质路线，使外部形象与产品质量(绿色、风味)相协调;努力提升科技水平,在硬件与技术上做文章,推动装备智能化、机械化,完整、完善蔬菜产业链。此外,他提出"以人为本,产业才能发展"。他认为,未来郊区从事蔬菜生产的人员会越来越少,蔬菜生产劳动力成本、劳动力对工作和生活环境要求将越来越高,蔬菜产业的发展要与镇的产业集聚和居住区布局相协调,探索建立蔬菜镇科技支撑模式,调动专家、科技人员积极性,促进配套服务业发展,完善政策吸引培育新型经营主体和产业工人。

上海市农业科学院园艺研究所副研究员马坤作了题为"都市农业中特色蔬菜品种及其特色文化价值挖掘"的报告,重点介绍如何结合城市居民需求及美丽乡村工作要求挖掘、提升蔬菜景观和文化价值,在种植蔬菜的同时,种出风景、种出文化。清美绿色食品集团公司市场部总监王坚介绍了上海清美鲜食蔬菜产业从基地到门店的发展模式和商业布局。森鲜馆创始人顾慧华就"新时代新农业新品牌",谈了新农人如何打造农业品牌的体会和感悟。

浦东新区宣桥镇、金山区廊下镇和崇明中兴镇是上海市先期启动的蔬菜生产保护镇。论坛邀请三镇负责人,就在推进乡村振兴和蔬菜产业高质量发展中的经验和做法做交流。

分组研讨会上,上海市农业农村委蔬菜办主任史明就上海市种菜补贴、有机肥补贴、水肥一体化补贴、设施菜田资产维护资金、蔬菜保险等相关蔬菜政策作了具体解读,要求各镇严格做好审查工作,及时申报相关补贴。各镇交流了蔬菜生产保护区的问题、设想和建议。

上海市城市规划学会召开第三次会员代表大会

4 月 24 日，上海市城市规划学会召开第三次会员代表大会并进行换届选举。上海市社联党组成员、专职副主席任小文出席大会并讲话，他肯定了学会第二届理事会在开展学术交流、创建品牌活动、服务会员需求、开展课题研究、加强内部建设方面所取得的成绩，勉励学会新一届理事会要围绕党和政府的中心工作，进一步提升理论创新、发挥决策咨询功能，为把上海建成卓越的全球城市做出更大的贡献。

会议由副理事长金忠民主持，大会审议并通过了第二届理事会工作报告、财务报告、章程草案、选举表决事项的说明等有关材料，选举产生了上海市城市规划学会第三届理事会理事、监事。随后举行的第三届理事会第一次会议，选举产生了新一届领导班子，伍江任理事长，王新军、吴庆东、金忠民、周俭、罗镔、骆悰、俞斯佳任副理事长，曾林龙任秘书长。

会议还宣布了“2018 年学会城乡规划征文活动优秀组织奖”“2018 年学会城乡规划征文优秀论文奖”名单并举行了颁奖。

上海市国际贸易学会举办“中美贸易摩擦与 WTO 改革”专题研讨会

6 月 11 日，上海市国际贸易学会和上海对外经贸大学联合主办 2019 年夏季国际经贸形势“中美贸易摩擦与 WTO 改革”专题研讨会。研讨会开幕式由上海市国际贸易学会常务副会长兼秘书长姚为群教授主持，学会会长、上海对外经贸大学国际经贸学院院长黄建忠教授致开幕辞，来自上海市相关高校科研院所的多位国际贸易领域学者齐聚一堂，围绕“中美贸易摩擦与 WTO 改革”展开研讨。

第一阶段，姚为群主持主旨发言环节，日内瓦策科咨询中心执行董事、中国常驻世界贸易组织前参赞卢先堃教授做了题为“WTO 改革的最新进展和中国角色”的报告，介绍了当前 WTO 改革的三个方向：透明度与监督机制、上诉机构危机和新议题的制定；WTO 改革中发展中国家特殊和差别待遇、补贴等议题上，各国谈判立场的变化；深入探讨了中国在 WTO 改革中如何发挥更好的作用。上海对外经贸大学大朱钟棣教授做了题为“加入世界贸易组织以来我国市场经济成色的变化”的报告，回顾了改革开放、加入世界贸易组织以来市场经济体制机制在我国整体经济中的演变和作用。

第二阶段，会议由上海市国际贸易学会副会长、上海大学沈瑶教授主持，复旦大学龚柏华教授、沈国兵教授，上海财经大学鲍晓华教授分别做了题为“WTO 多边规则下的诸边谈判模式”“中美贸易摩擦升级与中国金融开放风险防范”“中美贸易摩擦对中国出口行业的影响分析”的报告。

第三阶段，会议由上海对外经贸大学国际经贸学院副院长何欢浪教授主持，上海对外经贸大学张帆副教授、上海大学殷凤教授分别做了题为“‘5·10’后中美经贸磋商的前景分析与中国对策”“金融负面清单的国际比较和经验启示”的报告。

会议最后，上海市国际贸易学会副会长、上海对外经贸大学科研处处长陈子雷教授作了总结发言。为期半天的会议紧凑充实，信息量丰富，与会学者畅所欲言，从法律、经济、国际关系等多角度对当前中美贸易摩擦与 WTO 改革等议题展开了深入的交流，形成了一些新的理论和咨政成果。

上海生产力学会等举办长三角一体化背景下“十四五”行政区划研究研讨会

6月10日，上海生产力学会和上海交通大学中国城市治理研究院联合主办“长三角一体化背景下‘十四五’行政区划研究研讨会”，会议由上海交通大学中国城市治理研究院常务副院长、徐汇区人大原主任陈高宏教授主持，来自相关领域的专家学者参与研讨。

华东师范大学原中国行政区划研究中心主任、终身教授刘君德首先从上海市市域外，市域内，城区、郊区，政区空间大与小，区划调整的经济动因和社会动因等方面分析了上海在长三角一体化背景下的区划调整思路，并对“十四五”时期的阶段性调整重点进行了分析。

上海社会科学院国家高端智库资深专家杨建文研究员认为“十四五”期间，上海应重点关注虹桥地区、临港地区、崇明地区的区划调整问题。

上海市发改委改革处处长赵宇刚对上海市区郊区在“二级政府三级管理”体制中的权责配置差异进行了分析，讨论了上海市区在改革街道办事处管理体制基础上，未来市辖区政府的职能是否需要调整、郊区的放权改革是否需要考虑等问题。他认为，“十四五”期间上海区划调整应重点关注虹桥、临港等重点区域。

上海市民政局陈占彪研究员认为，城市规划建设与管理服务之间的逻辑冲突是目前区划格局不稳定的重要原因之一，长三角示范区在如何破解行政区划边界衰减规律，跨行政区划边界治理创新等方面的探索将具有非常重要的意义。

上海市人民政府发展研究中心上海发展战略研究所李显波所长指出，区划在上海中心城区大力推进服务业发展背景下该如何设计，郊区区划设计空间合拆，行政架构以及权力配置，可参考深圳等兄弟城市区划的做法。

上海社会科学院社会学所陶希东研究员对虹桥地区管理体制改革的方案进行了分析。上海市规划设计院规划一所所长陈琳从区划与规划的关系出发，对上海2035规划落地中涉及的区划问题进行了分析，包括省级毗邻地区的城镇圈等。申立高级工程师指出镇村边界的多重性问题，规划、区划、统计等的不一致问题，虹桥地区的问题需要好好研究。

上海交通大学文科建设处处长、中国城市治理研究院常务副院长吴建南教授指出，在当前长三角一体化背景下，如何处理好区划在属地管理和跨界管理之间平衡的问题，是一个理论上需要突破和创新的问题，未来这一理论也将指导在街镇，区县和省市层面的管理。

陈高宏副院长总结说，区划研究需要把握科学性、阶段性、平衡性、综合性等特点，深入研究其中存在的现实问题，如在市辖区是大还是小的问题上要结合街镇的规模和幅度进行研究。

上海交通大学中国城市治理研究院《决策参考》编辑部熊竞博士则对上海目前街镇与村居规模和驻地布局下，居民政务服务空间可达性进行了实证研究，指出了未来基层政区可以调适的区域。另外，他还对区划调整动因中的经济社会和政治因素进行了事件史的实证分析，并初步得出了一些结论。

本次研讨对上海在长三角一体化背景下，政区规划中需要关注的重点区域、前瞻性设计等进行了充分深入的讨论，为上海“十四五”政区规划以及经济社会发展规划提供了诸多可资借鉴的政策建议。

上海市市场监督管理学会召开第八届会员代表大会

12 月 10 日，上海市市场监督管理学会召开第八届会员代表大会，进行换届选举。大会审议并通过了学会第七届理事会工作报告、财务报告和新的章程，选举产生了学会新一届理事和监事。在随后召开的第八届理事会第一次会议上，与会理事选举产生了学会新一届领导班子，彭文皓任会长，黄武双、李建伟、周培任副会长，唐继红任秘书长。

国际问题、涉港澳台、其他

上海欧洲学会等举办“欧洲议会选举与民粹主义新动向”学术研讨会

4月26日，上海欧洲学会和上海国际问题研究院联合主办的“欧洲议会选举与民粹主义新动向”研讨会在上海国际问题研究院举行。上海国际问题研究院院长陈东晓，中国国际问题研究院欧洲研究所崔洪建先后致辞，上海国际问题研究院欧中心主任张迎红研究员主持开幕式。来自上海欧洲学会、上海国际问题研究院、中国国际问题研究院、中国现代国际关系研究院、北京师范大学、复旦大学、同济大学、山西大学、上海市委党校等学术机构的20余位专家学者参加会议。

陈东晓在致辞中认为，结合即将到来的欧洲议会选举，探讨民粹主义新动向及其对未来欧洲议会选举，乃至欧洲的整个政治、社会版图产生的影响具有极其重要的意义。目前民粹主义动向呈现出三个新特点。第一，民粹主义已不局限于欧洲，在全球范围都有一定的弥散与扩张，局部地区甚至出现了联动现象。第二，对当前世界政治冲击最大的右翼民粹，显然是这一波民粹主义现象中的佼佼者，其中也涌现出很多领军人物，这应是我们关注的重点。第三，无论在欧洲、在美国、在拉丁美洲，乃至其他一些地方，民粹政治背后的强人复兴现象十分显著。

崔洪建在致辞中谈到，习近平主席多次提及“百年未有的大变局”，而对我们产生直接影响的就是政治变局，这也为弄清各个国家中所存在的不同表现形态的民粹主义指明了方向。民粹主义在欧洲代表人群有三个显著特征。第一是感到不满意，这主要指对自己的生活状况及所谓的基本权益的不满意，例如法国的黄背心运动。第二是感到不安全，这主要是由欧洲移民、难民、竞争力下降等问题而引起的一种不安。第三是没有明确的经济、政治或者社会倾向，但表现出的就是一种不高兴。很多在一些城乡接合部的年轻人，尤其是欧洲发达国家，没有明确的诉求，就是要发泄情绪。这三部分人群，构成了现在代表欧洲民粹的一个基本人群。在这样背景下，面对一个政治格局发生巨大变化的欧洲，如何应对显得非常重要。希望此次会议能够为解决问题提出一些很好的可行建议。

上海国际问题研究院欧中心副主任龙静博士主持了“民粹主义与政治分析”议题环节的发言讨论。

复旦大学国际关系与公共事务学院政治学包刚升副教授围绕“民粹主义：真与伪”指

出了现今民粹主义概念紊乱、随意滥用的乱象。他认为，这些主张反映了西方世界经过30—40年长期缓慢的变化之后，面临着新局面。它有三个主要特征：一是全球化带来的经济冲击，包括产业转移和贫富分化；二是全球化带来的人口流动，国内社会族群宗教多元主义的兴起；三是冷战结束后，国际体系中出现的三个新挑战——文明的冲突，意识形态和政治制度的冲突，以及可能的全球权势转移。这些现象的背后，不是民粹主义的崛起，而是现实主义的回归，以及这种现实主义跟大众政治的联姻。

北京师范大学马克思主义学院张伟博士借鉴政党分析的框架，从“领袖、组织、价值”三个维度，对民粹主义进行了梳理。他认为，法国“国民联盟”的兴起同样具有这些特征。第一个是威权领袖。民粹主义突出了强人政治和政党的塑造力。一个强有力的威权的领导，主要是克服他们党内的派系化倾向，协调党内不同的意见和派系，使他们的组织能更好地凝聚在一起。第二个是极化组织。“国民联盟”是一个金字塔形的集权模式。第三个是民粹价值。组织在将国民的价值转换为其他工具的过程中，会把民意中的理想诉求逐渐吸纳并转化为其潜在的选票。

中国社科院俄罗斯中亚东欧研究所朱晓中研究员主持了“各国民粹主义新动向”议题环节的发言讨论。

中国国际问题研究院欧洲研究所助理研究员吴妍就“德国民粹与主流政党的博弈”分析了目前德国选择党与德国主流政治抗衡中的三个优势与四个劣势。三个优势包括：鲜明的政策主张极具煽动性；运用新媒体优势进行针对性宣传；借助能源转型所带来的失业风险成为突破口。四个劣势为：议题创新有限；议题发挥空间有限；自身发展中的不断分裂；因缺乏其他党派支持而导致的孤立无援。同时，她还预测了选择党未来会向主流政党靠拢，不排除此后参与组阁的可能。另外，随着难民问题的重要性逐渐下降，加之反欧盟的议题又不能产生足够共鸣，选择党就此走向分裂甚至衰败的可能性也很大。

上海国际问题研究院国际战略研究所助理研究员宋卿以法国“黄背心运动”为例剖析了法国民粹主义发展现状。他认为，“黄背心运动”从原本单一、行为理性的抗议活动转变为目标泛化、政治化的反政治、反体制的运动，其实质反映了法国社会精英阶层与大众阶层难以弥合的鸿沟，这也是法国目前代议制失灵窘境的具体表现。一方面奥朗德在任时取消双重职位制的决定，导致民众的诉求缺少了沟通的渠道。另一方面，马克龙所在的前进党缺乏足以制衡爱丽舍宫的政治力量。但同时，他强调法国民粹主义的代表国民联盟由于受到财政亏空、内部党派斗争的诸多因素干扰不会做大，法国政治终将回到主流精英执政的时代。

中国现代国际研究院欧洲研究所副研究员杨芳围绕“民粹主义与英国脱欧：精英与民粹主义的持久战”展开发言。她强调，英国脱欧过程中的反复，其实质就是民粹主义与精英的较量，而英国全民公投决定脱欧就是民粹主义的胜利。他们主要发起、推动，并最终影响了公投的结果。与此同时，英国独立党更是在政治上取得了一定的突破，他们改变了主流政治的议题和议程，使得部分主流政治精英更加“民粹化”。

上海国际问题研究院外交政策所助理研究员楼项飞围绕“西班牙民粹主义政党对该国政治生态和内外政策的影响”展开发言。他认为，西班牙民粹主义政党的兴起将对该国政治生态和内外政策形成巨大的影响。左、右翼民粹主义政党将会成为社工党和人民党等传统大党拉拢的对象,成为新政府实际构成的关键因素之一,这必然使得政府在施政中融入更多的民粹色彩。这些民粹主义政党之所以能赢得民众的支持,主要源于其主张迎合了对于传统政党面对经济挑战和社会变革不力的不满心理,成为了在经济或社会危机面前,国民宣泄焦虑情绪的"代表"。

上海欧洲学会秘书长杨海峰博士主持了"民粹主义与欧洲政治和欧洲议会"议题环节的发言讨论。

同济大学马克思主义学院杨云珍副教授认为,当今欧洲随着民粹主义不断兴起,传统主流政党生态正面临着深刻的调整与变迁。这具体表现在:第一,以社会民主党为代表的传统主流政党实力大为削弱。第二,政党政治发展进一步两极化、碎片化,而由此导致的社会民意分歧加大。第三,作为民众与政府之间的政党,其桥梁的作用也受到广泛质疑。对主流政党的不信任,恐惧的政治情感与文化在德国蔓延。第四,随着民粹主义的上升,使传统的建立在政党纲领基础上的竞争性选举,被具体的"议题政治"所取代。第五,民粹主义本身成为政党竞争的新话题。第六,欧盟成为民粹主义政党指责与批评的对象,成为各成员国国内选举层面中重要的议题。这使得 2019 年欧洲议会选举将会成为一次真正意义上的跨国选举。

中国国际问题研究院欧洲研究所助理研究员张蓓就"英国脱欧的民粹主义因素与欧洲议会选举前景"发表了看法。她认为,英国选择了脱欧,但推进过程十分艰难,这表明民粹主义的主张想最终成为现实并非轻而易举,主要因为民粹主义观点"人民意志压倒一切"正受到很大的挑战,更重要的是一系列民粹派幻象出现了破裂。脱欧派关于"一个真正的伟大的全球的英国""重新发现自己一个伟大的全球的贸易国家"的政治愿景与现状相距甚远,而这根本原因在于英国并未找到自己的定位。

中国国际问题研究院欧洲研究所助理研究员范郑杰就"法国政党政治格局未来走向"按可能性的大小提出了三种假设。第一是目前形成领先的两个政党确立两党对立的格局,并且趋于稳定。第二是传统政党支持重新上升,形成多足并立的格局。第三是新政党迅速崛起,冲击现在前进党和国民联盟的地位。

上海国际问题研究院世界政党与政治研究中心主任桑玉成教授主持了"民粹主义与欧洲政治和欧洲议会"议题环节的发言讨论。

上海市委党校科社教研室殷亚天博士从民粹主义思潮角度发表了看法。他认为,只要存在一个民主国家,民粹主义就会一直存在;民粹主义以公共的利益、国家或者民主的安全为口实,实际只是为了满足一己之利;民粹主义正在重塑一批新精英;民粹主义并不可怕,有时甚至是一种进步的力量,同时也可能会成为一种可怕的政治力量。

山西大学政治与公共管理学院姬文刚副教授介绍了中东欧民粹主义政党的政策主张及对华影响。他认为中东欧民粹主义政党具备五个共有的特征:修订代议制规则;既反难民,又反移民;司法和媒体改革;强调基督教欧洲的一元性;传播欧洲怀疑主义。他强调应在以下三方面引起重视,首先是要客观评价中东欧民粹主义政党。与民粹主义政党的交往要区别对待,把握好尺度。其次是要警惕中东欧民粹主义给中欧关系可能带来的负面影响。最后是不可混淆民粹主义的学术和政治语境。

中国社会科学院俄罗斯东欧中亚研究所朱晓中研究员对民粹主义在中东欧的发展进行了分析。他认为，中东欧民粹主义源于民众对欧盟发展模式的失望，人们认为西欧的模式不再应该成为中东欧国家发展模式的基本标准。中东欧地区的民粹主义具有一些共同特征：在外部提倡主权主义和民族主义，在内部实行家长制、多数主义和反民主和法制观念，挑战转型时期的“自由主义共识”。同时，中东欧民粹主义有四大功能：第一，它是一些政党渴望改善其政治地位和争取进入联合政府的一种动员战术；第二，它是一些政党试图影响欧洲的意识形态；第三，它是一种公共政治文化，是公众的排外、超级民族主义、敌视市场经济与资本主义或反民主的情绪的集中体现；第四，它是公众对加入欧盟后能否获得较好生活的一种实用主义考量工具。

桑玉成教授在总结中提出了三点建议。一是要跳出思维定势，多从不同角度来看问题。二是要借助相对主义的观点去看问题，不能以非对即错的简单标准进行判断。三是要用发展眼光看问题。崔洪建所长从输入与输出的角度对民粹主义进行了总结。他强调，如果将民粹主义的主张、现象、运动比喻成输入部分，那么其对对外政策和对外关系的影响，可能就是输出部分，而这更应该引起我们足够重视。第一，以国家主义替代自由主义。假设民粹主义成为一种政治主张并直接作用在对外关系，那么国家主义将代替当前的所谓自由主义的国际关系准则，这直接影响到贸易、投资以及现在越来越泛化的安全。第二，以单边主义代替多边主义。民粹主义的政府或者政策，为了达到及时获利、强调自己所代表的民众利益的目的，是否会采取更多的单边行为，甚至直接以最后通牒或者讹诈的外交来代替之前所秉持的协作、谈判。第三，对财富重新分配。现今欧洲民粹主义主张财富的重新分配，这个在国内的层面是这样，在国际的层面也将要求进行财富的重新分配。如果再要求财富的重新分配，直接受害者就是中国。在一定程度上，欧洲现在跟我国提出所谓对等、公平的要求，实际上就是要求中国把过去在全球化中获得的利益重新吐出来，如果任由这种财富重新分配的思维，从国内上升到国际上，对我们将是更大的挑战。

上海市 WTO 法研究会举行“外商投资法与 WTO 现代化改革”专题研讨会

6 月 15 日，上海市 WTO 法研究会主办、上海对外经贸大学法学院承办的“外商投资法与 WTO 现代化改革”研讨会成功举办。论坛开幕式由上海对外经贸大学法学院教授张庆麟主持，上海市 WTO 法研究会会长、复旦大学法学院张乃根教授致欢迎辞。来自上海、浙江等地多所高校及律师事务所近 40 位学者及实务专家与会。

研讨会按照专题分为三个单元进行。在“国际投资法律的变革与创新”的主题研讨中，复旦大学法学院张乃根教授、同济大学法学院师华教授、上海外国语大学国际贸易金融学院张瑾教授、上海应用技术大学周美华老师、浙江工业大学法学院刘天姿老师，分别从国际投资相关知识产权及其争端解决、外国投资国家安全审查制度、新兴经济体 IFC 及其争端解决机制、德国外国投资国家安全审查制度、外资并购国家安全审查措施的可诉性等角度进行了发言。上海社会科学院王海峰研究员、华东政法大学国际法学院张磊教授对本单元的发言作了简要评议。

在“外商投资法解读”的主题研讨中，大成律师事务所高级合伙人倪建林律师、上海对外经贸大学殷敏副教授、上海对外经贸大学陶立峰副教授分别就国际投资规则立法趋势、《外商投资法》的主要内容、外商投诉机制等问题从不同角度进行解读、分析和评述。上海对外经贸大学吴岚副教授针对以上专家的发言发表了自己的学习体会。

在“新时代背景下的多边贸易体制改革”的主题研讨中，上海外国语大学张琪副教授、上海对外经贸大学宋锡祥教授、上海对外经贸大学高永富教授以中美贸易战为背景，就 WTO 争端解决机制改革、WTO 体制的现代化改革以及 WTO 改革中国方案等问题进行了分析和探讨，提出了自己的意见和建议。最后，上海大学法学院陈敬根副教授以送给 WTO 和中国的三句话对本单元的研讨作总结。

上海市 WTO 法研究会举办“我国扩大开放新格局与 WTO 改革发展的法律问题”学术年会

10 月 19 日，上海市 WTO 法研究会举办 2019 年会员大会暨“我国扩大开放新格局与 WTO 改革发展的法律问题”学术年会，会议由张乃根会长主持，上海财经大学法学院院长宋晓燕教授致辞。来自国内各省市高校、科研机构和实务部门的近 50 位会员及 20 余位本市高校研究生参加了本次会议。

研究会首先举行第二届理事会第二次全体会议，讨论并通过张乃根会长代表理事会所作 2019 年工作报告，秘书长梁咏汇报其他有关工作，并提请会员大会审议。理事会还讨论了明年工作计划及相关事宜。在随后举行的研究会第二届会员大会第二次全体会议上，审议并表决一致通过理事会报告等内容。

随后举行的学术年会分为三个专题研讨阶段。在第一个专题“扩大开放与上海自贸区新片区相关法律新问题”中，研究会副会长、上海交通大学凯源法学院胡加祥教授、上海对外经贸大学法学院副教授陶立峰理事、湖南师范大学法学院国际经济法研究所所长黄文旭博士、上海对外经贸大学法学院教授宋锡祥理事分别以“我国自由贸易港立法模式探讨”“上海自贸区投资争端解决的突破与路径”“境外仲裁机构在中国境内的法律问题研究”“粤港澳大湾区多元纠纷解决机制的构建”为题作主旨发言，研究会副会长、华东政法大学国际法学院贺小勇教授结合上海自贸试验区新片区设立及最新发展作评论，并与发言人开展互动讨论。

在第二个专题“中美经贸摩擦与人民币国际化”中，研究会副会长、上海大学法学院陈剑平教授、华东理工大学外事处副处长及法学院副教授彭德雷理事、复旦大学法学院副教授梁咏秘书长和华东政法大学国际法学院韩逸畴讲师分别以“中美贸易摩擦与人民币国际化”“认真对待中国发展中国家地位问题”“多边贸易体制分化背景下中国的非市场经济地位的对策研究”“国际规则的‘结构性例外’：以贸易协定中的例外规定为例”为题发言，上海对外经贸大学贸易谈判学院江清云副教授和上海大学法学院陈敬根副教授作评论，并与参会者展开了热烈的讨论。

第三个专题“WTO 争端解决与改革相关法律新问题”由上海海事大学法学院教授沈秋明理事主持，上海财经大学法学院教授张军旗理事、同济大学法学院教授师华理事、上海对外经贸大学贸易谈判学院副叶波副教授和副会长贺小勇教授分别以“补贴与反补贴协议中‘公共机构’法律解释”“WTO 国家安全例外条款适用新趋势”“世贸组织渔业补贴制度的改革与展望”“中国尽早加入政府采购协定的法律建议”等为题作发言，江南大学法学院高凛教授和上海政法学院国际法学院曹金俊副教授作评论，并就 WTO 争端解决与有关改革问题展开深入讨论。

来自全国各高校、研究机构的 12 位专家学者做了专题交流发言，6 位评论人对交流发言做了精彩点评。通过学术交流，大家对 WTO 补贴问题、安全例外、国际贸易协定中的例外条款、渔业补贴、政府采购协定进展与中国策、中国的发展中国家地位、自贸港立法、自贸区争端解决机制的完善、人民币国际化等重要问题有了更深入的考量和探究。张乃根会长对会议进行了简要总结。

上海市 WTO 法研究会举行争端解决专题研讨会

10 月 22 日，由上海市 WTO 法研究会与复旦大学法学院合作举办的“WTO 争端解决新发展”研讨会在复旦大学江湾新校区法学院举行。WTO 上诉机构参赞 Carlo Gamberale 及其夫人 WTO 争端解决机构书记官 Lizzie Medrano Gamberale，上海市 WTO 法研究会会长张乃根教授分别做主旨发言。复旦大学法学院副院长陈力教授，马忠法教授、梁咏副教授、陈立副研究员及来自上海交通大学凯源法学院、上海对外经贸大学等校教师和研究生代表 30 余人参加会议。

本次研讨会首先由 Carlo Gamberale 先生就“WTO 对非贸易问题的例外规定”问题进行了主题发言。Carlo Gamberale 先生主要介绍了 WTO 规则的一般例外与国家安全例外条款，详细解释了各条款的内容及其在案例中的具体应用，阐述了实践案例中 WTO 争端解决机构对例外条款解释态度的变化与发展。

随后，WTO 争端解决机构书记官 Lizzie Medrano Gamberale 对 WTO 争端解决的程序进行了介绍，包括磋商、成立专家小组、上诉、通过和执行五个阶段。她进一步讲解了各阶段的具体规定与这些规定在实践中的运作情形。

最后，张乃根会长以“专家组对与某些关键问题有关的特殊例外的最新解释”为题进行演讲。他主要从“乌克兰诉俄罗斯运输限制措施案”“加拿大诉美国软木反倾销差别定价方法案”“乌克兰诉澳大利亚香烟无装饰包装案”三个具体案例出发，探讨了成员方对于某些关键问题援引 WTO 例外的特殊情形及专家组报告对这些例外的解释。他也对 WTO 争端解决机制的未来提出了展望。

上海市日本学会召开第八届会员代表大会暨学术研讨会

11 月 16 日，上海市日本学会召开第八届会员代表大会，进行换届选举。换届大会由第七届理事会副会长兼秘书长陈永明主持。大会审议并通过了学会第七届理事会工作报告、财务报告和新的章程，选举产生了新一届学会理事会和监事。在随后召开的第八届理事会第一次会议上，与会理事选举产生了新一届学会领导班子。胡令远为会长，陈子雷、金永明、陆慧海、苏智良、季卫东、武心波、蔡亮、吴宇桢为副会长，蔡亮兼任秘书长。

胡令远会长主持了“新时代新起点的中日关系”学术研讨会，中华日本学会常务副会长高洪、上海市日本学会副会长苏智良、上海市日本学会副会长陈子雷分别作了以“论中日关系历史性转变的过程与问题”“抗战文献数据平台的开通及其历史意义”“中美贸易摩擦背景下的中日经济互动”为主题的学术报告。

民办社科研究机构

上海知识产权研究所举办“区块链与知识产权保护”研讨会

11月20日，上海知识产权研究所主办，上海市协力律师事务所、上海金盛协力知识产权代理有限公司协办的“区块链与知识产权保护”研讨会成功举办，游闽键研究员发表致辞。该研讨会也是上海市社会科学界联合会第十三届（2019）学会学术活动月项目之一。

近年来，区块链技术在实践中逐渐被各行各业重视和应用。尤其在司法领域，2018年9月18日杭州互联网法院司法区块链上线；2018年12月22日北京互联网法院“天平链”上线；2019年3月30日广州互联网法院“网通法链”上线。目前，三大互联网法院全部上线司法区块链，用科技驱动司法改革，提升纠纷解决的效率，如何将区块链与知识产权保护结合起来越来越值得关注。

保全网总经理陈豪鸣从共建可信互联网实践的角度探讨区块链技术司法实践中的应用。他从全国首例区块链存证案在杭州互联网法院一审宣判的实例出发阐明区块链技术首次得到司法认可，线上维权路径第一次被打通，线上维权成本大幅降低。此外，目前杭州互联网法院、北京互联网法院、广州互联网法院有关区块链存证的证据得到采信，区块链存证在知识产权维权领域的运用具有可能性。目前区块链的存证能够构建完整的区块链司法联盟体系，保障区块链数据的真实有效。共建可信互联网的基石是区块链技术，区块链技术当前司法领域的运用对于未来知识产权保护的运用同样存在积极的借鉴意义。

徐汇公证处潘浩主任从公证的角度阐述目前区块链技术在知识产权公证中使用的现状。区块链技术的产生对于传统的公证方式具有一定的冲击，传统的公证方式也在进行思维的转换，探索“公证＋区块链”在公证中的运用。徐汇公证处成立“双中心”、实体类公证、电子数据存证、利用区块链技术存取证平台等方式进行区块链与知识产权结合的探索与实践。

北京众享比特科技华东区负责人杨琦从区块链发展现状及趋势两大方面阐释区块链的发展进程，把区块链作为核心技术自主创新重要突破口，加快推动区块链技术和产业创新发展。基于区块链技术对数据的收集、储存和应用的过程，具有去中心化、不可篡改、集体维护、系统透明等特征，拥有完整的数据结构索引与数据关联内容。中国区块链市场将迎来快速增长,产业区块链将是战略技术趋势。区块链技术的发展对于知识产权领域的保护未来不仅仅在存证方面发挥优势,对于知识产权的保护也有更多的可行性。

协力律师事务所郑鸣捷律师首先介绍区块链技术十年的发展历程,从 2008 年金融危机下诞生的比特币到 2018 年区块链 3.0 时代的到来,区块链应用场景越来越多样化。她从区块链技术的专利保护的角度阐述区块链在专利领域的发展。目前全球公开区块链的申请数量高达 1.8 万余件,中国当前区块链专利申请量位居第一,但大多处于审查阶段,授权专利多为实用新型、边缘性的专利。区块链技术的专利保护需要注意结合应用场景,商业模式类技术需要提高创造性、梳理开源协议避免违约、尽早布局单个专利保护或成组专利保护,形成上下游专利布局。

学术期刊

XUE SHU QI KAN

“中国城市的全球定位——全球城市的问题域和生长点”圆桌会议召开

1月9日，由上海交通大学中国发展研究院与《探索与争鸣》编辑部联合举办的“中国城市的全球定位——全球城市的问题域和生长点”圆桌会议在上海交通大学举行。《探索与争鸣》主编叶祝弟和上海交通大学陈宪教授先后致辞。来自上海交通大学、同济大学、南京大学、华中科技大学、华东师范大学、上海财经大学、华东政法大学、上海社会科学院等单位的十余名专家学者，围绕全球城市的内在逻辑、新内涵与新标尺、全球城市升级等问题开展深入交流。

浦东改革与发展研究院副院长徐建以“全球城市”的发展逻辑与未来趋势做引言。他从“全球城市”的概念历史出发，区分了狭义与广义的“全球城市”概念，指出今天我们应该聚焦萨森、弗里德曼所用的狭义“全球城市”概念，从价值链变化的决定性、融入世界城市网络的必然性、连接战略的重要性、不同城市之间的层次性四个方面出发，对“全球城市”的发展逻辑进行了概述。他还对上海迈向卓越的“全球城市”的实践逻辑做了简要说明，将其归结于国家逻辑、开放逻辑、平台逻辑、创新逻辑、协同逻辑、包容逻辑、可持续七个方面。

华东师范大学中国现代城市研究中心主任宁越敏教授以上海建设“全球城市”的路径做主题发言。宁越敏教授回顾了他从20世纪80年代末开始接触“全球城市”学说的过程以及上海从90年代开始逐步建设国际经济中心的历史，指出上海的发展目标正是走向“全球城市”。宁越敏教授指出，有两个方面可以做研究，一方面，“全球城市”的建设与其所在国家的发展密切相关，而目前中国的综合国力尚未达到能支撑一个“全球城市”的程度；另一方面，中国有着庞大的国土面积与人口，不可能像欧洲国家一样只有首都一个“全球城市”，而目前北京与上海双中心格局中决策与执行的分离，是制约上海走向“全球城市”的另一因素。

上海交通大学安泰与经济管理学院执行院长陈宪教授的发言围绕上海如何提升城市能级和核心竞争力展开。陈宪教授指出，上海建设“全球城市”实际上就是要提升城市能级和核心竞争力，动态地来看，就是完成城市能力的自我更新，而城市的更新也是产业的更新、市场的更新。上海虽然目前在国内已经具有了可观的经济体量与金融优势，但要建设“全球城市”，还需要在创新生态方面改进，这点可以参考深圳的机器人与无人机产业链。陈宪教授期待，未来能有更多关于上海和深圳在城市能力上的比较研究。

同济大学的诸大建教授聚焦“上海 2035”背后的学理，介绍了“全球城市”3.0 版本，他称之为“双向竞争模型”。双向竞争模型是双元竞争力，以经济发展为核心竞争力，并创新性地加入对经济的发展动力的考虑：科创中心和文化场域，即城市的品质。城市品质是对原来“四个中心”（金融中心、航运中心、贸易中心、经济中心）的深化，是“全球城市”长期的可持续的发展潜力。城市品质展开为四个方面：物质资本、人力资本、自然资本、体制资本。并且，诸大建教授强调科创中心和文化场域不能各自做，“一个卓越城市的函数是里面变量的乘数的积而不是和”。他特别指出“上海的城市化是学者的宝地”，上海学者要盯住做城市，展开“全球城市”和全球化城市的多维度讨论。

上海交通大学陆铭教授以“迈向都市圈的‘全球城市’”为题报告。他首先区分了“中心城市”“中心城区”“都市圈”三个概念，将“都市圈”定义为“一个小时的轨道交通之内达到日通勤”。根据此定义，陆铭教授提出关于上海人口及人口结构的两个误解：上海并非人太多；上海的人口结构也没有特别开放，上海人口仍有增长空间。同时，通过厘清城市圈的概念，他分析了控制人口和开放强度与上海创新之城、生态之城和人文之城的目标之间的三个冲突：第一，人口增长带来的土地需求与控制土地开发强度的冲突；第二，生态用地与房价之间的冲突；第三，控制人口自由流动与社会和谐之间的冲突。他认为，控制人口会对“全球城市”吸引人才的竞争力产生不利的影响。

上海社会科学院屠启宇教授从“如何从规划到建设”的想法入手，提出上海对标伦敦、纽约，但是“上海不是要成为伦敦、纽约，伦敦、纽约不是上海的目标城市”。在此视野下，上海的担当应包括三方面：上海要做“国际大都市”，而非中国国家中心城市，或者“中国的‘全球城市’”；上海应提高供应公共产品的能力，对此应有整体的考虑；上海需要探索“全球城市”的升级迭代，特别是面向创新、创意、智慧、智能的探索者，为中国找到一条可持续的发展之路，也向世界证明中国和发展中国家“和平崛起”的方式。最后，屠启宇教授总结上海设定卓越的“全球城市”目标只是开始，上海需要参与筹建“全球城市”理论，“全球城市”的建设需要考虑一个“转向”，在新视野下找到新的思维和能力建设。

华东师范大学城市与区域规划研究院院长曾刚教授以城市生态圈为主题发言。曾刚教授谈到，上海“全球城市”的建设离不开长三角生态圈的支撑。从创新方面来看，科教和大型的创新活动主要集中在大型城市进行，而生产或者成果转化近年来则渐渐聚集于中小城市，因此上海必须要和周边的城市进行良好的对接。而从生态方面来讲，上海应与周边城市形成一小时通勤圈、三小时生活圈、五小时生态圈，而这就要求长三角城市之间要有较完整的交通支撑，以及有良好的市场合作环境。相较于深圳，上海的企业合作较薄弱，因为包括上海在内的长三角地区，所有的技术市场都是与行政机构高度融合的，企业间的技术交流与人才交流受到较大的限制。

此外，南京大学建筑与城市规划学院陈浩副研究员、华中科技大学马克思主义学院董慧教授、华东政法学院的姚尚建教授、上海财经大学陈忠教授、华东师范大学张凡博士后也从各自研究的领域参与讨论，相互争鸣，共同探讨全球城市相关问题。

2018 年度“中国十大学术热点”发布会暨哲学社会科学学术研究展望论坛在北京举行

1月10日，2018年度“中国十大学术热点”发布会暨哲学社会科学学术研究展望论坛在中国人民大学举行。此次发布会和论坛由《学术月刊》杂志社、中国人民大学书报资料中心和《光明日报》理论部共同主办。

中国人民大学副校长刘元春教授、上海市社会科学界联合会专职副主席解超教授在会上分别致辞，《光明日报》理论部主任薄洁萍宣读2018年中国十大学术热点条目，原国家新闻出版总署副署长、中国新闻文化促进会理事长李东东发表讲话。中国人民大学书报资料中心主任武宝瑞主持会议。来自中国社会科学院、上海市社会科学界联合会、中国高等教育学会、上海社会科学院、人民出版社、北京大学、清华大学、复旦大学、北京师范大学、中国政法大学、中央民族大学、上海师范大学、中国人民大学、《光明日报》社等机构的领导、学者、期刊及媒体代表共150余人参加了会议。

会议正式发布了2018年度“中国十大学术热点”，分别是习近平新时代中国特色社会主义经济思想研究，马克思主义与当代社会，改革开放40年：经验总结、理论创新与学科发展，高质量发展下的现代化经济体系构建，乡村振兴战略研究，国家监察体制改革与刑事诉讼制度的衔接，海洋史研究的拓展，新时代教师队伍建设研究，算法主导下信息传播的社会影响与挑战，大数据视域下数字人文研究。

除上述入选的十个学术热点之外，国家安全视角下的金融风险防控研究、大数据时代背景下的数字政府治理、正当防卫的原理与运用、人工智能的法律规制、朱子学的返本开新、简帛与中国古代社会研究、网络文学及其价值导向、文化自信与当代中国文化发展、新时代中国社会政策的创新、中华民族共同体意识研究被列入2018年度十大学术提名热点。

2018年度中国十大学术热点是对2018年我国哲学社会科学学术研究重要成果的系统梳理和总结，客观反映了我国哲学社会科学学术研究发展趋势和学术理论界的热点、焦点和亮点。

随后举办的哲学社会科学学术研究展望论坛上，中国人民大学哲学院郝立新、中国社会科学院大学21世纪当代中国马克思主义高等研究院邓纯东、中国高等教育学会管培俊、复旦大学公共经济与政策研究中心石磊、中国人民大学新闻学院胡百精五位专家学者就2019年我国哲学社会科学学术趋势展望做主题报告，他们从各自研究领域出发，总结回顾 2018 年哲学社会科学学术研究现状，对 2019 年学术界的研究方向、关注重点和创新思路进行分析和预测。

中国十大学术热点评选活动始于 2003 年，已成功举办了十六届，成为我国重要的年度学术活动，在我国人文社会科学研究和学术出版界赢得了良好声誉和广泛影响力。该评选活动基于年度论文发表量的数据分析，参考年度内重要主题学术会议的召开频次，经过读者调查、学者推荐、专家评议、投票确定等程序，评选出当年度的中国十大学术热点和十大提名热点。评选活动坚持以习近平新时代中国特色社会主义思想为指导，密切关注中国特色社会主义伟大实践过程中的理论创新、实践创新和学术创新，清晰呈现中国学术发展脉络，营造"社会关注学术，学术贴近社会"的理论创新氛围，推动了中国特色哲学社会科学学科体系、学术体系、话语体系建设。

“人文社科研究如何突破学科藩篱，切中现实问题”圆桌讨论会召开

1月13日，由《探索与争鸣》编辑部、华东师范大学思勉人文高等研究院共同主办的“人文社科研究如何突破学科藩篱，切中现实问题”圆桌会议在华东师范大学召开。本次会议开幕式由华东师范大学思勉人文高等研究院院长郁振华主持，上海市社会科学界联合会专职副主席、秘书长解超致辞。来自南京大学、华东师范大学、复旦大学、上海交通大学、上海财经大学、上海师范大学、上海戏剧学院等的专家学者就相关话题激荡思想，讨论热烈。

解超教授在致辞中谈到，回顾历史，当人类社会经历重大变革、重大转型的时候，往往也是人文社会科学取得重大发展和进展的时间段。从1919年、1949年、1979年再到2019年这几个时间节点来看，中国社会发生了非常深刻、重大、广泛的变革和转型。经历这么多年的深刻变革，这么多年的独特实践，现在应该是回过头来总结，从实践经验中提炼概念并进而形成知识体系的时候。社会转型赋予了人文社会科学研究很大的发展空间，问题是如何发展？今天的题目是怎么打破学科的藩篱，其中包括了许多有待解决的理论和实践议题。

华东师范大学党委书记童世骏教授指出，跨学科问题讨论已久，甚至成了一个意识形态。跨学科研究最重要的依据，在于研究真实的问题——真实的问题多半是跨学科的。如果不从事跨学科研究，或者不关注自己受训练的学科以外的研究成果，这个研究多半只是很抽象的问题研究。因此，他主张对此次会议的主题进行深刻反思。

与会专家分别就如何突破学科藩篱与学术专业分工，如何直面社会问题并扎根于具体的现实脉络，为何中国人文社会科学对中国社会存在的问题缺乏共识，如何平衡好事实与价值、认知与审美，如何完成当代中国的意义体系重建，如何更好地推进跨学科对话，如何通过大学通识教育提升专业学科之间的融合，学术与现实如何完成对接与关联，学科建设与学术研究之间的张力等问题展开了热烈讨论，取得了丰硕的讨论成果。

“城市社会与涂层正义”学术研讨会召开

《探索与争鸣》杂志在 2019 年第 2 期发表了上海财经大学陈忠教授的《涂层正义论——关于正义真实性的行为哲学研究》一文。陈忠教授在文中创造性地提出“涂层正义”的概念，在学术界引起了强烈反响。“涂层正义”概念的延伸和思考，有助于揭示当代中国社会众多纷繁复杂的现象背后的本质问题。本着推动学术争鸣的立场，3 月 17 日，《探索与争鸣》编辑部、《天津社会科学》杂志社、《广州大学学报》(社会科学版)杂志社与上海财经大学人文学院共同在社联大楼举办“‘城市社会与涂层正义’学术研讨会”。与会的近二十位专家激荡思想，就城市社会与涂层正义这个主题及中国当下一些重大的问题各抒己见、激烈交锋。

参会专家学者就“涂层正义”的概念辨析、深层挖掘与存疑进行深入探讨，并就“涂层正义”与马克思主义哲学的发展以及与中国哲学的对话等问题展开讨论。会后专家们表示，本次研讨会为大家留出了充足的讨论空间，不论是话题的选择，还是议程的设置，都做到了有的放矢，具备相当高的学术价值。

《探索与争鸣》杂志后续将持续关注和推动相关话题的讨论，刊发更多兼具社会影响力和学术价值的好文章。

2018 年度复印报刊资料转载指数排名发布，《学术月刊》《探索与争鸣》名列前茅

2019 年 3 月 26 日，中国人民大学人文社会科学学术成果评价研究中心和中国人民大学书报资料中心联合研制的 2018 年度复印报刊资料转载指数排名正式发布。该排名根据人大复印报刊资料近 100 种学术系列期刊在 2018 年度转载的学术论文数据，对中国人文社科期刊和教学科研机构进行了统计排名。上海市社联主办的《学术月刊》和《探索与争鸣》两本期刊分获全国社会科学院、社科联主办综合性期刊排名第一和第三的好成绩。

近年来，在上海市社联党组的领导和支持下，《学术月刊》始终以马克思主义理论为指导，以"敢为学术先，宽容百家言"的学术之气、敦厚之风、超拔之度自期，以繁荣发展哲学社会科学为己任，积极贯彻"双百"方针，倡导理论创新，注重反映国家思想文化建设与现代化建设进程的重大理论成果与学科前沿成果；《探索与争鸣》长期以来坚持追踪时代和改革大潮，捕捉学术前沿问题，将理论探索与学术争鸣相结合，在全国思想学术期刊中独树一帜。近年来该刊立足于"有学术的思想"，坚持"思想温暖学术，学术关怀现实"的办刊理念，坚持"提倡自由探索，鼓励学术争鸣"的办刊风格，坚持以当下性、公共性、跨学科、思想性为核心的办刊特色，通过加强选题策划、组织高端论坛、创新传播方式、支持青年发展，形成了刊物、论坛、新媒体、丛书与青年共同发展的五位一体的良好格局，取得了良好的社会效益。

自 2001 年起每年 3 月，《光明日报》《中国新闻出版广电报》等媒体同时发布上一年度"转载排行榜"。该排行榜和研究报告提供了有价值的客观数据和信息，在一定程度上反映了我国人文社科期刊阵营和学术研究机构的分类、布局、水平、变化和发展态势等状况，一直受到期刊界、教学科研机构和广大人文社会科学工作者的高度关注和广泛重视。

第三届全国青年理论创新征文颁奖大会暨“中国知识体系构建与青年使命”青年论坛在沪举行

3月29日，由国家社科基金、上海市委宣传部、上海市新闻出版局共同资助的《探索与争鸣》第三届全国青年理论创新征文颁奖大会暨“中国知识体系构建与青年使命”青年论坛在上海市社联举行。中共上海市委宣传部副部长、市新闻出版局局长徐炯出席活动并讲话，上海市社联党组成员、专职副主席解超主持会议。来自上海市社科规划办、中共上海市委宣传部传媒监管处、《学术月刊》《复旦大学学报》《华东师范大学学报》（哲学社会科学版）、《华东师范大学学报》（教育科学版）、《华东政法大学学报》《社会》《国际比较文学》《高等学校文科学术文摘》《社会科学报》《解放日报》《文汇报》等管理机构、学术刊物、理论媒体的代表及获得第三届全国青年理论创新征文奖的26位青年学人与会。

徐炯在讲话中充分肯定了《探索与争鸣》编辑部和众多专家学者的辛勤付出，鼓励上海市社联与《探索与争鸣》多发现和培养青年理论人才。他引用习近平总书记在全国“两会”期间对参会文艺界、社科界代表的讲话，鼓励青年学者要像习近平总书记所嘱咐的那样，高度重视调查研究和理论创新，把握群众思想脉搏，把学问写进群众心坎。他还回顾了上海学术文化的发展历史，指出要吸引文化人才，除了要打造配套的硬件设施，更要激发出版社、期刊社、报社等文化机构的活力，并勉励上海的社科期刊以及广大文化媒体要不断增强辐射全国、服务全国的文化意识和文化能力。

会上，《探索与争鸣》编辑部主编叶祝弟从组织情况、来稿情况、获奖情况、社会支持、征文总结五个方面汇报了本次征文活动的基本情况。据悉，本次征文以“从新时期到新时代：中国改革再出发”为主题，面向全国青年学人，历时一年，一共收到了900多篇来稿。这些征文密切关注我国现代化的进展，尝试运用不同研究视角和学术范式来解答新时代的新问题，具有关注社会现实、积极思考国家治理体系和治理能力、重视农村问题、聚焦文化研究、在新时代的语境下积极讨论中国特色社会主义建设相关问题等特征，分布在法学、管理学、文学、社会学、哲学、教育学、政治学、历史学、新闻传播学等十多个领域；编辑部以公平公正公开为原则，经过编辑部初审、专家匿名评审和资深学者终审，最终选出26篇获奖论文。近年来，《探索与争鸣》编辑部一直致力于实现学术期刊与青年学者的共同成长，通过青年理论创新征文、青年学人支持计划、青年学人优秀论文支持计划等一揽子举措，发现和培养优秀青年学人。

本届征文活动的两位获奖代表以及学者代表、学术期刊代表先后发言。一等奖获得者、来自中央民族大学的硕士研究生李旭东回顾了论文写作过程，他从对劳动者的关怀出发，深入京郊代耕菜农这一群体的日常生活，结合相关理论知识探讨了中国社会转型过程中的劳动者的过渡生活状态问题。二等奖获得者、同时也是上届一等奖获得者，来自中国人民大学的讲师冯庆回顾了自己两年来的学术成长和心路历程，指出当代青年学人需要具备坚忍不屈的品质和长期积淀的耐心，而非急于对现在的问题发表结论，才能在新思潮不断涌现的时代实现长远而平稳的发展。

上海市人民政府上海研究院第一副院长李友梅教授作为学者代表在发言中表示，在青年知识分子推进理论创新的过程中，要把握好知识自觉与文化自觉、学术话语与实践认知、敬惜字纸与学术自觉这三对关系，用学术话语讲好中国故事，更好地建设中国社会科学的知识体系。

《复旦学报》主编汪涌豪教授作为期刊主编代表从分业与综合、问道与问学、知道和知识三对关系出发，鼓励青年学人突破学术藩篱、拓宽问题视野，在精研学术的同时用所学到的知识回馈社会、服务大众。

颁奖大会结束后，华东师范大学瞿骏教授、外交学院施展教授、复旦大学薛小荣副教授三位入选《探索与争鸣》优秀青年学人支持计划的代表，分别就“北京—上海‘双塔’与五四时期中国知识体系的构建”“时代变迁与知识体系的演化”“超大规模国家的变革与治理：对戈尔巴乔夫改革的思考”，聚焦中国知识体系构建，为与会者做了内容丰富、严谨生动的主旨演讲。

在下午举行的青年论坛上，获奖代表围绕“中国知识体系构建与青年使命”这一论坛主题，结合自己的求学历程、治学困惑、学术展望等，分别就“学科自主性与跨学科发展”“量化方法与质性研究”“中西学术话语体系对话”“学术研究与现实关怀”等话题交流了看法和感受。

《学术月刊》杂志社 3 位期刊人获评“从事期刊出版工作 30 年”荣誉称号

3 月 19 日，由上海市期刊协会主办、《学术月刊》杂志社承办的“从事期刊出版工作 30 年”座谈会在上海市社联召开。座谈会由上海市期刊协会会长王兴康主持，上海市委宣传部有关领导、协会历任会长及现任副会长代表、入选的期刊出版工作者代表出席会议。

此次“从事期刊出版工作 30 年”评选活动，上海地区共有 27 位期刊工作者入选。《学术月刊》杂志社原总编黄迎暑、原总编田卫平和目前仍然坚守在期刊工作第一线的副编审沈敏获奖。

座谈会上，王兴康会长对长期献身于期刊事业、支持协会各项工作的期刊人表示由衷的谢意和敬意，对入选“从事期刊出版工作 30 年”荣誉的出版工作者表达热烈的祝贺。张玉青副会长宣读了中国期刊协会公示的获奖名单。会议邀请了《学术月刊》杂志社沈敏老师等 6 位获奖代表先后交流发言，分享办刊感悟与体会。

此次座谈会既是对长期坚守出版事业的期刊工作者辛勤努力与付出的高度肯定与赞扬，总结、传承和发扬老一辈期刊工作者的光荣传统，也是鼓励广大期刊工作者不忘初心、继续前行，共同书写上海期刊发展新篇章。

“全媒体时代上海人文社科学术期刊发展的使命、机遇与挑战”研讨会召开

4月10日下午，“全媒体时代上海人文社科学术期刊发展的使命、机遇与挑战”研讨会在上海市社联召开。本次会议由《学术月刊》杂志社主办，《复旦学报》《华东师范大学学报》《社会科学》等上海地区人文社会科学学术期刊代表以及《解放日报》《文汇报》《社会科学报》《中国社会科学报》等媒体代表参加此次会议。

会议由上海市社联专职副主席任小文主持，上海市社联党组书记权衡和上海市委宣传部传媒监管处处长赵靖分别致辞。权衡书记对与会专家表示热烈的欢迎和诚挚的感谢，高度肯定了《学术月刊》和《探索与争鸣》两本刊物在2018年取得的成绩，指出期刊和论文是一个相辅相成的关系，一个好的作者，加上好的编辑，才能打造一份好的刊物，认为当下期刊主要的任务是在全媒体时代如何处理好中国刊物的本土化和国际化的关系，如何处理好纸质刊和电子刊的关系，以及如何重新审视当今的学术评价、期刊评价和人才评价等问题。

上海市委宣传部传媒监管处处长赵靖认为在全媒体时代，舆论生态、媒体格局和传播方式都发生着深刻的变化，正在重组内容生产与信息传播的链条，传统媒体必须与时俱进，与时代接轨，探索新媒体时代人文学术期刊数字化和国际化的有效路径。

《学术月刊》常务副总编辑姜佑福作会议研讨主题说明，并对2019年上海市人文社科学术期刊发展报告的写作进程，以及《学术月刊》杂志社与中国知网合作推进人文社科学术期刊数字化转型与国际化发展的具体做法作了简单的介绍。

上海市期刊协会副会长兼秘书长、上海大学期刊社社长秦钠认为互联网改变了过去的阅读方式和传播方式，期刊出版应该抓住技术变革的历史契机，让传统出版插上新技术翅膀，实现内容增值。上海市期刊协会副会长、上海故事会文化传媒有限公司总经理夏一鸣对《上海期刊发展报告(2019)》“社科学术”部分的研讨提纲作了一个总体的评价，认为人文社科学术期刊的国际化需要总结和借鉴其他国际期刊的经验，创新国内期刊的现有方式。

与会嘉宾主旨发言环节，《国际比较文学(中英文)》主编姚申认为社科学术期刊的国际化不仅仅是简单地将中文期刊翻译成外文，而是要将汉语期刊发展成国际学术期刊，现阶段国家应当重点扶持中英文双语国际期刊。上海财经大学出版社社长金福林认为，无论是人文社科学术期刊的数字化还是国际化，最核心的是要有一支高水平的编辑队伍。

《复旦学报》(哲学社会科学版)副主编吕晓刚认为社科学术期刊的宗旨是要坚持学术本位和原创性,在栏目建设上,要有自己独特的定位。《社会科学》总编辑胡键认为社科学术期刊国际化不是简单地将学术文章翻译成英文,要用对方的文化符号引导对方来对中国文化进行认知,从而可以对中国文化产生积极的看法,简而言之,就是进行文化符号的转换。

《高等学校文科学术文摘》编辑中心副主任袁康认为上海人文社科学术期刊的全国影响力在逐渐下降,应抓住全媒体时代的发展机遇,顺应历史潮流,提升在全国的影响力。《探索与争鸣》主编叶祝弟认为学术刊物不应局限于学术排行榜,而应该致力于满足现实社会的需要,综合类社科学术期刊要有自己的办刊理念,注重多学科的协同研究,当下的评价体系应针对综合类学术期刊自身的特性进行有效评价。《社会》执行主编肖瑛认为中文刊物的国际化需要采用英文原创的文章,做到在内容和研究主题上真正是"中国的"。《华东师范大学学报》编辑部副主任胡岩提出,《上海期刊发展报告(2019)》的写作要着重体现上海地区期刊发展的特色与亮点,尤其是要同 2018 年既有的报告内容区别开来,避免雷同。《哲学分析》副主编韦海波认为,应慎重对待数字化时代对评价体系造成的多方面影响。

《社会科学报》总编辑段钢认为,上海社科期刊界对数字化时代的理解明显落后北京,数字化建设需要上级单位在人力物力上的鼎力支持,并且在图文排版和形式上需要重新创建,要注重同大平台的合作,通过现代算法挖掘出更多潜在的读者。《中国社会科学报》上海记者站站长查建国认为,5G 等新信息技术将会对社会带来极为深刻的变化,传统媒体应抓住机遇,多做尝试,实现传统媒体与新媒体的融合,上海的学术刊物应充分发挥自己的优势,打造南方的综合性社科学术平台。《文汇报》首席评论员杨逸淇认为,上海学术期刊要有建构上海学术文化品牌的自觉和自信,学术期刊的国际化要在内容和选题上具有国际视野。《解放日报》上观新闻"思想汇"主编王珍认为,学术影响力不等于学术传播力,传统学术刊物不需要一味追求传播,应该重在产生思想。

上海市期刊协会会长王兴康作会议总结。王兴康会长肯定了此次会议的重要意义,认为国内社科期刊对中央创建国际一流科技期刊的号召反应还不是很强烈,社科期刊工作者同样有责任和义务把中国的社科期刊推向国际,本次研讨可以说得风气之先。上海期刊协会组织期刊界代表撰写上海期刊发展报告主要是为了摸清上海期刊的现状和家底,客观认识上海期刊在全国范围内所处的位置,厘清上海学术期刊的长处和劣势,从而确定上海学术期刊未来发展的努力方向。

第二届中国城市问题(上海)论坛青年论坛召开

4月20—21日,第二届中国城市问题(上海)论坛青年论坛在杭州举行。本届论坛由浙江传媒学院主办,浙江传媒学院新闻与传播学院和《探索与争鸣》编辑部联合承办,浙江传媒学院学科建设与研究生管理处协办。论坛以“城市与情感”为主题,来自全国30多个高校和科研机构的60余位专家学者齐聚杭州,共话中国城市发展的前沿议题。本次论坛于2018年底开始公开征稿,筹备组共收到来自国内30余所高校和科研院所的70余篇学术论文,经过专家匿名评审最终有39篇论文入选本次论坛进行分享和讨论。

在主旨演讲环节,山东师范大学张丽军教授、上海交通大学文学武教授、四川师范大学刘永丽教授、苏州大学易前良教授、上海政法学院张永禄教授、浙江传媒学院杨向荣教授等6位受邀嘉宾相继发表主旨演讲。主旨演讲部分后,本届论坛设置了六场主题发言。在为期一天半的议程中,与会的青年学者分别围绕“都市·现代·体验”“媒介·情感·交往”“城市·空间·地理”“文学·想象·书写”“具身·感觉·事件”五个议题,展开深入研讨,探索社会现代化进程中的城市镜像,讨论城市发展中物理景观的变迁和心理空间的建构,交流城市中集体记忆的传承和地方情感的迁移。

本届论坛是中国城市问题(上海)论坛青年论坛的第二届论坛。由《探索与争鸣》编辑部发起组织的“中国城市问题(上海)论坛青年论坛”旨在深入研究中国城市新问题、新现象,促进关注中国城市问题的青年学者之间的学术交流、思想碰撞,促进中国城市问题研究新生力量的成长,推动本领域研究水平的整体提高。论坛鼓励开门见山的学术批判和争鸣,以文会友、直面问题,倡导求真务实的学术作风。首届中国城市问题(上海)论坛青年论坛于2018年5月12日在苏州举行,主题为“城市·空间·记忆”。延续首届论坛主题,本届论坛聚焦“城市与情感”,重点探讨城市与人的关系,注重从精神与情感层面观照城市发展。中国的城市化与中国改革开放相伴而行,经过40余年的发展,城市问题已经成为当下中国社会的时代命题。中国城市问题(上海)论坛青年论坛以城市为焦点,连续举办两次主题论坛,汇聚了一批关注城市问题的青年学者,展现了大批研究城市问题的前沿成果,为我国城市议题研究搭建起一个重要平台。

“新型互助养老模式:时间银行与区块链”圆桌会议召开

4 月 27 日,由《探索与争鸣》编辑部、华东师范大学经济与管理学部主办,货殖 365 经济研究社和上海邻里智助社区服务中心协办的“新型互助养老模式:时间银行与区块链”圆桌会议在华东师范大学举行。

来自北京大学、南京大学、厦门大学、复旦大学、上海交通大学、华东师范大学、华东政法大学、中国社会科学院、上海老龄科学研究中心等各大高校和科研机构近 20 位研究时间银行的专家学者出席了会议,上海市民政局、普陀区民政局、温州市民政局、苍南县民政局也都分别派出了代表来到会议现场参与讨论。从理论到实践、从国外到国内,专家们从时间银行的不同侧面讨论了时间银行和区块链对于新型互助养老模式的影响。

华东师范大学经济与管理学部学术委员会主任袁志刚教授在致辞中提出了各国养老的文化土壤问题,以及养老应建立在志愿者行为基础上还是市场交易的基础上的问题。

北京大学老年学研究所所长陈功教授用翔实的数据分析了当前社区养老的时间银行载体的实际状况,所面临的境况、困难,提出在当前互联网新的变化条件下,如何进行平台建设非常重要,并给出了一些很实际的建议。

南京大学社会学院副院长陈友华教授从多个方面提出了很多思考:时间银行撮合的服务是志愿者服务还是有偿服务、谁来运营、谁来支付,人口流动造成服务在地域间的矛盾如何解决等问题。这些有益的问题为进一步研究时间银行提供了问题导向。

厦门大学社科处处长高和荣教授提出了时间银行产生的基础与条件问题。时间银行的产生已有一段时间,人们对之的认识已发生变化,对时间银行运行的社会信任结构也有变化。他还介绍了厦门时间银行的运行情况,为上海时间银行的实行提供了借鉴材料。

在讨论环节,上海交通大学社会保障研究中心主任、老年长期照护研究所所长章晓懿教授介绍了日本养老的一些经验,认为关于养老转变思路很重要,应将注意力更多地集中在如何调动低龄老人服务高龄老人的激励措施上。

华东师范大学中国经济研究中心副主任陈体标副教授从经济金融理论的视角谈论时间银行,提出了时间银行的概念界定,辨析时间银行在根本上的属性是利他还是利己,究竟算不算银行,以及在互联网金融方向上的意义。

华东师范大学数据科学与工程学院副院长金澈清教授从技术的角度介绍了时间银行的技术逻辑,谈到时间银行后台所采用的分布式账本;分布式对等、数据块链接、防伪防篡改，以及透明可信性、高可靠性等特点，给参会成员普及了一场何为区块链的课程。

复旦大学金融研究中心主任孙立坚教授提出了数字货币和养老金制度的问题，从数理模型的深度对养老金制度的运行进行了分析。

中国社会科学院数量经济与技术经济研究所李军研究员采用模型分析了现收现付制度养老的不可持续性，指出系统性缺陷所在，要素报酬比例下降也是现有养老缺陷的原因之一。

华东师范大学原人口研究所所长桂世勋教授也参加了此次会议，并给现场参会人员带来了他长期以来对时间银行和养老模式的思考。他认为时间银行可以借鉴志愿者服务。

上海市民政局养老服务处陈跃斌处长从实际操作的层面上提出了时间银行的五非特点：非志愿服务、非即期兑换、非民间行为、非正式照料、非固化模式，并提出了一系列实际的问题。

华东政法大学商学院经济学教研室主任徐大丰副教授提出了养老服务中时间银行承兑风险的问题，他详细地提出了时间银行在承兑上所面临的一系列风险，以及如何规避等措施。

复旦大学国际关系和公共事务学院刘建军教授则从生命哲学的高度为大家带来了耳目一新的观点。他提出了当前养老问题的一些误区，比如养老其实是带病养老，养老焦虑可能是被贩卖给中年人的营销手段等。

上海老龄科学研究中心副主任任泽涛提出时间银行是延期支付，但不产生利息。时间银行运行需要理清各方权利义务，需要技术支撑，解决运行的成本等。

华东师范大学经济与管理学部副主任、经济学院院长殷德生教授提出了与时间银行相关的三个问题：时间银行有否规避远期风险的工具；时间银行对养老的作用是否有局限；时间银行与货币作为度量工具有何差异。

华东政法大学商学院王颖副教授解释了时间银行的机制，从新熟人社会与理想类型、不同社会结构中信任对交易的支持模式等角度分析了信任与时间银行的关系。

来自民政部门的与会代表也都积极参与了讨论，认真听取了专家意见，与众多学者交流沟通，并为学术研究提供了他们工作中的实际经验，使此次会议达到了理论与实践相结合的观点共鸣。

第二届“法律、社会与历史”学术研讨会在上海财经大学成功举办

6月22日至23日，由《学术月刊》杂志社、上海财经大学法学院主办的第二届“法律、社会与历史”学术研讨会在上海财经大学成功举办。来自北京大学、清华大学、中国社会科学院、中国政法大学、中山大学、复旦大学、中国海洋大学、华东政法大学等高校和研究机构的学者参加了此次会议。

开幕式由上海财经大学法学院副院长胡凌主持。胡凌对大家的到来表示热烈的欢迎，并希望法学理论界和法史学界的诸位学者能够为法律、社会与历史的议题带来新的火花。《学术月刊》常务副总编姜佑福和上海财经大学校长助理郑少华分别在开幕式致辞。姜佑福常务副总编首先表达了对与会学者的热烈欢迎以及对本次会议成功举办的良好祝愿。《学术月刊》作为文史哲类综合性期刊，拓展法学专栏刚刚一年的时间，他期待通过这样综合性的论坛打破学界门户之见，摸索出一条综合的办刊思路。郑少华教授代表上海财经大学向与会学者表达了衷心的欢迎。他表示通过会议议程可以看出本次会议的讨论将会充满新意，这样的会议很有价值，他对与会学者在本次会议的发言充满期待，并希望未来此类活动能够继续得到《学术月刊》的支持。

第一单元

会议第一单元由《高等学校文科学术文摘》常务副主任沈丽飞主持。北京大学法学院教授朱苏力首先发言，他通过梳理历史中国与之相应的政治法律实践和思想资源，认为历史中国的分配正义深受农耕社会的影响，实践的分配正义一定也受制于实践共同体的经济社会状态。中国海洋大学法学院桑本谦教授试图从逻辑上理解合约到法律的形成，并认为制度性收益的分配实质是实力界定权利，而丛林法则是法律的另一个面向，是法律的制度基因，并伴随法律的诞生。吉林大学法学院副教授杨帆指出事实与规范二元对立的观点一直被西方主流法学派别所掌握，但在一定程度上被现代语言哲学所打破，当代中国法理学研究的重要任务是在法治实践和政治与公共生活中为法律系统、部门法学等寻找规范性基础，作为具有天然优势的方法论进路，法社会学理应在其中扮演重要角色。中国海洋大学法学院教授李晟认为互联网法到互联网司法的变迁，显示出国家法对互联网进行治理的强化与完善。清华大学法学院教授冯象、河南大学法学院副教授郭绍敏、上海财经大学法学院讲师张途、中国海洋大学法学院教授戴昕对上述论文进行了细致精彩的评

议,提出了许多建设性的意见。

第二单元

会议的第二单元由《中国社会科学文摘》编辑部王博编辑主持。中国政法大学法律古籍整理研究所教授南玉泉认为随着岳麓秦简的披露,简文中涉及"执法"职事的律令引起了学界的重视,岳麓书院所藏秦简的发现为我们破解秦朝执法官这一历史谜团起到了重要作用。中山大学法学院教授徐忠明指出现有研究的焦点往往聚集在制度和实践上,但在构造与决策上还可能有新的扩展进路,情境与性情对于司法决策的研究来说也是一个重要的分析框架。中国社会科学院法学所教授张生指出,民国时期为建构稳定而开放的民法体系,最高审判机关所创制的民事判例发挥了重要的作用。华东政法大学法律学院教授王沛、复旦大学法学院教授王志强、华东政法大学法律学院教授李秀清针对上述报告提出了各自的看法与疑问。

第三单元

会议第三单元由《学术月刊》杂志社王鑫编辑主持。厦门大学法学院副教授魏磊杰指出,目前学界缺乏关于"法治"的共识,而一个欠缺法治共识的社会不可能是真正的法治社会,因此,扩大法治共识是当下法治理论研究最为重要的使命。中国海洋大学法学院教授戴昕认为目前理论界对社会信用制度现象的理解、阐释和剖析尚不充分,可在整体上理解中国当代社会信用体系建设的三种基本制度逻辑。中山大学政务学院副教授夏瑛通过对东部某市中级人民法院 2016—2017 年民事终审案件再审与改判案件的分析,认为涉诉信访并非直接对法院审判决定产生影响,而是借助政治权力结构对法院产生实质性影响。中山大学法学院教授刘忠通过细致绘制员额制真实的发生历程,对法院如何通过各种手法突破中央政法编制和干部制度进行钩沉。上海财经大学教授徐继强、上海大学讲师岳林、浙江工商大学讲师高一飞、上海师范大学副教授陈洪杰对上述报告进行了精湛的分析,并提出了自己的见解。

第四单元

会议的第四单元由华东政法大学法律学院副教授于明主持。中山大学法学院副教授陈颀从近年来流行的历史穿越小说出发,分析其在社会改革和宪制设计的不同进路,并将此理解为中国崛起和中国未来的乌托邦想象。上海师范大学副教授陈洪杰认为陕甘宁边区司法关于如何在决策结构中吸纳大众和制造大众同意的领导权实践对今天来讲仍然富有启示意义。中国政法大学法学院讲师郭逸豪试图通过历史语义学的研究路径,以西塞罗《论共和国》中的"civitas"为例,分析该拉丁词汇从罗马共和时期到中世纪,以及近代早期的语义演变,以求更清晰和准确地定位"国家"概念在西方政治思想史中的谱系。中国人民大学法学院师资博士后敖海静通过发掘萨谢弗雷尔审判中传统辉格党对光荣革命原则的阐释,在必要性原则的基础上澄清了新旧辉格围绕抵抗权的论辩,从而驳斥了潘恩等激进派启蒙思想对光荣革命和英国宪法的批判。清华大学博士研究生李诚予、上海财经大学副教授吕铁贞、上海财经大学讲师姚少杰、复旦大学师资博士后刘天娇分别对上述发言作出精彩点评，并在此基础上提出了自己的解读。

第五单元

会议的第五单元由上海财经大学法学院讲师姚少杰主持。河南大学法学院副教授吴义龙对学界各种“地方性知识”的界定方式提出了质疑，他认为应把知识分为普遍性知识和具体性知识，前者体现为规律（或理论），后者表现为事实（事物和事件）。北京师范大学法学院副教授郭殊从社会系统论的角度观察，国家干预经济本质上是政治系统对经济系统进行宏观调控或者市场规制，因此有必要从宪法层面探究经济刑法的法理基础。西北政法大学行政法学院教授常安认为由《共同纲领》所确立的民族区域自治制度已成为中国特色社会主义法治体系的重要内容，并在多民族国家的少数民族权利保障、法治秩序建构等方面为世界提供了中国经验。浙江工商大学法学院讲师高一飞认为传统法律呈现出传统社会时间观的鲜明特征，其表达具有明显的自然性，立法水平也较低，而现代法律中的时间则是一个更具客观性的概念，且包含着一整套关于时间的规则。吉林大学副教授杨帆、中山大学副教授陈颀、华东师范大学教授田雷、华南师范大学副教授李斯特从各自的研究领域出发，对上述研究进行了评议。

第六单元

会议的第六单元由中国社会科学院法学研究所王帅一主持。华南师范大学法学院副教授李斯特认为区块链技术和版权的关系属于更为宏大的道德哲学或政治经济观念问题，涉及我们如何认识隐私与政府的关系。南京师范大学法学院副教授李洋从思想史角度考察了“非正式帝国主义”这一术语的近代沿用，近代“帝国主义”向“非正式帝国主义”的模式转换中，法律无疑是实现非正式帝国主义不可或缺的重要支撑。中山大学历史系硕士研究生张琳馨以晚清巴县的档案为蓝本，讨论了父母与子女冲突的原因及解决机制。清华大学博士研究生叶开儒从孙中山国民大会的构想中探讨了关于分县自治、代表制与主权的构建问题。中国社会科学院大学博士研究生刘舟祺从董康法律思想的研究中提出，研究董康的法律社会观可以警醒现今的法治改革者不要犯“手段反对目的”的错误，并且促进法律符合社会及其文化，进而减少法律与社会之间的龃龉。西南政法大学王烈琦、上海交通大学博士研究生王丽琼、复旦大学副教授赖骏楠、北京大学硕士研究生卓增华、上海师范大学讲师汪强分别对上述发言进行了精彩的评议。

第七单元

会议的第七单元由上海财经大学法学院讲师张途主持。西南政法大学高等研究院副教授王烈琦认为反垄断法实践一开始就表现出与普通法律极大的不同，体现为较强的政策性和极大的不确定性，这些特征影响了持续至今的反垄断法实践以及反垄断法形式理性化可能的限度。华中科技大学法学院讲师杨安卓认为法律仿真的好处在于社会实验得以成为可能，同时仿真不依赖历史数据，从系统论的角度看，法律系统可以自我生发自我立法。宾夕法尼亚大学法学博士沈伟伟认为我国平台责任的制度设计,应该汲取美国经验,结合当前的技术水平和商业模式,更好地平衡被侵权人和网络服务提供者的权益冲突,将维护公共利益的立法目的落到实处。华东政法大学助理研究员肖崇俊、上海大学讲师岳林、上海财经大学副教授胡凌分别对上述发言作出评议,肯定了这些研究的理论价值和贡献,并对这些研究的进一步发展提出了自己的建议。

本次会议的闭幕式由上海财经大学法学院院长助理、副教授徐键主持。复旦大学法学院院长、教授王志强做会议总结。《学术月刊》常务副总编姜佑福和上海财经大学法学院院长、教授宋晓燕致辞。

王志强院长首先肯定了本次会议主题的丰富性。本次会议既包括了传统法理学、法律史、宪法学的主题,同时也包容了跨界和跨领域的探讨。他认为法学研究需要跨界,中国法学发展一直在往上提升,法律人需要更加开放,并在开放的视野下越来越意识到世界不是以学科的方式存在,因此更应该自我定位为学者而不是法学者或法理学者抑或法律史学者。

宋晓燕院长对与会学者的贡献表示了感谢。她认为,只有通过论文中表达的思想、观点和方法所促成的学术交流才是对学术真正的贡献。本次会议既涉及经典议题,也囊括了当下的命题,在内容上也充满了从具体问题到抽象理论分析的跨度,在方法上也包容了传统思想史和经典社会学的分析。她认为,过往的传统知识不足以在未来支持法律关系的分析,因此她期待未来学界能够在方法论上进一步和国际接轨,推陈出新。

姜佑福常务副总编表示了对与会学者、主办学院和工作人员的感谢。他对王志强院长和宋晓燕院长所提出的关于支持跨界人才、打破学术壁垒的呼吁表示支持。对于此次会议,他认为质量很高。同时,他表示此次会议是团结各位作者的良好机遇,号召诸位与会学者和《学术月刊》互相支持,共同进步。期望通过法学界的推广,得以进一步丰富《学术月刊》的学术内涵,坚守学术思想,并在法学界继续产生重大影响。

至此,第二届“法律、社会与历史”学术研讨会取得了丰硕的研究交流成果,在热烈的掌声中落下帷幕。

《学术月刊》《探索与争鸣》获评 2018 年最受学界欢迎的十大综合类期刊

7 月 2 日，南京大学中国人文社会科学综合评价研究院以 CSSCI(2018)数据库数据为基础，从被引频度与施引广度的视角，对期刊使用状况进行结构性测度，评出了 2018 年最受学界欢迎的十大期刊(综合类)。上海市社联主办的《学术月刊》和《探索与争鸣》双双入选。

“新时代学术期刊高质量发展”调研座谈召开

7月24日，天津社会科学院《道德与文明》杂志、《华东师范大学学报》（哲学社会科学版）、上海市社联《探索与争鸣》杂志共同在华东师范大学干训楼开展“新时代学术期刊高质量发展”调研座谈。《道德与文明》主编冯书生、《华东师范大学学报》（哲学社会科学版）常务副主编付长珍、《探索与争鸣》主编叶祝弟，以及三家刊物十余名编辑参与调研活动。

座谈会上，三家刊物负责人分别介绍了各自刊物的办刊指导思路和方略、刊物学术质量评估与提升路径、重点选题策划与专题栏目建设、作者与编辑队伍建设等情况。在随后的互动交流环节，与会者围绕学术期刊意识形态风险防范机制、学术期刊稿源质量控制机制、学术期刊编校质量保障机制、学术期刊编辑队伍培养和考核机制、学术期刊数字化和媒体融合机制、学术期刊编研（读）互动机制等方面进行了广泛而深入的交流。

“数字加密货币:新兴技术、货币体系与全球秩序”圆桌会议召开

9月12日,《探索与争鸣》编辑部、上海市人民政府决策咨询研究基地袁志刚工作室、上海社会科学院互联网研究中心共同主办了“数字加密货币:新兴技术、货币体系与全球秩序”的圆桌会议。上海市社联党组成员、副巡视员陈麟辉研究员,复旦大学经济学院教授袁志刚先后致辞。来自中国人民大学、南开大学、青岛大学、复旦大学、上海交通大学、上海市金融法院、上海发展研究基金会、《东方法学》编辑部、腾讯安全战略研究中心等单位的专家学者参加了此次会议。

陈麟辉在致辞中指出,Libra 白皮书,宣称其使命在于“建立一套简单的、无国界的货币和为数十亿人服务的金融基础设施”,可能是一个会对世界货币秩序和金融体系带来巨大冲击的计划。同时,中国人民银行召开的 2019 年下半年工作电视会议,亦强调加快推进我国法定数字货币研发步伐。在此背景下,我们需要在理论上阐明数字加密货币到底是什么,它依靠什么技术或什么逻辑来支撑自身,以及它的发展可能给我们带来什么便利或风险? 回答好这些基本问题,我们才有底气在理论上回应这一国际趋势,在实践上走出我们应有的姿态和步伐。

数字加密货币的属性、价值与法律障碍

青岛大学财富管理研究院教授易宪容认为,数字加密货币并不是一种货币。数字加密货币以区块链技术为基础,以比特币为经典,具有不可逆性、去中心化、交易不可篡改的特征。正是这些特征使其神化了。其实质缺乏内在信用与外在信用。比特币交易价格的波动历史,也说明了这一问题。第一,在去中心化之前,发行前的协定、程序安排其实便是中心化的。第二,匿名性又导致交易可操纵。第三,去信用化最核心的概念就是它的整个信用,全部都是前置性的预设,需要达到一个共识。Libra 要成为一种货币,没法跨越金融市场准、绑定国许可、运行效率、防止套利等问题。

袁志刚认为,数字加密货币可回应全球安全资产短缺的问题。Libra 是稳定币值,它是跨挂钩一篮子稳定信誉良好的强势货币而且是使用 100%的真实资产储备提供担保,储备由银行存款和政府债券构成。其依附于主权货币,而非网络自发生产,非真正去中心、匿名化。纸币以主权国家的信用维持共识和公信力,区块链则让人们认识到通过互联网达成共识的可能与巨大价值。当前,全球需求美国国债的深层次原因在于人口老龄化、

劳动力萎缩导致的财富管理需求，而现在由美国提供的安全资产并不可持续。长期来看，全球治理最重要就是国际货币体系。在政府主导的基础上，数字加密货币可推动以多元货币作为基础的、部分的去中心，尤其是去美国中心，逐步建立一个全球的安全资产。

上海市金融法院党组成员、副院长、教授肖凯认为，法律上对数字加密货币的理解与经济学存在差异。第一，在我国的法律体系中，目前都还没有一个对货币的法律的界定，而且在法律的框架当中，其实对货币本身，也不是有特别多的关注。第二，数字加密货币涉及货币使用的自由和国家对于货币使用的管制之间的冲突。第三，没有金融资质而面向公众进行融资就是非法集资。在国内发行数字加密货币，若没有得到金融机构的资质，或者金融监管部门的批准，而面向公众来进行融资，就是违法乃至于犯罪的行为。第四，所有电子货币都是数字化的，而账户又都是加密的，数字加密货币难以构成法律上面的界定清晰的概念。

数字加密货币的监管、应对与可能方向

上海发展研究基金会副会长兼秘书长乔依德认为，Libra 主要存在监管方面的问题。一是数字保护、个人隐私权、反洗钱、反恐怖融资方面可能存在的风险。二是其结构安排上存在重大缺陷，上百个节点难以监管，可能对全球的金融体系产生风险。归根到底，Libra 这样一种私人控制的全球货币或代币，触及了现代文明的底线。各个中央银行控制发行法币是历史形成的，具有客观必然性，是现代文明的一个方面。同时需要承认，Libra 的出现，亦有一定的启发意义。其充分利用自己的品牌且把 Uber、VISA 拉入，引起了全球对数字货币的关注，抓住了目前全球金融体系中没有通用货币、跨境支付成本高的问题。

南开大学经济学院教授戴金平认为，数字货币的发展经历了三个阶段。第一是比特币时代，这一时代已经过去了，最后沦为数字资产。第二是稳定币时代，有的是区块链，也有的不是区块链，到目前为止，有 30% 是生存的。第三是国际币或央行数字货币时代，这个时代有一个特点，始终是法币背书。Libra 便是法币背书。在国际货币信用危机下，整个社会不信任法币，呼吁国际货币体系改革。在货币和信用的博弈中，因为信息不对称和不完全监测，因此需要第三方货币来替代这种信用。以发展的眼光来看，世界经济全球化进一步深化之后，在多边时代中，可能会有统一货币出现。

复旦大学经济学院教授李维森认为，数字加密货币尚存较多漏洞。从货币史来看，自助取款机最早出现在 1967 年，从自动取款机，到我们走出去换美元，到现在基本上不用钞票了，全世界去纸币化，走向数字货币，是一个无法改变的大趋势。但区块链点对点的数字货币存在没有准备金、可无限发行货币的问题，同时还不便于交易。此外，Libra 的发行量、跨境支付、背书方式、技术操作等方面均存在疑问。

数字货币的矛盾、本质与权力平衡

上海交通大学安泰经济与管理学院教授潘英丽认为，数字加密货币可能是主权货币的“拐杖”。第一，货币本身存在内生性矛盾。货币既是公共产品又是私人产品，不管是数

字加密货币，还是现实当中的信用货币，都面临政府和市场的监管博弈的矛盾，实体经济和虚拟金融膨胀之间的冲突。第二，现行国际货币体系存在问题。目前国际货币体系是严重失衡的，人民币、欧元和美元，各自有需要克服的问题，国际货币体系难以三足鼎立。第三，超主权货币可能性不太大。超主权货币不可能发挥财富储存的功能。数字加密货币，最有可能成为主权国际货币的"拐杖"，在主权货币发挥国际职能的时候，提供支持和帮助。

中国人民大学财政金融学院教授何平认为，目前的数字加密货币是央行数字货币的技术支持。第一，从货币的本质来看，货币的基础是信用。数字货币有用，正是由于其可以换成任何东西。第二，信息即货币、业务即金融。去中心、匿名性、反通胀，原为比特币的三个假定，现基本上被否定了。Libra 亦是虚置"区块链"旗号，以新的中心替代传统中心。比特币、Libra 均不是货币，其引发的恐慌正在于难以监管这股不应进入货币的力量。第三，与主权货币竞争的问题。反蒙代尔学说认为，分割的货币区域对世界经济及金融的稳定有积极意义。企业对数字货币的贡献就是竞争，但其不可脱离原来的业务范畴。

复旦大学法学院教授许多奇认为，应研究数据公权力与私权力之间的博弈平衡。在信息社会，特别是数字经济中，信息变成了权力的一个重要来源。在某种意义上，每个人都变成了一个数据人。美国国会关于 Libra 的分歧，背后反映了公权力和私权力之争。具体到 Libra 而言，其具有限制通货膨胀、克服金融可获得的不平等、便利于跨境交易的好处。同时根据风险社会理论，其又存在利益内部化、风险社会化的风险。此外，还有反洗钱和反恐的问题。因此，需要公权力与私权力合作，从权利保障出发达到权力的平衡。

数字货币的安全、架构、作用与预期

腾讯守护者计划安全专家赵文俊认为，区块链数字货币存在相关安全问题。第一，分布式存储下的数据安全两难。区块链里的每个节点几乎做不到全部的安全标准统一。第二，私有数据唯一性确权。第三，程序正义大于内容正义。区块链技术认为，超过 50%的节点发布的信息，都是可靠可信的。第四，能源和资源消耗大。以比特币为例，挖矿、生成货币的过程，非常消耗电力和储存空间。具体而言，又体现为信息安全、智能合约漏洞攻击、挖矿黑产、高算力和衍生风险、交易所的安全等几个方面。

腾讯安全战略研究中心新技术安全首席研究员翟尤认为，Libra 发布后，将成为国家竞争新的战场。虽然在移动金融领域，我国已弯道超车，但数字货币出现有可能使我们再次落后。这种数字货币，如果还是跟美元紧密挂钩，最终还是以美国为主导，可能出现 Libra 的美元全球化的趋势。

复旦大学经济学院副教授张涛认为，私人货币承担着缓冲的作用。加密货币、私人货币起源于一个安全资产缺乏，以及去中心化、多中心化的需要。然而，这些却难以挑战美元的地位。其更多强调的是货币中的一个维度，或者是少数几个局部维度。在国际货币体系的过渡中，它起到了桥梁作用。

腾讯安全战略研究中心研究员任禹臣认为，Libra 具有作为国际化货币的野心和潜力，反映了国际化货币的发展趋势。它在未来会受到多重因素的影响，也有和各国监管的

相融问题。它可能起到“鲶鱼”的作用，引起金融治理的发展和完善，甚至引起国家治理水平的进一步的提升。

华东师范大学经管学部助理教授葛劲峰认为，如果政府利用数字货币的工具，可以极大程度地改变未来金融体系和我们金融监管的框架。比如，在央行发行数字货币的背景下，可能是每个人都在央行开个户，存款业务都由央行来做。这时央行的货币政策的调控的有效性，会大大提高。

复旦大学经济学院副教授樊潇彦认为，应从马克思主义的角度出发认识数字加密货币的问题。货币就是充当一般等价物的特殊商品。其最核心的东西，就是信任。安全资产就是物化的、量化的信任。目前，可进一步探讨在国际货币 IMF 体系以及联合国的治理体系中，废除美元和美国一票否决权问题。

袁志刚做会议总结，他指出，多元学科碰撞的研讨取得了丰硕的成果。经济学、金融学、历史学、法学以及技术的专家主要探讨了两大方面的问题。一是数字货币的历史、特征与趋势，电子货币、数字货币和央行数字货币之间的关系。二是金融服务的私有产品与公共产品、私权与公权、法律规制与技术安全的问题。另外，还有国际货币体系、虚拟经济与实体经济等问题。必须承认，数字货币的未来，对国际货币体系与商业银行体系均形成了冲击和挑战。目前，许多问题仍有待进一步深入研究。

“学术媒体与融通中外的话语体系建设”调研座谈会在上海市社联举行

9月23日，《中国社会科学》杂志社副总编辑吕薇洲领队的中国社会科学院调研团，一行十数人赴《学术月刊》杂志社进行关于“学术媒体与融通中外的话语体系建设”的调研座谈。座谈会由上海社联党组成员、副巡视员陈麟辉主持，《学术月刊》《探索与争鸣》编辑部相关人员参加。

陈麟辉首先对中国社会科学院调研团表示热烈的欢迎，高度赞扬了《中国社会科学》在学术界的引领作用，并希望双方加强交流与合作，上海市社联刊业中心的同志多多学习《中国社会科学》丰富的办刊经验。

吕薇洲首先介绍了此次来访的目的，并肯定了上海市社联两家刊物的学术影响力。她认为随着中国国际地位的逐渐提升，学术界发生了从“引进来”到“走出去”的主题转换，近年来，如何建设融通中外的学术话语体系逐渐成为一个热点话题。此次走访调研，也是想重点了解上海市社联两家刊物在如何构建中国特色哲学社会科学体系以及如何应对数字化、国际化对学术期刊媒体的挑战等方面采取了哪些重要举措，希望从中汲取一些有益的养分。

《学术月刊》总编辑姜佑福详细介绍了《学术月刊》的基本情况，并谈了月刊在应对数字化进程中的一些战略构想，努力实现“出版数字化”到“数字化出版”；在期刊国际化问题上也提出了一些创新性的想法，主张同国外一些大刊名刊直接合作，设置共同关心的议题，同步推进有深度和有影响力的学术交流与成果发表；此外，期待以《中国社会科学》为龙头的国内社科学术期刊之间加强合作，以大带小，发挥规模效应，实现高质量的数字化和国际化发展。

《探索与争鸣》编辑部主任李梅介绍了《探索与争鸣》的基本情况：在组织架构上，《探索与争鸣》形成了刊物、论坛、新媒体、丛书、青年支持计划五位一体的现代学术媒体发展新格局，努力深耕思想市场，积极介入中国现实问题，走综合性、问题性、跨学科的发展路径，在全国同类学术期刊中独树一帜，各项指标更上层楼，取得了良好的社会效益。

随后，中国社会科学院调研团成员与上海市社联两家刊物编辑部的同行就各自关注的问题进行了热烈的讨论和愉快的交流。此次调研座谈会加深了双方的了解和认识，并就中国社科学术期刊的未来发展形成了一些重要的共识。最后，吕薇洲副总编诚挚感谢《学术月刊》杂志社组织的这次调研座谈会，并希望未来双方能够进一步增强交流与合作。

“全球大变局与全球治理体系变革”学术研讨会召开

11 月 17 日,“全球大变局与全球治理体系变革——第二届全球治理改革论坛暨 2019 年全球治理指数报告发布会”在上海市松江区举行,本次会议由上海市社联《探索与争鸣》编辑部和华东政法大学政治学研究院联合主办。

在学术研讨环节,来自全国各大高校的全球治理领域的专家学者,围绕全球治理前沿理论、全球大变局的历史反思、全球治理与中国参与、科技革命与全球治理改革等议题进行了深入的探讨和交流。

在指数发布环节,华东政法大学政治学研究院和中国外文局当代中国与世界研究院联合发布了《全球治理指数 2019 报告》,该报告通过全球数据的采集与测评,客观衡量和反映世界 189 个国家对全球治理的参与和贡献度,并且以“全球大变局与中国担当”为主题,探讨了当今全球治理面临的重要挑战、中国及其他重要发展中国家在全球大变局中发挥的重要作用以及全球治理的未来走向。与会专家从模型设计、数据来源、提升国内国际影响力等多个方面,对全球治理指数项目的下一步发展提出了意见和建议。

“国家治理视野下的人民代表大会制度发展与完善暨地方设立人大常委会40周年”学术研讨会召开

11月14日，“国家治理视野下的人民代表大会制度发展与完善暨地方设立人大常委会40周年”学术研讨会在上海市社联召开。会议由上海市社联、上海市人大研究室联合主办，《探索与争鸣》编辑部承办。来自上海市社联、上海市人大研究室、复旦大学、上海交通大学、华东师范大学、上海市委党校、华东政法大学、《高等学校文科学术文摘》编辑部、《探索与争鸣》编辑部等院校和科研机构的20余名专家出席了本次会议。

会议开幕式由上海市社联党组成员、副巡视员陈麟辉研究员主持，上海市社联党组书记、专职副主席权衡研究员，上海市人大研究室主任刘世军分别致辞。权衡指出，中共十九届四中全会对国家治理体系的改革做了重大战略部署，全会尤其强调应坚持和完善人民代表大会制度这一根本政治制度，在此背景下此次会议的召开具有理论和实践双重意义。刘世军提出，正值地方设立人大常委会40周年，通过召开这一会议，可以对地方人民代表大会制度的发展与变迁做一次系统的回顾和总结，对以后人大常委会工作的展开具有重要的推动作用。

会议研讨期间，与会专家就地方立法质量提升、党和人大常委会的关系、人大工作机关建设、人大制度与国家安全、人大制度优势、国家治理文明与治理逻辑等议题展开了广泛而深入的讨论。闭幕式上，陈麟辉研究员进行了总结发言，他指出通过本次跨学科、跨领域的探讨，必将深入推进人大制度的发展与完善，从而对国家治理体系和治理能力的现代化作出重要贡献。

中国特色哲学社会科学学科创新与学术评价高端论坛在上海举行

12月1日，由上海市社会科学界联合会主办、《学术月刊》杂志社承办的“中国特色哲学社会科学学科创新与学术评价高端论坛”在上海举行。来自全国的专家学者和期刊界、转载与评价机构代表，以及科研管理部门代表一百多人参加会议，围绕学科创新与学术评价问题展开深入探讨。

2019年初，习近平总书记在参加全国政协十三届二次会议文化艺术界、社会科学界委员联组会时的讲话指出，文化艺术、哲学社会科学工作要“在正本清源上展现新担当，在守正创新上实现新作为”。中共上海市委宣传部副部长徐炯认为，哲学社会科学的工作性质主要是民族精神和文化心灵的塑造，是习近平总书记说的培根铸魂。“学科创新”首先应当从如何承担时代课题、如何把握时代脉搏的角度着眼，将学术研究、学科创新，同民族精神的提振和文化心灵的成熟、完善紧密结合起来，承担好在新时代的历史条件下“举旗帜、聚民心、育新人、兴文化、展形象”的使命任务。

一、 中国特色哲学社会科学的创新发展需要立足于中国实际

北京大学法学院教授朱苏力认为，中国人文社会科学学者生活在中国问题的环境中，西方理论没有生存的土壤，只要诚实面对中国经验，做出的研究便具有中国特色。复旦大学哲学学院教授吴晓明指出，只有当中国学术能够开始摆脱长期以来的“学徒状态”并获得“自我主张”时，才会有哲学社会科学的真正创新，才谈得上中国特色哲学社会科学，即真正具有中国特色、中国风格和中国气派的哲学社会科学。《中国社会科学》常务副总编王利民强调，构建中国特色哲学社会科学，可以设置创新性的议题和打造标志性的概念为抓手，努力把现实中的问题、舆论中的话题聚焦成学术界的议题，发展成学科中的范畴和命题，发展新学科。中国人民大学书报资料中心原主任武宝瑞认为，学术创新的实质在于推进有效的知识增长。

二、 以立足中国语境的科学评价体系助推中国学术进步

构建真正立足中国语境、公正合理的学术评价体系，是推动中国特色哲学社会科学创新发展的必要条件。中国社会科学评价研究院院长荆林波指出，中国的学术评价要在全球发声，应加快构建中国特色的评价体系。上海市期刊协会会长王兴康也强调，国内外体

制机制和文化条件不同，中国期刊的发展和评价不能简单和盲目套用所谓的国际标准，一定要不断发现和坚持、坚守自己的合理道路。《国际比较文学（中英文）》主编姚申认为，我们要打破学术评价标准被国际上的几大索引机构所垄断的局面，强调评价体系建设的中国话语，但同时也要避免自说自话、自娱自乐，建设立足于中国话语的评价体系有利于国际学界了解中国的历史和实践。

三、 学术期刊应该成为广义学术共同体建设中的积极环节

与会学者一致认为，学术评价跟学术期刊评价是两个不同的问题，学术期刊仅仅是学术评价的一个方面，整体性的学术评价应该还给广义的学术共同体。《新华文摘》总编辑喻阳认为，要辩证看待学术期刊的学术评价功能，学术期刊必然从事学术评价，但是学术期刊并不以学术评价为职责和使命，学术期刊可以作为学术评价的重要参考，但是不能作为学术评价的主要或唯一标准。南京大学中国社会科学研究评价中心主任王文军也认为，尽管学术期刊是学术论文的载体，但是期刊评价和学术评价必须区分开，它们之间的关系越位会造成以形式代替内容、以量代替质、以刊评文等错位的情况。

无论是学科创新还是学术评价，学术共同体的完善发展十分重要。专业分工越细，综合就变得越加重要。在学术研究的个体只能是分科而治的条件下，做到学科交融进而建设学术共同体就成为一个紧迫的任务。因此，综合性人文社科学术期刊应该也必然大有作为。

《文学史视野中的现代名教批判》新书研讨会暨《探索与争鸣》优秀青年学人支持计划第四期论坛举行

12月20日，由《探索与争鸣》编辑部、上海东方青年学社、广西师范大学出版社联合举办的“走出‘名教’时代——《文学史视野中的现代名教批判》新书研讨会暨《探索与争鸣》优秀青年学人支持计划第四期论坛”在上海市社联举行。市社联党组成员、副巡视员陈麟辉研究员出席活动并致辞。

本次活动是《探索与争鸣》“优秀青年学人支持计划”继支持瞿骏、施展、薛小荣三位学术新锐之后的又一活动。会议围绕复旦大学中文系金理副教授的学术新著《文学史视野中的现代名教批判——以章太炎、鲁迅与胡风为中心》，邀请相关领域知名学者，结合各自问题意识与学术专长，以“现代名教批判”为论域展开研讨。此次研讨成果，有助于在检视过往思想的基础上，梳理薪火相传的学术谱系，辩证把握引介新思想与讲述中国话语的关系，从而打开面向未来的学术理路。

中美关系建设

ZHONG MEI GUAN XI JIAN SHE

学术研讨

“教育——构建中美合作的桥梁”专题研讨会举办

1月12日，由上海市美国问题研究所、上海公共外交协会、上海社会科学院国际问题研究所共同主办的“教育——构建中美合作的桥梁”专题研讨会在上海市社联召开。该会议是上海市美国问题研究所纪念中美建交40周年系列活动之一。会上，由上海市美国问题研究所策划编撰的新书《沪风美雨百年潮——上海与美国地方教育交流》正式发布。

来自中美两国的一线教育从业者和相关专家学者参与了研讨，共同回顾了中美在教育领域合作交往的深厚历史渊源，并从上海与美国地方交流角度介绍分享了许多成功案例。

与会专家充分肯定了教育合作在推动中美友好交往中的积极作用，在呼吁珍惜历史遗产的同时，还纷纷表示：应当警惕当前中美合作遭遇的“逆流”。专家们一致认为，中美教育合作的潜力和空间仍然巨大，还能继续为推动双边关系健康发展发挥积极影响。

新华社、中国新闻网、《文汇报》、澎湃新闻、《光明日报》等多家媒体对会议进行了报道。

“美国的民粹主义和大选”圆桌研讨会在上海市美国问题研究所举办

1 月 21 日，上海市美国问题研究所与上海发展研究基金会共同举办“美国的民粹主义和大选”圆桌研讨会，美国新经济思维研究所研究项目主任托马斯·弗格森（Thomas Ferguson）围绕“特朗普民粹主义的政治经济学”发表了主旨演讲。弗格森教授分析了“民粹主义”的不同形式，并着重指出了理解特朗普的当选及其相关政策的两个关键因素：美国选举中金钱的角色；全球化和相关力量对精英和选民的重塑。

来自上海发展研究基金会、上海社会科学院、上海国际问题研究院、复旦大学、上海对外经贸大学、普华永道、兴业证券以及上海市美国问题研究所的专家学者，就民粹主义的发展及其对美国内政外交的影响与弗格森教授进行了深入的讨论。

“上海与美国地方交流与合作:美国品牌推介会”在上海市美国问题研究所举办

2月20日,上海市美国问题研究所举办“上海与美国地方交流与合作:美国品牌推介会”。会议围绕“世界品牌高峰论坛”以及“中美民间外交高峰论坛”开展前期调研工作。

来自美国马里兰州、佛罗里达州、爱荷华州、宾夕法尼亚州、佐治亚州等美国各州驻华协会代表与会,分别介绍了各州的品牌文化和产业特点,并就如何推动上海与美国地方交流进行了深入的探讨。上海社科院的有关专家学者也参与了研讨。

上海市美国问题研究所举办“上海美国论坛”第三讲“中美经贸摩擦:回顾与展望”

3 月 29 日上午,“上海美国论坛”2019 年第一讲(总第三讲)在上海市社联本真堂开讲,主讲嘉宾为中国前驻旧金山、纽约总领馆经济商务参赞何伟文。

何伟文长期跟踪研究世界经济贸易、全球化和全球治理、美国经济、中美经贸关系、“一带一路”建设和我国对外开放政策,尤其在美国经济和中美经贸关系方面有系统深入的研究。他现任中国人民大学重阳金融研究院高级研究员、全球化智库高级研究员、中国国际贸易学会中美欧研究中心共同主任、中国 WTO 研究会常务理事、外交部中国国际问题研究基金会研究员等职。

讲座中,何伟文全面、客观地回顾了中美经贸摩擦发生一年多来双方博弈的过程,用详尽的统计数据分析了贸易摩擦对中美双方的利弊得失,并对未来发展前景做了前瞻性判断。何伟文的演讲既有高度、又有深度,从宏观和微观两个层面分别阐述了中美经贸摩擦爆发及其当前发展的逻辑机理与本质内涵,赢得了与会者的一致好评。

论坛由上海市美国问题研究所研究室副主任龙菲主持,复旦大学美国研究中心教授潘锐、复旦大学国际政治系副教授沈逸、上海国际问题研究院世界经济研究所助理研究员薛磊和上海社会科学院国际问题研究所助理研究员吴其胜等就本次演讲做了精彩互动。来自社会各界的 50 余位观众出席了论坛,现场气氛十分活跃。

2019 中美民间外交高端论坛探讨中美“共享的历史”和“共享的未来”

4 月 9 日，由上海市美国问题研究所联袂上海社会科学院国际问题研究所、上海社会科学院历史研究所、上海公共外交协会主办的 2019 中美民间外交高端论坛在上海市社联召开。本次会议主题为：从“共享的历史”走向“共享的未来”。来自中国学界的美国问题研究专家和致力于中美民间交流的各界人士，与远道而来的美国犹他州政界与学界精英济济一堂，围绕中美两国如何继往开来、秉承合作共赢的传统历史、化解当前国际政治与经济的结构性矛盾等话题进行了热烈而富有成效的讨论。

与会专家学者认为，习近平主席高度重视中美地方交流，在不同场合多次强调中美要加强省州地方交流，要把地方交流做深做实做好。中美建交 40 年来，两国关系发展得益于两国地方和人民的广泛支持，中美关系健康稳定发展具有较为良好的地方交往与民间交流基础。中美两国从“共享的历史”中向前看，就能管控分歧、缓和摩擦，就会携手走向符合两国人民共同利益与国际社会普遍期待的“共享的未来”。

新华社、中新社、澎湃新闻、《文汇报》《解放日报》、东方网、《大公报》等多家媒体报道了此次活动。

上海市美国问题研究所举办《寻找苦干》放映及座谈会

5 月 6 日下午，上海市美国问题研究所和美国驻沪总领馆新闻文化处合作举办《寻找苦干》纪录片放映及座谈会。

《苦干》是一部反映 20 世纪三四十年代中国人民抵抗日本侵略的彩色纪录片，由美籍华人李灵爱和美国记者雷・斯科特(Rey Scott)合作完成，直接促进了美国对中国抗战的了解和援助。然而二战后，该片却突然“销声匿迹”，直到美籍华裔电影人罗宾龙(Robin Lung)历时近八年找回了《苦干》原片。她做了大量相关的调查研究，并把这个过程拍成了纪录片《寻找苦干》。

会上，《寻找苦干》的导演、制片人罗宾龙分享了许多幕后故事和拍摄此片的心路历程。上海外国语大学跨文化研究中心兼职教授大卫・亨利(David Henry)、艺术家菲利普・贾瑞尔(Phillip Jarrell)、上海社科院智库研究中心王成至博士分别围绕该片涉及的美国华裔史、中美在二战期间的合作、中美民间交往等话题发表了见解。

来自上海各大高校、研究机构、美国各州驻华办事处等单位的代表共 30 余人参加了活动。

美国哥伦比亚大学东亚研究所学者蔚莉飒来上海市美国问题研究所讲座

5 月 8 日上午，上海市美国问题研究所与上海社会科学院国际问题研究所联合召开中美俄关系圆桌研讨会，美国哥伦比亚大学东亚研究所高级研究员、蒙特克莱尔州立大学政治学教授蔚莉飒（Elizabeth Wishnick）博士到会并以“中美俄关系与朝核危机”为题发表主旨演讲。

蔚莉飒博士指出，中俄在朝核问题上的利益具有相似性，但并不完全一致，中俄伙伴关系在朝核问题上对美国构成新的挑战。在朝核问题上，不能低估俄罗斯的作用，也要正确认识中国的角色，美国应该协调其与韩国、日本的关系，坚持与朝鲜展开多边会谈。来自上海社会科学院和上海市美国问题研究所的研究人员，还就当前中美关系、国际政治中的若干热点问题，和蔚莉飒博士展开了深入的讨论。

彼得森国际经济研究所专家尼古拉斯·贝隆来上海市美国问题研究所讲座

2019 年 5 月 15 日，上海市美国问题研究所与上海发展研究基金会共同举办圆桌讨论会。美国彼得森国际经济研究所高级研究员尼古拉斯·贝隆(Nicolas Veron)作了题为"欧美对'一带一路'不同的态度及其含义"的主旨演讲。贝隆先生梳理了欧盟成员国参与"一带一路"倡议的情况以及欧盟与中国的经济合作，分析了欧盟与美国对"一带一路"态度的差异，并为欧盟与中国就"一带一路"开展合作提出建议。

来自上海发展研究基金会、上海社科院、上海国际问题研究院、复旦大学、上海对外经贸大学等机构和院校的专家以及上海市美国问题研究所研究人员，还就欧盟与中国在基建等领域的合作、欧盟和美国参与"一带一路"的前景等问题与贝隆先生进行了深入的讨论。

哈佛大学教授史蒂芬·米勒谈“中美是否会陷入冷战”

7月4日下午，美国哈佛大学史蒂芬·米勒(Steven E.Miller)教授来访上海市美国问题研究所，并作了题为“中美是否会陷入冷战”的报告。米勒教授是哈佛大学肯尼迪学院贝尔福科学与国际事务中心国际安全项目主任，《国际安全》季刊主编，美国人文与科学院院士，长期从事核不扩散、核战略、国际反恐、大战略与军事安全等国际安全领域的研究。

米勒教授认为，特朗普当选美国总统以后，美国对华政策经历了巨大转变，在政策界和学界出现了“中美是否可能走向冷战”的争论。但当前的中美关系与冷战时期的美苏关系有较大的不同，中美两国不会因为个别领导人的“出格”行为就滑向“新冷战”。在美苏冷战的40余年中，双方时常处于剑拔弩张的状态，但始终没有爆发全面冲突，其中的经验值得当前的中美两国借鉴。米勒教授认为，“冷战”一词或许并不适合当下的中美关系，但是冷战中一些有效的机制可以帮助中美避免冲突和战争。当前中美之间的竞争态势还处于上升期，从经贸领域逐渐向高科技、人文交流等领域蔓延。双方都需要时间来建立一套有限竞争的制度体系。

上海市美国问题研究所召开“中美地方交流与中美关系研讨会”

7 月 8 日上午，上海市美国问题研究所组织专家学者前往上海市档案馆外滩馆，参观了《跨越太平洋的交流与合作——上海纪念中美建交 40 周年图片展》，并在观展后召开了“中美地方交流与中美关系研讨会”。

来自上海公共外交协会、上海社会科学院、上海财经大学、复旦大学、上海国际问题研究院等单位的专家学者，围绕民间地方交流在中美关系中发挥的作用、面临的挑战、提供的经验等话题畅谈了看法。在当前中美关系频频受制于贸易摩擦、大国竞争等负面干扰的背景下，与会专家们一致认为：民间地方交流合作更能发挥积极效应，成为改善中美关系的“源头活水”；专家们还纷纷呼吁：继续运用上海的窗口作用，把上海打造成中美民间交流的示范平台。

“第十二届中美青年外交官对话”在安徽安庆举行

9月21—22日,由上海市美国问题研究所承办的“第十二届中美青年外交官对话”在安徽省安庆市岳西县举行。在为期两天的对话中,中美两国的青年外交官就如何维护中美社会文化交流、管控中美贸易争端和科技竞争、管控东亚地区的安全竞争、对未来5年中美关系的展望等议题开展了坦率、深入和建设性的交流,达到了增信释疑的良好效果。来自中国外交部的9名中方代表,以及美国驻华使领馆的8名美方外交官参与了对话。

2007年启动的“中美青年外交官对话”每年举办一次,轮流在中美两国举行,旨在为两国年轻外交官提供交流的平台,培养对话的习惯,增进相互了解。该活动得到中国外交部和美国国务院的支持。

卡内基国际和平研究院资深研究员史文来上海市美国问题研究所讲座

10 月 25 日下午，上海市美国问题研究所召开中美关系圆桌研讨会，美国卡内基国际和平研究院资深研究员史文（Michael D.Swaine）受邀以“如何阻止美中关系下滑”为题发表主旨演讲。

史文指出，当前美国对越来越自信和强大的中国反应有点过度，美中双方都需要共同努力寻求一种更现实、平衡且更具竞争性但又互惠互利的接触方式。这种接触方式应该包括：更清晰的“红线”；在相互威慑和相互保证方面做出可靠的努力；在亚洲有意识地促进平衡，而不是哪一方占主导；短期内发挥“二轨外交”的作用，强化中美危机管理能力。

来自上海社会科学院和上海市美国问题研究所的研究人员还就当前中美关系、国际政治中的若干热点问题与史文展开了深入的讨论。

美国犹他州州议会参议员安德雷格一行来访上海市美国问题研究所

11月6日下午，美国犹他州州议会参议员、国际关系与贸易委员会联席主席雅各布·安德雷格(Jacob Anderegg)来访上海市美国问题研究所，陪同来访的还有犹他州"金钉150"委员会海外赞助总监丹·斯蒂芬森(Dan Stephenson)、国际关系副总监王维廉(William Wang)和"全球双语金印"(Global Seal of Biliteracy)执行主任艾琳(Linda Egnatz)。

代表团此次来华主要是参加第二届中国国际进口博览会，并受邀出席中美省州经贸合作论坛暨海南自贸试验区(自由贸易港)贸易投资推介会。在同上海市美国问题研究所交流时，安德雷格感谢上海市美国问题研究所为推动上海与犹他州的地方和经贸交流所做的巨大贡献。与此同时，他高度评价第二届进博会，并表示将积极筹划犹他州代表团参加第三届进博会。双方还就当前中美关系交换了看法。

美中公共事务协会及美国犹太裔领袖访问上海市美国问题研究所

11 月 18 日上午，美中公共事务协会会长滕绍骏、美国主要犹太人组织主席联席会议候任 CEO 威廉·达罗夫（William Daroff）、纽约犹太人社区关系委员会执行副主席兼 CEO 迈克·米勒（Michael Miller）等一行七人访问上海市美国问题研究所。常务所长胡华向代表团介绍了上海市美国问题研究所 10 年来的发展历程，以及上海市美国问题研究所在推动中美关系发展、中美地方交流、美国研究等方面所做的工作，并邀请代表团观看了上海市美国问题研究所建所 10 周年庆小视频。

上海社会科学院国家高端智库资深研究员、上海犹太研究中心主任潘光教授、上海公共外交协会副会长道书明和上海社会科学院国际问题研究所所长王健教授与上海市美国问题研究所部分研究人员参加了会见，并与代表团就犹太人在上海、当前中美关系、中美地方交流，以及中国与以色列关系等话题进行了交流。

中国人民大学刁大明副教授来上海市美国问题研究所讲座

11月22日上午,中国人民大学国际关系学院刁大明副教授访问上海市美国问题研究所,并作了以“关于2020年美国大选和弹劾调查的几点看法”为题的讲座。

讲座中,刁大明副教授从美国2016年大选的节点意义以及当前美国政党政治的变迁切入,分析了2020年美国大选中可能出现的几种新现象。他还深入浅出地谈及目前总统弹劾调查的进展以及对2020年大选的影响。讲座的最后,他还就选举本身体现的美国国内政治变化和对外交政策的联动效应谈了自己的观察。

上海市美国问题研究所研究人员还就当前中美关系和刁大明展开了深入的讨论。

乔治·华盛顿大学望月教授来访上海市美国问题研究所

12 月 9 日上午，美国乔治·华盛顿大学的望月教授(Mike Mochizuki)来访上海市美国问题研究所，并作题为“基于规则的海洋秩序：对中美日战略互动的影响”的讲座。望月教授是乔治·华盛顿大学艾略特国际事务学院日美研究主任，曾在布鲁金斯学会、兰德公司等智库工作，他的主要研究领域为日本政治与外交政策、美日关系和东亚安全。

在讲座中，望月教授介绍了以《联合国海洋法公约》为基础的海洋秩序的发展历程，分析了海洋秩序与当前中美竞争之间的关系。对于中美日三边互动，望月教授也给出了独到的见解。他认为，一些“共同战略利益”有助于推动中日关系的发展，日本可以在中美关系陷入动荡时发挥稳定者的作用。来自上海社会科学院和上海市美国问题研究所的研究人员就当前中美日关系中的热点问题与望月教授进行了深入的讨论。

上海市美国问题研究所主编的《四十人看四十年：中美外交风云对话》新书发布会在京举行

由上海市美国问题研究所主编的《四十人看四十年——中美外交风云对话》近期已由新世界出版社出版。12 月 23 日上午，新书发布会暨专题研讨会在中国外文局举行。活动由新世界出版社社长李春凯主持。在新书发布环节，中国外文局副局长陆彩荣、上海市美国问题研究所常务所长胡华分别代表出版方和作者方致辞。

之后，书中四位受访者：中国前驻美国大使周文重，中国人民大学重阳金融研究院高级研究员、前驻旧金山纽约总领馆经济商务参赞何伟文，国际关系学院院长助理达巍，中国人民大学国际关系学院副教授、国家发展与战略研究院研究员刁大明，也就本书的出版和当前的中美关系发表讲话。

本书为上海市美国问题研究所"40 人看 40 年——纪念中美建交 40 周年系列访谈"项目成果，由上海市美国问题研究所和复旦大学美国研究中心、澎湃新闻联合推出。课题组在中美两地七个城市采访了 40 位两国政界、学界的杰出代表(双方各 20 人)，回顾了中美关系的历史演变，展望两国关系的未来走势。

建交 40 年来，中美关系能够在曲折中保持前进，是由双方共同的利益所驱动的，是由两国扎实的民意基础所保障的，也是由对国际社会的共同责任所约束的。40 位政界精英和学界翘楚为我们梳理了中美关系发展的经验与教训，也为我们拨开迷雾，厘清了两国关系的未来方向：必须互相适应、加强沟通、增进互信、扩大合作、管控分歧、寻求共赢。

科研成果

《上海美国评论》(第四辑)

由上海市美国问题研究所特约研究员王联合主编的《上海美国评论》(第四辑)1 月由时事出版社出版发行。

该书的内容设置旨在反映当前国际关系中的热点问题,特别是涉美议题的现状及其发展趋势。根据当前美国问题研究的重点关注领域,该书设置了“美国选举政治”“特朗普时期的美国外交”“特朗普贸易新政与中美经贸关系”“美国能源与气候政策新动向”“美国移民与外交”等栏目。

《全球反恐战争问题新论》

为了全面深入对国际恐怖组织及其活动的研究，通过反恐领域专家的研究，2018 年初上海市美国问题研究所策划和主编了《全球反恐研究丛书》，其中由王震研究员撰写的专著《全球反恐战争问题新论》由时事出版社出版发行，该书是上海市美国问题研究所《反恐研究系列丛书》的第一本。

该书主要认为，“9・11”以来的全球反恐战争并未取得预期成效，跨国恐怖组织的活动能力和范围还在进一步增强。该书回答了全球反恐战争中的三个最核心问题，即我们面临的跨国恐怖分子从哪里来？“9・11”以来的全球反恐战争何以成效不彰？未来全球反恐战争将向何处去？全书主要围绕全球反恐战争与跨国圣战运动、全球反恐战争的困境与根源、全球反恐战争转型与中国以及全球反恐战争转型的前景等内容展开研究，使用了大量美国新近解密的档案和外交、安全战略文献，并能够从中国立场出发独立地阐释全球反恐战争，将宏观战略研究与微观反恐问题进行融合研究。

《解读恐怖主义:恐怖组织、恐怖策略及其应对》

由上海市美国问题研究所与上海社会科学院出版社合作组织编译的《解读恐怖主义:恐怖组织、恐怖策略及其应对》于1月出版。该书由上海市美国问题研究所反恐研究中心特约研究员、上海社会科学院研究员王震翻译。

该书原作者为美国加利福尼亚州立大学萨克拉门托分校刑法学荣休教授詹姆斯·M.伯兰德(James M.Poland),其所著《解读恐怖主义》一书自1988年问世以来已经进行了多次修订和再版,成为美国刑法学、犯罪学、反恐学、国际安全学等领域的经典教材。该书系统地归纳了恐怖主义的基本概念和理论,梳理了各种国际恐怖主义的历史渊源,具体分析了恐怖组织的威胁,并分析了打击恐怖主义的政治、法律、技术手段和应对举措等。该书是一本将理论和实践融会贯通的反恐学研究著作。

《沪风美雨百年潮——上海与美国地方教育交流》

中美建交40周年之际，由上海市美国问题研究所主编的《沪风美雨百年潮——上海与美国地方百年交往史》丛书第二卷《上海与美国地方教育交流》于3月正式对外发布。

该书由上海市教育科学研究院编写，由上海人民出版社出版，分七个篇章梳理了自1843年开埠以来，上海与美国在教育领域的交往交流情况，内容涵盖教育思想、教育管理、学校建设、留学生教育，乃至教师教育、教学方式、体育美育教育等宏观、中观、微观各个方面，对上海与美国在教育领域双向交往的情况作了梳理和总结。

该书聚焦合作办学、人员交往、教育思想及教育模式等主题，真实还原了上海与美国地方教育交流的重要事件，生动展现了中美人文交流的状况，从人文学术的高度，深化历史认识，总结历史启示，对今日之中美关系如何排除干扰、健康发展提供了积极有益的借鉴。

《上海与美国地方交流年度大事记》(2018)

由上海市美国问题研究所主编的《上海与美国地方交流年度大事记》(2018)于 9 月由上海远东出版社正式出版发行。

这是上海市美国问题研究所连续第三年对上海与美国地方政府及民间各方在各领域双向交往的热点、亮点和重要事件进行的梳理和汇编。该书收录了沪美地方交流的各类事项共计千余件,所涉及的领域主要包括文化艺术、教育、社会科学、外事、科技、医疗卫生、经济与金融等。

尽管受到中美贸易摩擦等负面因素的影响,上海对美国进出口额在 2018 年出现了近三年来的首次小幅下降,但沪美双向经贸投资仍保持良好态势,沪美地方人文交流仍呈现出火热态势。由此可见,中美地方民间对加强交流合作的热情并没有减少;而在两国关系面对挑战的时候,地方民间力量对维系两国交流纽带、推动双边关系稳健发展的积极作用,则显得尤为重要。

该书的编撰工作得到了上海市商务委员会、上海市文化和旅游局、上海市人民对外友好协会、上海市教育科学研究院等多家单位和个人的大力支持。

《四十人看四十年——中美外交风云对话》

由上海市美国问题研究所主编的《四十人看四十年——中美外交风云对话》于12月由新世界出版社公开出版。该书为上海市美国问题研究所“40人看40年——纪念中美建交40周年系列访谈”项目成果，由上海市美国问题研究所和复旦大学美国研究中心、澎湃新闻联合推出。课题组在中美两地七个城市采访了40位两国政界、学界的杰出代表（双方各20人），回顾了中美关系的历史演变，展望两国关系的未来走势。

建交40年来，中美关系能够在曲折中保持前进，是由双方共同的利益所驱动的，是由两国扎实的民意基础所保障的，也是由对国际社会的共同责任所约束的。40位政界精英和学界翘楚为我们梳理了中美关系发展的经验与教训，也为我们拨开迷雾，厘清了两国关系的未来方向：必须互相适应、加强沟通、增进互信、扩大合作、管控分歧、寻求共赢。

机关建设

JI GUAN JIAN SHE

机关党建

上海市社联组织党员群众参观东京审判巨幅长卷油画展

1 月 4 日下午，上海市社联机关党委组织机关及所属单位党员群众赴中华艺术宫，参观“纪念东京审判宣判 70 周年——东京审判巨幅长卷油画及影像图片展”，上海市社联党组成员、专职副主席任小文参加活动。

《东京审判》巨幅油画（长 168 米，高 4 米）由美籍华裔画家、上海交通大学东京审判研究中心研究员李斌及其团队创作，为纪念远东国际军事法庭宣判 70 周年历时三年多而作。作品以油画绣像方式将检辩双方等数百位真实人物塑造在画面下端，再现日军暴行历史图档和庭审记录于画面上端，揭露了日本发动对华侵略的暴行，宣示了正义战争的胜利和侵略者的可耻失败。

上海交通大学东京审判研究中心主任程兆奇教授带领大家参观画展的文献图片部分，为大家讲解有关东京审判的历史概貌，重点介绍了这次艺术创作和学术研究跨界合作的探索过程和意义。参观者跟随油画创作者李斌老师逐一参观油画展现的东京审判的各个环节，回顾整幅油画呈现的每一个历史时刻，倾听作者对画中人物的背景介绍和油画的创作过程。大家细听讲解，重温 70 年前这场人类史上的伟大审判，被用油画的形式表现东京审判这个重大的历史事实的艺术手段和效果所震撼，感叹于此幅油画的文献性和艺术性，叹服于史学家、图像学家、画家的跨界合作，共同以一种高度的历史使命感，成就了眼前这幅鸿篇巨制。

参观之前，同志们参加了“历史的责任，艺术的表达”大型历史长卷《东京审判》创作研讨会，了解了油画的创作背景，倾听与会历史学家、画家、艺术家、艺评人等专家从各个角度对画作的讨论与解析，加深了对该画展的深入了解。

上海市社联召开2018年度处级领导干部述职大会

1月17日，上海市社联召开2018年度处级领导干部述职大会。机关各处室及所属事业单位负责人分别进行了年度工作总结和个人述职。上海市社联党组成员及全体干部共50人参加述职大会。上海市社联党组成员、专职副主席解超主持会议并进行点评。他代表党组对各部门一年的辛勤工作表示感谢，勉励大家在新的一年里继续保持团结协作、积极向上的精神风貌，携手共进，共创社联的美好明天。

会上，党组领导及与会人员还填写了考核测评表，通过无记名投票方式对社联各部门工作和处级领导干部履职情况进行民主测评。

上海市社联举行离退休同志迎春团拜会

1月28日上午，上海市社联离退休同志迎新春团拜会在市社联本真堂举行，离退休老同志50余人参加，大家欢聚一起，其乐融融，本真堂洋溢着一派迎新春的喜庆气氛。上海市社联党组成员、专职副主席解超、任小文，党组成员、副巡视员莫剑平出席团拜会。

解超代表上海市社联党组向离退休老同志汇报了上海市社联2018年主要工作情况。他指出，在老领导、老同志关心和支持下，2018年上海市社联以习近平新时代中国特色社会主义思想为指导，进一步完善"五大公共平台"，团结凝聚社科界"五路大军"，为加快建构中国特色哲学社会科学方面作出了新的贡献。他代表党组向老领导、老同志的关心与支持表示感谢。2019年，上海市社联将继续在上海市委、市委宣传部的领导下，在努力推动构建中国特色哲学社会科学、积极服务上海文化品牌建设、完善学术社团管理与服务机制、开发社科普及类公共文化精品等方面锐意进取，希望老领导、老同志一如既往地关心支持市社联工作，为市社联工作积极建言献策。最后，解超副主席代表党组向离退休同志拜早年并送上了新春的祝福，祝老领导、老同志们新春快乐，阖家幸福，身体健康，万事如意！

上海市社联召开 2018 年度党组民主生活会

2 月 2 日，上海市社联召开 2018 年度党组民主生活会。上海市社联党组成员、专职副主席兼秘书长解超主持会议，党组成员、专职副主席任小文，党组成员、副巡视员莫剑平参加会议。上海市委宣传部副部长徐炯，第八督导组组长孙宇与组员王琛、杨一鸣同志，以及市委宣传部相关部门领导等莅会指导。机关党委、机关纪委、机关工会，以及办公室和组织人事处相关工作人员列席会议。

会前，上海市社联党组围绕 2019 年民主生活会主题组织两次中心组专题学习，召开征求意见座谈会，开展谈话谈心，广泛征求社科界代表和机关干部的意见，认真进行班子和个人对照检查、查摆问题，为开好民主生活会打下坚实的基础。社联党组民主生活会的准备工作也得到了督导组的帮助和指导。

会上，解超首先代表社联党组班子，汇报了上年度民主生活会整改落实情况。围绕 2019 年民主生活会主题，从思想政治、精神状态、工作作风三个方面作了班子对照检查，共列举了 22 个具体问题并逐一进行原因分析，结合市社联中心工作初步提出四方面整改措施。随后，党组班子成员逐一进行对照检查，解超同志率先，任小文同志、莫剑平同志相继开展批评与自我批评，大家发言开门见山、直面问题，找出了存在的不足和差距，并结合自身实际认真分析原因，提出了今后的努力方向和改进措施。在批评与自我批评过程中，班子成员勇于点明问题，敢于担当责任，开诚布公地反省自身，热心中肯地帮助同志，会议气氛严肃而又热烈。

第八督导组组长孙宇对市社联党组民主生活会进行了点评。她指出：市社联党组班子高度重视民主生活会，准备工作扎实充分，剖析问题深刻到位，批评与自我批评坦率诚恳，整改措施明确务实，是一次高质量的民主生活会，达到了统一思想、改进作风、增进共识、鼓舞斗志的目的，党组班子成员普遍接受了一次深刻的党性锻炼。孙宇还对民主生活会会后情况通报、抓好整改措施落实等提出了要求。

会上，上海市委宣传部副部长徐炯同志讲话，他对市社联党组民主生活会质量予以充分肯定，并对党组和社联工作提出三点要求：要始终把政治建设放在首位，带头讲政治，树牢“四个意识”，坚定“四个自信”，坚决做到“两个维护”；带头遵从党章、党纪党规，遵从党内政治生活的严肃性、政治性；带头落实全面从严治党，深化细化“四责协同”机制。要始终把责任使命扛在肩上，带头增强贯彻落实习近平总书记重要讲话精神的自觉性和主动性，自觉承担起举旗帜、聚民心、育新人、兴文化、展形象的使命任务；带头坚持党管意识形态，确保守土有责、守土尽责。要始终把队伍建设抓在手上，增强脚力、眼力、脑力、笔力，努力打造政治过硬、本领高强、求实创新、能打胜仗的宣传思想工作队伍;进一步转变作风,及时掌握新情况锤炼新本领,以良好的作风展示干部队伍的良好形象。

解超同志最后代表党组班子表态,将认真按照徐炯部长讲话和督导组的工作要求,围绕班子建设和中心工作,认真对照问题,制定具体的整改措施清单,抓好落实。

上海市社联召开 2018 年度先进表彰大会

2 月 15 日，上海市社联召开 2018 年度机关、刊业中心先进表彰大会，宣布表彰了年度先进集体、优秀工作者和优秀工作项目。上海市社联党组成员、专职副主席解超主持表彰会。会上，他对各部门的工作进行了总结点评，代表党组充分肯定过去一年市社联全体同志取得的成绩，向获得表彰的先进集体和优秀工作者表示热烈祝贺。

解超同志指出，2019 年是中华人民共和国成立 70 周年，是全面建成小康社会的关键年，更是深入学习贯彻习近平新时代中国特色社会主义思想和党的十九大精神的重要一年。上海市社联将在上海市委、市委宣传部的领导下，树牢“四个意识”，坚定“四个自信”，团结凝聚社科研究“五路大军”，为繁荣发展中国特色哲学社会科学作出新的更大的贡献。希望市社联全体同志以充满激情、富于创造、勇于担当的精神状态，在新的时代坐标中坚定追求卓越的发展取向、富于创造的实践要求，以高度的政治责任感和历史使命感，奋力谱写新时代上海哲学社会科学发展新篇章。党组成员、专职副主席任小文宣读 2018 年度社联机关和刊业中心先进集体、优秀工作者名单，党组成员、副巡视员莫剑平宣读 2018 年度优秀工作项目名单。

学会管理处被评为年度先进集体；方宁、杨琳、何大伟、应毓超、张栩光、赵丹丹、胡晨寰、叶祝弟、张曦、杨义成同志被评为年度优秀工作者；“承办宣传系统纪检监察干部学习新修订的《中国共产党纪律处分条例》知识竞赛”等八个工作项目荣获年度优秀工作项目。

上海市社联召开干部大会宣布上海市委有关干部任职决定

4月1日上午，上海市社联召开干部大会，宣布上海市委关于权衡同志任中共上海市社会科学界联合会党组书记，同意权衡同志为上海市社会科学界联合会专职副主席人选的决定。上海市委常委、宣传部部长周慧琳，市委组织部副部长冷伟清，市委宣传部副部长徐炯、胡佩艳，市社联党组成员、专职副主席解超、任小文，党组成员、副巡视员莫剑平，老领导林炳秋、施岳群、武克全、沈国明等出席会议。会议由胡佩艳主持。冷伟清宣读上海市委有关干部任职决定并介绍权衡同志的简历。权衡作表态发言。

周慧琳指出，这次上海市社联领导班子的充实，是上海市委从全市宣传思想文化工作大局出发，根据工作需要，通盘考虑、慎重研究决定的，充分体现了市委对哲学社会科学事业的高度重视和亲切关怀。希望大家切实把思想和行动统一到市委的决策部署上来，牢记职责、勇于担当、团结协作、锐意进取，不辜负市委的期望和信任。

周慧琳强调，上海市社联作为推动哲学社会科学事业健康发展的引领者、组织者和示范者，要把坚持正确的政治方向、价值取向、学术导向摆在首位，引领带动全市哲学社会科学工作者树牢“四个意识”，坚定“四个自信”，做到“两个维护”，自觉做先进思想的倡导者、学术研究的开拓者、社会风尚的引领者、党执政的坚定支持者。要团结引领全市哲学社会科学工作者，把握好时代发展、创新实践、伟大事业的新要求新期待，聚焦理论创新、改革实践和成果转化，坚定做马克思主义的研究者与弘扬者、中国特色社会主义建设的实践者与宣传者。要充分发挥社联“跨单位、跨学科、跨部门，学会众多、学科齐全、联系广泛”的优势，强化机制保障，建强交流载体，突出服务引领，提升动员力、号召力、凝聚力，着力打造全市社科工作者的温馨家园。要加强班子自身建设，切实履行党的建设主体责任，发挥好“关键少数”的示范带动作用，结合“两学一做”学习教育常态化制度化和“四力”教育实践，大力推进学习型机关建设，打造一支热爱哲学社会科学事业，政治强、业务精、纪律严、作风硬的工作队伍。

周慧琳指出，2019年是新中国成立70周年，是全面建成小康社会、实现第一个百年奋斗目标的关键之年，也是贯彻落实习近平总书记考察上海重要讲话精神的关键一年。希望市社联坚持以习近平新时代中国特色社会主义思想为指导，全面落实市委、市政府决策部署，始终保持昂扬向上、奋发有为的精神状态，解放思想、锐意进取、扎实工作，努力开创上海哲学社会科学事业新局面，为更好服务国家战略、助推上海发展作出新的更大贡献!

出席会议的还有上海市委组织部宣教科技干部处、市委宣传部干部处负责同志,上海市社联机关全体干部、直属单位主要负责同志。

上海市社联召开中心组学习扩大会暨机关党建工作例会

4月11日，上海市社联召开中心组学习扩大会暨机关、所属事业单位党建工作例会。上海市社联党组书记权衡出席会议并讲话，党组成员、专职副主席解超、任小文，机关党委、机关纪委委员，机关及所属事业单位在职党支部全体支委参加了会议。

中心组学习扩大会认真学习了上海市委常委、宣传部长周慧琳同志在近期市社联干部大会上的讲话精神。权衡在会议上指出，周慧琳同志讲话对上海市社联工作提出了新要求、新期望，进一步明确了市社联政治站位、功能定位和目标追求，对我们今后的工作提出了更高要求，具有重要的指导意义。市社联机关及所属单位各党支部要组织专题学习，联系实际学深学透，切实将讲话精神贯彻落实在社联的各项工作中，团结凝聚广大社科工作者为繁荣中国特色哲学社会科学事业做出新的贡献。

机关党建工作例会传达了宣传系统2019年党建工作要点和纪检监察工作要点，部署了《社联开展增强“四力”教育实践工作的实施方案》，对2019年上海市社联机关党建工作要点和机关纪委工作要点作了重点说明。机关及所属事业单位各在职党支部总结交流了2018年支部工作和2019年支部工作计划。

权衡认真听取了各党支部交流汇报，对上海市社联的工作氛围和党员干部的精神面貌、对各支部工作成效予以充分肯定。他指出，党建工作的重要性被摆在了越来越重要的位置，社联各级党组织要强化党建意识、切实承担起党建工作主体责任。对于如何进一步做好社联机关党建工作，他提出四点要求：

一是始终把政治建设放在首位。把学习贯彻落实习近平总书记系列讲话精神，特别是考察上海重要讲话精神，以及中央新下发的重要文件精神作为关键抓手；把严肃党内政治生活在支部建设全过程中体现出来，引导教育全体党员干部牢固树立“四个意识”、坚定“四个自信”、坚决做到“两个维护”。

二是深化理论学习，积极践行落实。用好“学习强国”学习平台，结合新中国成立70周年等重要节日节点开展各类革命爱国主义教育和理想信念教育。落实好增强“四力”教育实践工作，做好工作台账和信息简报，教育实践工作要结合中心工作，体现社联工作特点、特色。

三是不断提高党建工作水平。加强工作规范化，严格按照党章规定，组织好2019年的党支部按期换届工作。结合中心工作，发挥社联理论资源优势，开展更多接支部地气、合党员需求的党内生活。

四是坚持党风廉政建设，强化正风肃纪。要继续加强党风廉政建设的力度，确保党风廉政责任的层层落实。在当前全面从严治党要求越来越严的新形势下，市社联党员干部要主动从严规范约束自己，做到该坚持的原则坚持住，该守住的规矩牢守住。各党支部有义务将政策“红线”“底线”及时传递到每位党员干部，保证党风廉政制度规定落实落地，不留空白点。

党组成员、专职副主席、机关党委书记解超主持党建工作例会，并对支部交流发言作了点评。他总结说，一年来各党支部紧紧围绕社联中心工作和机关党委工作要求开展工作，工作有成效、有特色，总体上体现了规范、有效、尚学、务实几大特点。接下来各党支部要按照权衡书记要求，在已有工作的基础上，在理论学习、制度执行、支部建设等方面进一步提升加强，坚持将党建融入业务、以党建促进发展，积极开展增加“四力”教育实践工作，持续推进“两学一做”学习教育常态化制度化，夯实党风廉政建设，争取在今年工作中取得更大的突破。

会议要求近期各党支部安排一次专题组织生活会，结合各自工作实际，认真学习领会周慧琳同志讲话对市社联工作的新要求、新期望。

会议还对社联增强“四力”教育实践工作项目之一“走近大师　传承精神——唱响上海文化品牌建设赞歌”主题寻访活动进行了专门布置，该活动从市社联“礼赞大师”推出的首批 68 位社科大师中选出陈望道等 8 位大师，开展历时三个月的寻访活动，设立资料采集、微视频制作、撰写纪念文章、演讲竞赛等四个环节，组织党员干部在活动中锻炼“脚力、眼力、脑力、笔力”，走近大师、感悟风范、传承精神，进一步提升机关干部社科理论素养和工作能力。

上海市社联召开增强“四力”教育实践工作动员大会

4 月 28 日，上海市社联召开增强“脚力、眼力、脑力、笔力”教育实践工作动员大会。上海市社联党组书记、专职副主席权衡出席会议并作动员讲话，党组成员、专职副主席解超、任小文，党组成员、副巡视员莫剑平以及社联机关、所属单位全体干部参加动员大会。

权衡在动员讲话中指出，习近平总书记在全国宣传思想工作会议上，对宣传思想干部提出了“加强调查研究，不断增强脚力、眼力、脑力、笔力”的要求。根据中宣部、上海市委宣传部在宣传思想战线开展增强“脚力、眼力、脑力、笔力”教育实践工作的要求，上海市社联制定了相关工作方案并作了具体部署，市社联各单位、各部门、各支部要将教育实践工作摆在突出位置，根据工作任务分配表认真贯彻落实，及时上报工作信息，确保各项工作落实落地、高质高效。

权衡强调，开展增强“四力”教育实践工作，切忌走过场、搞形式主义，一定要从上海市社联工作实际出发，突出理论工作特色。增强“脚力、眼力”就是要做好调查研究，只有走到、看到，才能发现问题、思考问题，从而提升“脑力、笔力”，使我们的理论研究能够更好地服务于社会、服务于人民。要把增强“四力”要求始终贯穿于社联学会管理、学术活动、社科普及、服务社科理论工作者等各项工作中，找准“脚力、眼力、脑力、笔力”的着力点，不断提升自身的工作水准。权衡最后要求市社联各单位、各部门要以高度重视的态度和认真务实的精神开展增强“四力”教育实践工作，希望每一位同志都在教育实践工作中获得收获、取得进步。

动员大会还正式启动了“走近大师、传承精神——唱响上海文化品牌建设赞歌”主题教育实践活动，党组领导权衡、解超、任小文、莫剑平向八个寻访小组派发任务书。作为上海市社联增强“四力”教育实践工作项目之一，该活动从社联“礼赞大师”推出的首批 68 位社科大师中选出陈望道等 8 位开展历时三个月的调研走访活动，追寻大师学习工作的足迹，设立资料采集、微视频制作、撰写纪念文章、演讲竞赛等四个环节，组织党员干部走访调研相关高校、科研文化机构、社区街道，在活动中锻炼“脚力、眼力、脑力、笔力”，走近大师、感悟风范、传承精神，进一步提升机关干部社科理论素养和工作能力。

上海市社联举行消防安全教育培训活动

5 月 23 日，上海市社联举行消防安全教育培训活动，上海市社联党组成员、副巡视员莫剑平，机关各处室，所属事业单位，物业管理单位相关人员参加活动。

上海市社联干部职工一行先来到黄浦区消防支队嵩山中队学习培训。嵩山消防中队为社联同志具体介绍了中队发展历史和日常训练、战备情况，进行了消防装备演示、消防知识教育、灭火器材使用培训。

之后上海市社联干部职工又赴上海消防博物馆，听取工作人员关于上海消防历史和发展的介绍，从丰富的展品和图片资料中全面了解了上海消防的过去、现在和未来，亲身感受了火灾发生不同阶段的情况，并现场体验了消防灭火、疏散逃生和部分消防技能培训等。

通过教育培训，上海市社联干部职工对消防安全的重要性有了更深层次的理解，掌握了必要的消防器材使用及逃生自救方法，进一步强化了消防安全观念，在思想上筑起了消防安全防线。

权衡为上海市社联全体干部作增强“四力”教育实践工作专题讲座

6月3日，上海市社联增强“四力”教育实践工作系列讲座正式启动，党组书记、专职副主席权衡作《长三角一体化发展的国家战略和高质量发展新思路》专题讲座，党组成员、专职副主席解超、任小文，党组成员、副巡视员莫剑平以及机关、所属事业单位全体干部60余人参加学习。

权衡围绕习近平总书记交给上海的三项战略任务，聚焦从长三角高质量一体化发展的国家战略定位、长三角高质量一体化发展国家战略的实践要求、长三角区域高质量一体化发展的新动力、推动长三角区域高质量一体化发展的新路径四个方面为大家介绍了长三角一体化国家战略实施背景、基本要求及实施路径等问题。

权衡从经济学的角度，以详实的数据分析了长三角一体化国家战略的必要性，比较分析了各国家城市群、中国各经济区域发展情况，为我们准确理解长三角一体化发展的总体设计和发展方向，对一体化战略推动过程中可能遇到的现实问题提供帮助和启发。

权衡还特别指出，上海市哲学社会科学工作者应该围绕上海在长三角区域一体化战略发展中如何发挥龙头带动作用，市社联在服务长三角一体化过程中如何发挥积极作用而建言献策等。

据悉，该系列讲座系上海市社联增强“四力”教育实践工作具体项目，由机关党委、组织人事处具体落实，后续还将邀请市社联党组成员和社科理论专家陆续推出系列专题讲座。

上海市社联召开第七届委员会主席团工作会议

6月21日，上海市社联召开第七届委员会主席团工作会议。上海市社联主席王战出席，党组书记、专职副主席权衡主持，专职副主席解超、任小文，副主席江波、李琪、沈国明、陈志敏、姜锋、顾锋、桑玉成、龚思怡、童世骏、谭帆，以及市社联副巡视员莫剑平、陈麟辉出席会议。市社联各部门负责同志列席会议。

权衡在会上通报了社联近期重要工作安排。他指出，上海市社联将按照上海市委宣传部周慧琳部长2019年在社联干部大会上提出的要求，把坚持正确的政治方向、价值取向、学术导向摆在首位，聚焦理论创新、聚焦改革实践、聚焦成果转化，以习近平新时代中国特色社会主义思想为指导，全面落实市委、市政府决策部署，为努力开创上海哲学社会科学事业新局面做出积极贡献。他就市社联2019年围绕迎接新中国成立70周年组织开展的重要学术活动、重大课题、重点项目推进以及下半年工作思路等工作做了通报。

会上，解超报告了推动中国特色哲学社会科学学术话语体系建设的情况；任小文报告了推动“中华创世神话”研究、江南文化研究、徐家汇社科会堂修缮与浦东上海国际学术中心建设的情况。各位与会副主席肯定了近阶段市社联工作，就如何下半年市社联工作推进，以及面新时代如何进一步开拓创新、提升市社联发展水平提出了重要建议和意见。

王战主席在讲话中对上海市社联工作提出了新的要求：一是要守正创新，为智库建设把牢政治导向；二是要培育英才，为人才梯队建设搭建有效平台；三是要赓续文脉，为新一代社科大师的涌现深入谋划、破除瓶颈、厚植底蕴。

上海市社联开展“夏送清凉”活动，党组领导分头看望老同志

上海市社联于 8 月开展“夏送清凉”慰问老同志活动，党组领导在工作间隙分头走访看望社联离退休老领导、老同志，在炎炎夏日为老同志送清凉、致问候，关切老同志生活，向老领导通报社联工作情况，征求老同志对市社联工作意见与建议。

上海市社联 7 位离休干部被授予“庆祝中华人民共和国成立 70 周年”纪念章

为庆祝新中国成立 70 周年，中共中央、国务院、中央军委颁发“庆祝中华人民共和国成立 70 周年”纪念章，作为新中国成立 70 周年系列庆祝活动的重要组成部分。上海市社联 7 位新中国成立前参加革命工作的离休干部获此殊荣，这些为党和国家事业做出贡献的老同志是林炳秋、华培英、陈均、王晶清、郭英海、林逸飞、程绮华。

上海市社联党组成员分别看望了他们并送上纪念章、贺信。纪念章使用铜胎镀金材质，通径为 50 毫米，主要元素为五星、“70”飘带、团锦结、如意祥云和光芒，主色调为红色和金色。核心部分为五星，代表国家荣誉，表现了隆重庆祝中华人民共和国成立 70 周年，礼赞国家富强、民族振兴、人民幸福的辉煌成就。

上海市社联党组与老领导座谈共话社联未来发展

金秋十月，正值中华人民共和国成立 70 周年和一年一度的重阳佳节。10 月 8 日，上海市社联党组特邀市社联老领导举行座谈，共聚庆贺。上海市社联党组书记、专职副主席权衡，党组成员、专职副主席解超，党组成员、副巡视员莫剑平，老领导秦绍德、林炳秋、施岳群、武克全、沈国明等参加座谈。

权衡代表党组向老领导汇报了上海市社联近期工作，特别介绍了市社联主题教育情况和整改落实措施，听取了老领导对市社联工作建议和意见。老领导对市社联工作给予充分肯定，并围绕社联功能定位、智库平台、干部队伍建设等问题提出宝贵意见。党组领导表示，老领导的建议和意见非常有针对性，我们要在今后的工作中充分汲取老同志的宝贵经验和智慧，把社联的工作做得更好。会后，党组领导送上重阳节慰问品，并祝老领导健康长寿。

增强“四力”教育实践工作“走近大师　传承精神”主题寻访活动圆满结束

金秋送爽，丹桂飘香，由上海市社联机关党委、机关工会联合组织开展的“走近大师　传承精神”主题寻访活动演讲比赛暨成果交流会在徐家汇社科会堂学术报告厅举行。八个寻访大师小组进行了最后一轮对决，现场决出演讲比赛优胜奖，并进行了微视频、纪念文章等寻访活动成果展播交流。上海市社联党组成员、专职副主席、机关党委书记解超，党组成员、二级巡视员莫剑平出席活动，并颁发“资料收集入围优胜奖”“优秀微视频奖”“优秀纪念文章奖”“演讲比赛优胜奖”四个环节奖项，科普工作处的陈望道寻访组凭借四个环节出色成绩获得最佳团队奖。

“走近大师　传承精神——唱响上海文化品牌建设赞歌”主题寻访活动是上海市社联贯彻习近平总书记对宣传思想队伍提出增强“脚力、眼力、脑力、笔力”的要求，深化中宣部、上海市委宣传部开展的增强“四力”教育实践工作的一次具体实践活动。作为上海市社联增强“四力”教育实践工作项目之一，该活动从社联“礼赞大师”推出的首批 68 位社科大师中选出陈望道等 8 位开展历时三个月的调研走访活动，设立资料采集、微视频制作、撰写纪念文章、演讲竞赛四个环节，组织党员干部走访调研相关高校、科研文化机构、社区街道，在活动中锻炼“脚力、眼力、脑力、笔力”，走近大师、感悟风范、传承精神，进一步提升机关干部社科理论素养和工作能力。

2019 年 4 月 28 日，上海市社联召开增强“四力”教育实践工作动员大会暨寻访大师活动启动仪式。党组书记权衡在动员大会上强调，开展增强“四力”教育实践工作，一定要从社联工作实际出发，突出理论工作特色，把增强“四力”要求始终贯穿于社联学会管理、学术活动、社科普及、服务社科理论工作者等各项工作中，找准“脚力、眼力、脑力、笔力”的着力点，不断提升自身的工作水准，希望每一位同志都在教育实践工作中获得收获、取得进步。

寻访大师活动启动仪式上，党组领导权衡、解超、任小文、莫剑平向八个寻访小组派发任务书。社联机关和下属四个事业单位的近 50 人，分成八个寻访小组分别找寻陈望道、陈从周、顾廷龙、贺渌汀、蒋学模、罗竹风、施蛰存、王元化八位社科大师的足迹。大家探访大师生活工作的地方，查阅大师的学术著作。每个小组对本次的寻访过程都进行了详细的视频记录，制作本组寻访微视频。各组还把寻访的心得以及大师的主要学术主张落笔成文，结集刊发在社联《逸思园》内刊上交流学习。

历时三个月的寻访活动期间，机关党委、机关工会组织相关媒体、学会专家为机关干部开展视频制作、演讲技巧等培训；邀请来自新华社上海分社、东方网、上海广播电台、上海师范大学、上海文艺出版社、宣传通讯等单位的资深编导、专家分别组成微视频制作、纪念文章写作、演讲比赛评委组，评委对各个寻访小组的成果进行了认真评审，既有肯定也指出不足，对活动给予高度赞赏。

本次举行的活动成果交流会，回顾了前一阶段活动开展总体情况，交流活动成果，进一步集思广益、拓宽视野，凝聚共识、推动发展，把增强“四力”教育实践工作引向深入。交流会上，大家阅读交流纪念文章，分享寻访体会，播放的微视频作品引来现场阵阵掌声和欢乐笑声。八个寻访小组派出自己的代表，进行了声情并茂的演讲：陈从周寻访小组向大家展示了古建筑、园林专家陈从周先生博学多艺的人格风范；顾廷龙寻访小组让大家再一次感受到了大师在保护收集中华典籍方面的筚路蓝缕之功；罗竹风寻访小组试图带着大家走进繁荣上海社会科学事业的领导人罗竹风的精神世界；贺渌汀寻访小组给大家呈现了人民音乐家的创作才华和铮铮铁骨；陈望道寻访小组为在场的观众演绎了《共产党宣言》中译本作者陈望道先生如何守望真理到生命的最后一刻；施蛰存寻访小组为大家呈现了著名作家、文学研究家、翻译家和碑版研究家施蛰存大师的人生“四窗”；王元化寻访小组让大家再一次感受到了“为思想而生”的王元化先生的学术境界，走近大师的追求和梦想；蒋学模寻访小组为大家展示了身为著名经济学家、文学翻译家的“跨界”大师魅力。

上海市社联党组成员、专职副主席、机关党委书记解超同志对本次活动进行了总结。他指出，走近社科大师，是一次重温大师治学生涯的短暂旅行，是一次触摸大师求知心路的光影体验，是对时代脉动的叩击，也是对大师精神的传承。该次主题寻访活动形式多样、内容丰富，涉及面广、参与度高，取得了良好的成效。在活动中，机关干部通过寻访资料收集、撰写纪念文章、制作微视频、进行演讲比赛等形式，近距离走近大师、学习大师、感悟风范、传承精神，内化于心，外化于行，锻炼了工作能力，提升了社科理论素养。希望广大机关干部以本次活动为契机，增强“脚力、眼力、脑力、笔力”综合能力，进一步提高贴近社科工作者、深入社会的思想意识和助力上海文化品牌建设使命意识。

同志们表示此次寻访活动是一次社科工作者的实地调查研究，是一次感悟大师的精神洗礼，锻炼了走出去的自信，拓宽了看问题的视野，激发了勤思考的动力，丰富了干工作的思路，进一步提高了对增强“四力”教育实践工作的思想认识。

上海市社联机关党委召开党支部工作例会

12 月 4 日，上海市社联机关及所属事业单位党支部工作例会举行。会议通报近期党建工作安排，布置年度专题组织生活会、民主评议党员和民主评议党支部工作，下发党支部换届工作方案通知并进行部署，要求各支部年内完成换届选举工作。

工会工作

上海市社联主席王战一行赴社科会堂开展“送温暖，鼓干劲”慰问活动

1 月 9 日，上海市社联主席王战一行赴社科会堂查勘修缮项目现场施工情况，慰问鼓舞一线施工人员，要求施工人员保质保量完成修缮任务。上海市社联党组成员、专职副主席任小文，市社联党组成员、副巡视员莫剑平陪同介绍。王战主席一直关注修缮工程进度，并对修缮后的社科会堂在推动上海市哲学社会科学事业中发挥的作用寄予期望。

进入冬季后，社科会堂修缮工程克服了天气寒冷、连日阴雨、夜间施工等一系列问题，采用多工种协同的作业模式，按期完成全部拆除，隐蔽工程已完成，将接受徐汇区相关部门质量验收，并于春节前完成墙面和平顶基层封板。

上海市社联机关党委、工会举行元宵节联欢会

2月19日下午，上海市社联本真堂张灯结彩，桌上一杯清茶，几句新年问候，揭开了由机关党委、工会举办的上海市社联2019年元宵联欢会的序幕。开场播放的《天生我才——第一届社联员工子女网上才艺大展》回顾视频展示了“联二代”小朋友们丰富多彩的生活与爱好，也体现了父母们培养关爱孩子成长的一片苦心。

联欢会上，员工们自编、自导、自演种类多样的节目。集体舞《海草海草》舞出社联员工活力四射的精气神；诗朗诵《十个春天》描绘出春日的蓬勃生机；小品《生僻字·美食版》展示青年人的才思妙想；歌曲《东方之珠》带领大家重温怀旧金曲；方言朗诵《江南小镇》演绎江南文化的温婉气质；歌伴舞《天边》带来草原广阔无垠的新气象；葫芦丝演奏《甜蜜蜜》和小组唱《明天会更好》则道出了大家对新的一年美好的祝愿；压轴的是京剧《沙家浜》选段《智斗》，节目唱念做打原汁原味加上琴师现场伴奏，将联欢会的气氛推向了高潮。联欢会上，党组领导与军转干部们用一首《打靶归来》，唱出了军人的风采与魅力。一个个节目精彩纷呈，现场喝彩与掌声不断，联欢活动中还有元宵品尝、灯笼制作、剪纸体验、诗词飞花令等互动环节。

此次联欢会展现了全体员工积极向上的精神风貌和面对新时代、新起点、新征程的昂扬激情，既是一次展示员工才艺风采、营造和谐喜庆氛围的隆重集结，更是一曲鼓舞团结奋进、共祝再创辉煌的华美交响。

上海市社联机关党委、工会组织参观学习活动

10月15日下午，为庆祝中华人民共和国成立70周年，深切缅怀新中国的缔造者之一宋庆龄同志，上海市社联机关党委、工会组织全体干部职工参观《为新中国奋斗——宋庆龄文物文献特展》，激励大家弘扬爱国奋斗精神，建功立业新时代。上海市社联党组成员、副巡视员莫剑平、陈麟辉参加活动。

此次展览紧紧围绕宋庆龄"为新中国奋斗"这一主题，汇集了京沪两地六家相关宋庆龄纪念单位的珍贵文献、文物、照片等400余件，全面、详实记录宋庆龄光辉的一生，帮助大家深入学习党史、新中国史。通过此次参观，大家体会到宋庆龄的伟大爱国精神和新中国的来之不易，纷纷表示要增强"四个自信"，不忘初心、牢记使命，为实现中华民族伟大复兴的中国梦贡献自己的力量。

此次参观地点设在上海城市规划展示馆，为倡导绿色、健康、环保的生活方式，机关党委、工会还组织了"绿色出行，健康生活"为主题的健步走活动。活动从社联大楼前列队出发，一路上，大家精神饱满、步伐整齐，展现出社联广大干部职工积极健康的良好形象，营造了热爱运动、昂扬向上、团结奋进的机关氛围。

庆祝中华人民共和国成立 70 周年暨第五届上海市社会科学界合唱音乐会在沪举行

10 月 22 日晚，由上海市社会科学界联合会主办的"庆祝中华人民共和国成立 70 周年暨第五届上海市社会科学界合唱音乐会"在沪举行。上海社会科学界合唱团、上海交通大学南洋教师合唱团、上海师范大学泊乐合唱团、上海市闵行区莘松中学莘之声少年合唱团近 300 名师生集结舞台，并非专业演唱者的他们暂时放下书本，用歌声讴歌新时代，倾情献唱并与现场观众一同回顾祖国成长的光辉道路！

上海市社联党组成员、专职副主席解超在致辞中指出，为庆祝中华人民共和国成立 70 周年，在上海市委宣传部的统一部署下，市社联提前谋划，精心组织全市社科研究"五路大军"，开展"庆祝中华人民共和国成立 70 周年"系列科研、科普、学会学术交流活动。今天的活动，正是通过合唱这一大众艺术形式，讴歌 70 年来的进步和发展，歌颂改革开放的伟大成就，表达广大社会科学工作者庆祝中华人民共和国成立 70 周年的喜悦心情。

上海市社联第六届委员会主席、复旦大学社会科学高等研究院学术顾问秦绍德等一批知名专家教授作为合唱团团员参加了演出。随着歌声响起，上海社科学人等演唱者心中爱国情感澎湃汹涌。演唱间隙，不少学者还结合习近平总书记在庆祝中华人民共和国成立 70 周年大会上的重要讲话谈了自己的感受。

上海市政治学会会长、复旦大学教授、上海社会科学界合唱团团长桑玉成用"信心倍增"来形容自己的心情。他说，近日，上海社科界人士通过各种方式，认真学习习近平总书记在庆祝中华人民共和国成立 70 周年大会上的重要讲话。正如习近平总书记所指出的，中国的昨天已经写在人类的史册上，中国的今天正在亿万人民手中创造，中国的明天必将更加美好。面向未来，更要看到社科学人的责任感和使命感。未来前进道路上的很多问题，可能更需要社科工作者给予更多的关注和研究，需要社会科学贡献价值、知识和智慧。作为社科工作者，要继续把社会科学价值引领、思想先导、资政育人等方面的功能发挥好。

复旦大学发展研究院当代中国社会生活资料中心主任、复旦大学图书馆当代中国社会生活资料馆馆长张乐天也参加了演出。作为新中国的同龄人，他回忆道，自己出生在海宁农村，近些年，当自己驾车返乡，行走在四通八达的公路上时，回首往事，总是心潮澎湃。"70 年，弹指一挥间，但是，中国从一个传统落后的农业大国，发展成为一个国民生产总值位居世界第二的国家，中国的成就不仅为人民带来了福祉，更令全世界惊艳！当年我们唱，'没有共产党就没有新中国'，今天我们可以说，没有共产党，就没有新中国 70 年来的伟大成就。相比以往，我们更加深切地体会到道路自信、理论自信、制度自信、文化自信，我们一定在党的领导下，勇敢地‘走进明天的洪流’，创造更美好的生活。”

此次音乐会合唱曲目从中华人民共和国成立以来不同时期广泛流传并具有时代意义的歌曲中选择，其中包括《人民解放军占领南京》《我爱你，中国》《让我们荡起双桨》《绒花》《年轻的朋友来相会》《长江之歌》《东方之珠》《追寻》等经典歌曲。演唱者们通过歌声表达了上海社科界深厚的爱国主义情怀、对祖国的美好祝愿以及对上海繁荣发展的殷切期盼。

此次音乐会是上海社科界庆祝中华人民共和国成立 70 周年系列活动之一，上海市近八百名社科工作者代表出席并观赏了音乐会。

上海市社会科学界合唱团获得第十五届中国合唱节成人组混声合唱银奖

10月22日晚，从浙江宁波传来喜讯，在第十五届中国合唱节中，上海市社会科学界合唱团以出色的艺术表现获得成人组混声合唱银奖。

10月19—22日举办的以“礼赞新中国　奋进新时代”为主题的第十五届中国合唱节受到全国合唱界的高度关注，吸引了来自全国各地的100多支合唱团队5 000多名歌者同台竞艺。“中国合唱节”由中国合唱协会主办，是改革开放以来中国合唱发展的标志性活动，是全国合唱界艺术水准最高的一项比赛。本届合唱节共设童声组、青少年组、成人组、老年组、声乐组合与小合唱6个组别的比赛。上海市社会科学界合唱团以优美的音质、精准的节奏、和谐的混声完美演绎了《我们走进十月的阳光》《Vindo》两首参赛曲目，在中国合唱节这一舞台上绽放上海社会科学工作者的时代精神和内在素养，展示了广大哲学社会科学工作者多才多艺的风貌。

成立于2011年3月的上海市社会科学界合唱团，由上海市社会科学界联合会组建。团员主要来自高等院校、研究机构、社会团体从事社会科学工作的人员，目前团员有60余人，合唱团团长由上海市政治学会会长、复旦大学教授桑玉成担任，聘请上海著名作曲家奚其明为合唱团艺术顾问，目前青年指挥家王超担任常任指挥。该合唱团曾荣获2014年第四届上海无伴奏合唱比赛成年组金奖、2015年上海市民文化节百支优秀市民合唱团、2018年“华夏根·黄土情　陕西（神木）首届全国合唱艺术节”混声合唱比赛二等奖等荣誉。

上海市社联工会组织干部职工赴松江开展文体活动

为进一步帮助干部职工开拓视野，提升文化素养，11 月 22 日，上海市社联工会根据年度工作安排，组织机关干部职工赴松江区广富林古文化遗址参观。

广富林古文化遗址充分反映了古代松江府的历史文化和松江现存丰富的文物遗迹和文物古迹。坐落其中的朵云书院，更是集善本珍藏、古迹原貌、文艺美食于一身，吸引机关职工驻足，流连忘返。通过参观，大家深入了解了上海文化之根的历史底蕴，更加深切地体会到文化遗存承载着人类的文明和进步，见证着城市的兴起和发展，是上海这座城市走向未来的精神家园，从而坚定了增强文化自信，打响上海文化品牌的信念和决心。

参观之后，机关工会还在广富林郊野公园组织了“趣味运动会”，先后开展了“袋鼠运瓜”“移动高尔夫”等运动项目。机关职工饶有兴味地投入到活动之中，在其乐融融的氛围中愉悦身心，强健体魄，展现了社联职工团结一致、相互协作的良好精神风貌。

大　事　记

DA SHI JI

1月

1月7日，上海市社联党组邀请上海市社科界代表召开民主生活会征求意见座谈会。上海市社联党组成员、专职副主席解超主持会议，党组成员、专职副主席任小文，党组成员、副巡视员莫剑平参加座谈会。会议围绕2018年度民主生活会主题及哲学社会科学发展工作等方面，听取了社科界专家学者的意见建议。市社联所属学会及本市高校、科研机构、科普基地等代表参加座谈会。社联党组还召开了机关处室及所属单位干部群众、民主党派代表征求意见座谈会。

1月10日，2018年度"中国十大学术热点"发布会暨哲学社会科学学术研究展望论坛在中国人民大学举行。此次发布会和论坛由《学术月刊》杂志社、中国人民大学书报资料中心和《光明日报》理论部共同主办。来自中国社会科学院、北京大学、清华大学、复旦大学、中国人民大学、《光明日报》社等机构的领导、学者、期刊及媒体代表等150余人参加会议。会议正式发布了2018年度"中国十大学术热点"，分别是习近平新时代中国特色社会主义经济思想研究，马克思主义与当代社会，改革开放40年：经验总结、理论创新与学科发展，高质量发展下的现代化经济体系构建，乡村振兴战略研究，国家监察体制改革与刑事诉讼制度的衔接，海洋史研究的拓展，新时代教师队伍建设研究，算法主导下信息传播的社会影响与挑战，大数据视域下数字人文研究。

1月16日，上海市社联组织专家对中华创世神话研究基地进行中期检查。专家组一致同意通过基地的中期评估，并强调研究基地要坚持成果导向，进一步发挥平台和载体功能。

1月17日，上海市社联召开2018年度处级领导干部述职大会。机关各处室及所属事业单位负责人分别进行了年度工作总结和个人述职。市社联党组成员及全体干部共50人参加述职大会。市社联党组成员、专职副主席解超主持会议并进行点评。他代表党组对各部门一年的辛勤工作表示感谢，勉励大家在新的一年里继续保持团结协作、积极向上的精神风貌，携手共进，共创市社联的美好明天。会上，与会人员还填写了考核测评表，通过无记名投票方式对社联各部门工作和处级领导干部履职情况进行民主测评。

1月20日，上海市社会科学界联合会和上海人民出版社联合主办，中共嘉定区委宣传部承办的"解码江南　以启未来——2019年望道讲读会"首讲在上海开讲。中共上海市委宣传部副部长徐炯，中共上海市嘉定区委常委、区委宣传部部长顾惠文致辞。上海市社会科学界联合会专职副主席、秘书长解超主持活动。上海世纪出版集团党委书记、总裁王岚，中共嘉定区委副书记周金林，上海世纪出版集团副总裁阚宁辉，上海人民出版社社长、总编辑王为松等领导出席。本次讲读会聚焦"解码江南　以启未来"主题，邀请华东师范大学图书馆馆长胡晓明教授、上海市历史学会会长熊月之研究员和上海师范大学唐力行教授分别围绕“世间何物是江南”“海派文化与江南文化的关联”及“苏州评弹与江南社会”3 个话题展开主旨演讲，并与现场观众进行互动交流。

1 月 28 日上午，上海市社联离退休同志迎新春团拜会在市社联本真堂举行，离退休老同志 50 余人参加。市社联党组成员、专职副主席解超、任小文，党组成员、副巡视员莫剑平出席团拜会。解超代表社联党组向离退休老同志通报了市社联 2018 年主要工作情况。他指出，在市社联老同志关心和支持下，2018 年市社联以习近平新时代中国特色社会主义思想为指导，进一步完善“五大公共平台”，团结凝聚社科界“五路大军”，为加快建构中国特色哲学社会科学方面作出了新的贡献。他代表党组向老同志们的关心、支持表示感谢。2019 年，市社联将继续努力推动构建中国特色哲学社会科学、积极服务上海文化品牌建设、完善学术社团管理与服务机制、开发社科普及类公共文化精品等方面锐意进取，希望老领导、老同志一如既往地关心支持市社联工作，为市社联工作积极建言献策。

2 月

2 月 2 日，上海市社联召开 2018 年度党组民主生活会。市社联党组成员、专职副主席兼秘书长解超主持会议，党组成员、专职副主席任小文，党组成员、副巡视员莫剑平参加会议。市委宣传部副部长徐炯，第八督导组组长孙宇、组员王琛、杨一鸣，以及上海市委宣传部相关部门负责人等莅会指导。机关党委、机关纪委、机关工会，以及办公室和组织人事处相关工作人员列席会议。2 月 15 日，市社联召开民主生活会情况通报会，党组成员、专职副主席兼秘书长解超向市社联党员干部和离退休党员代表通报了民主生活会情况。

2 月 15 日，上海市社联召开 2018 年度机关、刊业中心先进表彰大会，表彰先进集体、优秀工作者和优秀工作项目。上海市社联党组成员、专职副主席解超主持表彰会，并对各部门的工作进行了总结点评，代表党组充分肯定过去一年社联全体同志取得的成绩，向获得表彰的先进集体和优秀工作者表示热烈祝贺。

2 月 28 日，上海市社联举行 2019 年学术团体年初工作推进会。来自市社联所属学会及民办社科研究机构的近 200 位负责人参加了会议。上海市社联党组成员、专职副主席任小文出席会议并就新一年上海市哲学社会科学学术团体工作进行了部署。学会管理处副处长梁玉国主持会议，学会管理处处长王克梅宣读 2018 年度第十二届“学会学术活动月”优秀组织奖、组织奖表彰名单并对 2019 年度学术团体若干具体工作作详细说明。

3 月

3 月 2 日至 17 日，全国“两会”期间，上海市社会科学界联合会、上海市政治学会联合在澎湃新闻推出“中国政库”栏目推出“政治关键词”专栏，梳理了 15 条有关“两会”的关键词，通过解释新闻与生活中的政治关键词，普及政治学常识，累计点击量累积超过500余万。9月15日至10月16日，梳理了反映新中国70年政治发展成就的30条关键词，采用“问答”的形式，回顾新中国政治发展，折射出新中国70年发展变迁，截至10月24日，累积点击量超1 317万。

3月14日，由上海市社联和上海市宝山区文旅局举办的沪苏浙皖江南文化传播创新研讨会在上海宝山国际民间艺术博览馆召开。中共上海市委宣传部副部长徐炯出席并讲话，宝山区委常委、宣传部长赵懿出席会议，宝山区副区长陈筱洁致辞，上海市社联党组成员、专职副主席解超主持开幕式；上海市社联党组成员、专职副主席任小文，江苏省社科联党组成员、副主席徐之顺，浙江省社科联党组成员、副主席陈先春，安徽省社科联党组成员、副主席卜幼凡，宝山区文旅局局长王一川，以及来自沪苏浙皖社科联的科普处(部)负责人及相关同志出席了研讨会。

3月14日至19日，上海市社联、市规划办集中召开四场江南文化研究系列课题开题报告辅导会，帮助课题负责人进一步明确研究方向、理清研究思路、搭建研究平台、提高研究质量，充分把握江南文化研究的时代性、创新性、现实性要求。市社联主席王战，市社联专职副主席任小文，市社联党组成员、副巡视员莫剑平，市哲社规划办主任李安方出席会议，20位课题负责人集中进行课题开题汇报。

3月19日，由上海市期刊协会主办、《学术月刊》杂志社承办的“从事期刊出版工作30年”座谈会在上海市社联召开。座谈会由上海市期刊协会会长王兴康主持，市委宣传部有关领导、协会历任会长及现任副会长代表、入选的期刊出版工作者代表出席会议。在此次“从事期刊出版工作30年”评选活动中，上海地区共有27位期刊工作者入选。《学术月刊》杂志社原总编辑黄迎暑、原总编辑田卫平和目前仍然坚守在期刊工作第一线的副编审沈敏获奖。

3月21日至5月31日，9月20日至12月6日，“东方讲坛·思想点亮未来”系列讲座继续推出第五季、第六季。讲座邀请余南平、仲富兰、杨力、詹丹、徐茂明等专家学者走进数十所中学，举办包括哲学、史学、文学、政治学、教育学等领域的36场讲座，带领广大中学生深刻感受思想的魅力，在青少年群体中播撒哲学社会科学的种子。讲座受到广大师生高度评价。

3月26日，中国人民大学人文社会科学学术成果评价研究中心和中国人民大学书报资料中心联合研制的2018年度复印报刊资料转载指数排名正式发布。该排名根据人大复印报刊资料近100种学术系列期刊在2018年度转载的学术论文数据，对中国人文社科期刊和教学科研机构进行了统计排名。上海市社联主办的《学术月刊》《探索与争鸣》分获全国社科院、社科联主办综合性期刊排名第一和第三，全国综合性期刊总排名的第一和第六的好成绩。

3 月 29 日，由国家社科基金、中共上海市委宣传部、上海市新闻出版局共同资助的《探索与争鸣》第三届全国青年理论创新征文颁奖大会暨“中国知识体系构建与青年使命”青年论坛在上海市社联举行。中共上海市委宣传部副部长、市新闻出版局局长徐炯出席活动并讲话，市社联党组成员、专职副主席解超主持会议。来自上海市社科规划办、上海市委宣传部传媒监管处、《学术月刊》《复旦大学学报》《华东师范大学学报》(哲学社会科学版)、《华东师范大学学报》(教育科学版)、《华东政法大学学报》《社会》《国际比较文学》《高等学校文科学术文摘》《社会科学报》、解放日报社、文汇报社等管理机构、学术刊物、理论媒体的代表及获得第三届全国青年理论创新征文奖的 20 多位青年学人与会。

4 月

4 月 1 日上午，上海市社联召开干部大会，宣布上海市委关于权衡同志任中共上海市社会科学界联合会党组书记，同意权衡同志为上海市社会科学界联合会专职副主席人选的决定。市委常委、宣传部部长周慧琳，市委组织部副部长冷伟清，市委宣传部副部长徐炯、胡佩艳，市社联党组成员、专职副主席解超、任小文，党组成员、副巡视员莫剑平，老领导林炳秋、施岳群、武克全、沈国明等出席会议。会议由胡佩艳主持。冷伟清宣读市委有关干部任职决定并介绍权衡同志的简历。权衡作表态发言。

4 月 10 日下午，“全媒体时代上海人文社科学术期刊发展的使命、机遇与挑战”研讨会在上海市社联召开。本次会议由《学术月刊》杂志社主办，《复旦学报》《华东师范大学学报》《社会科学》等上海地区人文社会科学学术期刊代表以及《解放日报》《文汇报》《社会科学报》《中国社会科学报》等媒体代表参加此次会议。此次会议主要讨论全媒体时代如何处理好中国刊物的本土化和国际化的关系，如何处理好纸质刊和电子刊的关系，以及如何重新审视当今的学术评价、期刊评价和人才评价等问题。

4 月 11 日，上海市社联召开中心组学习扩大会暨机关、所属事业单位党建工作例会。上海市社联党组书记权衡出席会议并讲话，党组成员、专职副主席解超、任小文，机关党委、机关纪委委员、机关及所属事业单位在职党支部全体支委参加了会议。中心组学习扩大会认真学习了上海市委常委、宣传部长周慧琳在市社联干部大会上的讲话精神。机关党建工作例会传达了宣传系统 2019 年党建工作要点和纪检监察工作要点，部署了《社联开展增强“四力”教育实践工作的实施方案》，对 2019 年市社联机关党建工作要点和机关纪委工作要点作了重点说明。机关及所属事业单位各在职党支部总结交流了 2018 年支部工作和 2019 年支部工作计划。

4 月 12 日，由中共上海市委国家安全委员会办公室、中共上海市委宣传部主办，上海社会科学院、上海市社会科学界联合会承办的“坚持总体国家安全观,着力防范化解重大风险”理论座谈会在上海社科院小礼堂举行。本次活动也是上海4·15全民国家安全教育日系列主题活动之一。中共上海市委政法委副书记、市委国安办副主任李余涛出席座谈会并作交流发言。来自复旦大学、同济大学、上海市委党校、上海社会科学院、上海国际问题研究院、上海市科学学研究所等单位的专家学者围绕总体国家安全观、意识形态安全、经济安全、城市安全、社会安全、科技安全、网络安全和外部安全等议题分别做了交流发言。

4月13日,由上海市社会科学界联合会、上海师范大学、上海市委党校、《青年学报》编辑部等单位联合举办的第四届劳动人权马克思主义论坛在上海市委党校举行,本次论坛的主题是“马克思劳动·财富·幸福理论21世纪新诠释”。上海市委党校副校长郭庆松教授,上海师范大学马克思主义学院院长张志丹教授,全国高校文科学报研究会会长、《北京师范大学学报》主编蒋重跃教授出席开幕式并致辞,来自全国各地的270余名代表报名参会。

4月16日,广州市委宣传部副部长、市社科联党组书记、主席曾伟玉,副巡视员宣政等一行来到上海社联调研。上海市社联党组成员、专职副主席任小文出席座谈会,并对曾伟玉主席一行的到访表示热烈欢迎。座谈会上,沪穗两地社科联就如何进一步推动习近平新时代中国特色社会主义思想的学习、宣传、研究,如何进一步加强哲学社会科学领域的意识形态工作,有效防范、化解重大风险等问题,交流了经验与做法。双方还商讨了合作举办文化论坛等相关事宜。上海市社联办公室、科研处有关同志参与了座谈交流。

4月21日,由上海市人民政府上海研究院与《探索与争鸣》编辑部联合举办的“中国70年社会变迁与结构转型”圆桌会议在上海市社联举行。上海市社联党组成员、专职副主席解超,中国社会学会会长、中国社会科学院-上海市人民政府上海研究院第一副院长李友梅出席活动并致辞。围绕社会变迁和结构转型中内外多元动力和机制的变化与问题,来自中山大学、南京大学、北京大学、浙江大学、上海大学、中国人民大学、华东政法大学、华东理工大学、中国社会科学院、上海社会科学院等机构近20名专家学者展开了深入的学术研讨。

4月28日,上海市社联召开增强“脚力、眼力、脑力、笔力”教育实践工作动员大会。上海市社联党组书记、专职副主席权衡出席会议并作动员讲话,党组成员、专职副主席解超、任小文,党组成员、副巡视员莫剑平以及社联机关、所属单位全体干部参加动员大会。动员大会还正式启动了“走近大师、传承精神——唱响上海文化品牌建设赞歌”主题教育实践活动,权衡、解超、任小文、莫剑平向八个寻访小组派发任务书。

5 月

5 月 17 日，上海市委决定陈麟辉任上海市社会科学界联合会副巡视员。6 月 17 日，上海市社会科学界联合会党组向中共上海市委宣传部申请增补陈麟辉为市社联党组成员并获批。

5 月 17 日下午，上海市委宣传部、市社联召开"上海市加快构建中国特色哲学社会科学工作座谈会"，进一步学习贯彻习近平总书记 5・17 重要讲话精神及在参加全国政协十三届二次会议文艺界、社科界委员联组会时的重要讲话精神。上海市委宣传部副部长徐炯出席会议并讲话。会议由市社联党组书记、专职副主席权衡主持，市社联主席王战出席会议并致辞，市社联专职副主席、秘书长、市哲学社会科学学术话语体系建设办公室主任解超作关于本市学术话语体系建设工作情况的报告，市社联党组成员、副巡视员莫剑平出席会议。上海市主要高校、社科研究单位的分管领导和社科管理部门负责人，上海市部分学会负责人 60 余人参加会议。会前，上海市委宣传部副部长徐炯还参观了位于市社联一楼大厅的学术话语体系建设成果展。

5 月 25 日，由上海市社会科学界联合会主办的第 18 届上海市社会科学普及活动周在徐汇区华鑫慧享中心隆重开幕。中共上海市委宣传部副部长徐炯讲话并宣布科普周开幕，上海市社联党组书记、专职副主席权衡致开幕辞，中共徐汇区委常委、宣传部部长吕晓慧致欢迎辞，上海市社联专职副主席、秘书长解超主持。开幕式上，与会领导还为冯契学术成就陈列室、上海市龙华烈士纪念馆和上海淞沪抗战纪念馆三家 2019 年新增"上海市社会科学普及示范基地"授牌，并表彰了 2017—2018 年度上海市社科普及工作优秀个人、项目、学会和先进单位。本届科普活动周以"让社会科学走进群众心坎里"为主题，吸引了全市 130 家社会单位参与，将推出 130 余项精彩纷呈的社科普及活动，为广大市民献上一场文化思想大餐。

5 月 27 日，上海解放纪念日当天，上海市社会科学界联合会、中共上海市委党史研究室与上海申通地铁集团有限公司联合打造的"新上海 70 个瞬间"主题 2 号线地铁专列在人民广场站启动。市委宣传部副部长徐炯出席并致辞，市社联党组书记、专职副主席权衡，市社联专职副主席、秘书长解超，市委党史研究室副主任严爱云，上海人民出版社社长、总编辑王为松，上海申通地铁集团有限公司党委副书记葛世平等出席并共同启动主题地铁专列。启动仪式上，与会领导还向申通地铁集团赠送了《上海相册：70 年 70 个瞬间》。

5 月 27 日，70 集系列科普短音频《奋斗创造城市传奇——新上海的 70 个瞬间》，在上海人民广播电台《990 早新闻》开播，再现了上海解放 70 年来，尤其是改革开放 40 年来城市发展的巨大成就，让听众重温历史的同时，能汲取继续奋发前行的动力，共同创造上海更加辉煌的未来。据央视索福瑞统计，截至 9 月 13 日，该系列短音频节目日均收听 76.8 万人次，累计收听人次超 5 376 万。

5 月 28 日下午，上海市理论界庆祝上海解放 70 周年研讨会在上海市委党校举行。此次研讨会由上海市委宣传部、市委党校、市委党史研究室、市教卫党委、市社联、上海社会科学院、上海市习近平新时代中国特色社会主义思想研究中心、上海市中国特色社会主义理论体系研究中心、国防大学政治学院等共同举办。与会专家学者表示，站在新的历史起点上，上海理论社科界要勇于担当，深入研究重大理论和现实问题，努力为上海的发展提供更高质量、更高水平的理论支撑和智力支持。市委常委、宣传部部长周慧琳出席并讲话，市委宣传部副部长徐炯主持会议，本市理论界 130 余位理论工作者与会研讨。

6 月

6 月 3 日，上海市社联增强“四力”教育实践工作系列讲座正式启动，党组书记、专职副主席权衡作《长三角一体化发展的国家战略和高质量发展新思路》专题讲座，党组成员、专职副主席解超、任小文，党组成员、副巡视员莫剑平以及机关、所属事业单位全体干部 60 余人参加学习。

6 月 5 日，上海市社联学会处举行所属社团换届培训，来自市社联所属 40 多家社团负责换届工作的领导成员参加会议。会议由市社联学会处处长王克梅主持，市社联党组成员、专职副主席任小文出席会议并讲话。会议围绕换届程序、领导班子成员、财务审计、工作报告、章程示范文本和学会工作制度汇编等社团换届中的重要内容和关键环节进行了详细的解读，并解答了有关学会负责人提出的问题。

6 月 6 日下午，上海市社联召开“不忘初心、牢记使命”主题教育动员部署会。上海市委“不忘初心、牢记使命”主题教育第二巡回指导组组长杜治中，市社联党组书记、专职副主席权衡出席会议并讲话。会议由市社联党组成员、专职副主席解超主持。市委主题教育第二巡回指导组有关同志，市社联党组成员、专职副主席任小文，党组成员、副巡视员莫剑平及社联系统全体党员共 70 余人参加会议。

6 月 11 日，上海市江南文化研究工作交流会在上海市社联召开，市社联专职副主席任小文出席会议并讲话，上海市江南文化研究联盟部分单位代表参加会议。来自复旦大学、上海交通大学、华东师范大学、上海师范大学、上海大学、上海理工大学、上海社会科学院、中共青浦区委宣传部、中共松江区委宣传部、上海市民俗文化学会、上海市历史学会等单位的代表，先后总结了联盟各单位近期在江南文化研究工作中的有关情况和丰硕成果，汇报了下一阶段的计划与设想，提出了关于未来江南文化品牌建设以及在长三角一体化示范区中融入江南文化元素的意见建议。

6 月 11 日上午，上海市社联举行“不忘初心，牢记使命”主题教育集中学习，邀请同济大学马克思主义学院李占才教授作题为《不忘初心、牢记使命——谈谈共产党人的理想信念与使命担当》的专题党课。市社联党组书记、专职副主席权衡，党组成员、副巡视员莫剑平以及机关、所属事业单位全体干部近 50 人参加学习。党组成员、专职副主席解超主持学习会议，市委主题教育第二巡回指导组成员与会。

6 月 14 日，上海市社联举行中心组学习(扩大)会议，由党组书记、专职副主席权衡作“不忘初心、牢记使命，深入学习习近平新时代中国特色社会主义思想”专题党课。上海市委主题教育第二巡回指导组副组长文选才，市社联党组成员、专职副主席解超、任小文，党组成员、副巡视员莫剑平出席会议。该活动系市社联“不忘初心、牢记使命”主题教育集中学习的一部分。会议由市社联党组成员、专职副主席解超主持。市委主题教育第二巡回指导组有关同志，市社联处以上干部、各党支部书记，主题教育组织组、宣传组部分工作人员与会。

6 月 19 日至 20 日，广东省社科联调研组一行 6 人在党组书记、主席张知干，党组成员、副秘书长李翰敏带领下到访上海市社联，就群团改革及社科工作改革创新方面的做法与经验开展专题调研。上海市社联党组书记、专职副主席权衡，党组成员、专职副主席任小文，党组成员、副巡视员莫剑平及相关部门负责同志出席座谈会。座谈会上，双方深入探讨了两地如何发挥各自优势，互补互鉴，共同构建社科联深化合作交流工作机制的问题，达成了整合两地社科资源、重点开展“粤港澳大湾区”与“长三角一体化”两大国家战略互动发展的课题研究意向。

6 月 20 日，上海“江南文化研究”系列课题首场中期交流会在上海市社联召开。上海市社联专职副主席任小文出席会议并讲话，课题负责人及市江南文化研究联盟相关单位专家代表参加会议。会上，各课题负责同志分别介绍总结了上半年课题研究的成果与工作进展，并对下一步的工作计划与构想展开交流。

6 月 21 日，上海市社联召开第七届委员会主席团工作会议。市社联主席王战出席，党组书记、专职副主席权衡主持，专职副主席解超、任小文，副主席江波、李琪、沈国明、陈志敏、姜锋、顾锋、桑玉成、龚思怡、童世骏、谭帆，以及社联副巡视员莫剑平、陈麟辉出席会议。市社联各部门负责同志列席会议。

6 月 22 日至 23 日，由《学术月刊》杂志社、上海财经大学法学院主办的第二届“法律、社会与历史”学术研讨会在上海财经大学举行。《学术月刊》常务副总编姜佑福出席会议并致辞。来自北京大学、清华大学、中国社会科学院、中国政法大学、中山大学、复旦大学、中国海洋大学、华东政法大学等多家高校和研究机构的学者参加会议并分别作主旨演讲。

6月24日，上海市社联召开机关党建工作例会暨"不忘初心、牢记使命"主题教育领导小组办公室工作会议。党组成员、专职副主席、机关党委书记、主题教育领导小组副组长解超，党组成员、副巡视员、主题教育领导小组成员莫剑平出席会议，市社联主题教育领导小组办公室及工作小组成员，机关党委、机关纪委委员，机关及所属事业单位党支部书记与会。会议由解超主持。

6月25日上午，上海市社联召开2019年上海市社联社团党建工作会议。上海市社联党组书记、专职副主席权衡出席并讲话，党组成员、专职副主席任小文传达市社联开展"不忘初心、牢记使命"主题教育文件精神。市社联所属学术团体党工组负责人近140人参加会议。

6月28日下午，上海市社联召开纪念中国共产党成立98周年暨"不忘初心、牢记使命"主题教育学习交流研讨会。市社联党组书记、专职副主席、社联主题教育领导小组组长权衡出席会议并讲话，会议由市社联专职副主席、主题教育领导小组副组长解超主持，市社联专职副主席任小文，市社联党组成员、副巡视员莫剑平出席会议。市社联机关及所属事业单位在职党员、离退休支部党员代表、入党积极分子、民主党派和党外群众代表等参加了会议，市主题教育巡回指导组第二组洪彦阁莅临指导。会上，市社联机关及所属事业单位党支部党员代表进行了交流发言。会后，参会同志集体前往中共一大会址纪念馆学习参观，一起回顾党的历史，重温入党誓词，接受理想信念教育。

7月

7月2日，南京大学中国人文社会科学综合评价研究院以CSSCI(2018)数据库数据为基础，从被引频度与施引广度的视角，对期刊使用状况进行结构性测度，评出了2018年最受学界欢迎的十大期刊(综合类)。上海市社联的《学术月刊》和《探索与争鸣》双双入选。

7月2日上午，上海市社联召开干部工作会议，专题传达学习十一届上海市委第七次全委会精神，研究市社联干部工作。党组书记、专职副主席权衡主持会议并讲话，党组成员、专职副主席解超传达上海市委全会精神，党组成员、专职副主席任小文，党组成员、副巡视员莫剑平、陈麟辉以及市社联全体处级干部参加会议。会议还传达学习了上海市推进长三角一体化发展动员大会和上海市委宣传部近期工作会议精神，要求结合主题教育认真学习习近平总书记考察上海重要讲话精神，主动对标《长江三角洲区域一体化发展规划刚要》并推动落实，组织上海社科理论界加强宣传、研究、决策咨询力度，发挥市社联作用。

7月9日，第一届"江南文化与城市发展创新"青年论坛在上海师范大学召开。此次论坛由上海市社会科学界联合会、上海市哲学社会科学规划办公室、上海师范大学联合主办。中共上海市委宣传部副部长徐炯出席论坛开幕式并讲话，上海市社联党组书记、专职副主席权衡和上海师范大学校长朱自强代表主办方致辞，论坛开幕式由市社联专职副主席任小文主持。上海市江南文化研究联盟成员单位的代表以及来自全国各地的专家学者90余人出席会议。开幕式上还举行了《江南文化百科全书》启动仪式，该书为支撑江南文化研究重要的基础性学术成果之一。上海师范大学与上海世纪出版集团签订了《江南文化百科全书》出版合同。

7月11日，上海市社联召开“不忘初心、牢记使命”主题教育党组中心组学习（扩大）会议，市社联党组班子成员逐一发言，集中学习研讨习近平总书记在中共中央政治局第十五次集体学习时重要讲话的体会。上海市委“不忘初心、牢记使命”主题教育第二巡回指导组组长杜治中出席会议。市社联党组书记、专职副主席权衡主持会议并讲话，市社联专职副主席解超、任小文，市社联党组成员、副巡视员莫剑平、陈麟辉出席会议。权衡在讲话中要求社联全体党员干部学好用好《习近平新时代中国特色社会主义思想学习纲要》，提高政治站位和理论水平。市社联党组对如何做好下一步主题教育提出了工作要求。市社联机关及所属事业单位处级干部、各党支部书记、市社联主题教育领导小组相关工作人员与会。

7月12日，上海市社联举行“不忘初心、牢记使命”主题教育专题党课，由市社联党组成员、副巡视员莫剑平作题为“牢记初心使命　严守党纪党规”的专题党课。会议由市社联党组成员、专职副主席解超主持，市社联机关、所属事业单位全体党员干部、入党积极分子等参加学习。

7月17日上午及19日下午，上海市社联开展“不忘初心、牢记使命”主题教育领导干部集中学习。重点组织领导干部集中学习《习近平关于“不忘初心、牢记使命”重要论述选编》《习近平新时代中国特色社会主义思想学习纲要》《中国共产党党章》，认真学习贯彻习近平总书记在中共中央政治局第十五次集体学习时重要讲话和习近平总书记在中央和国家机关党的建设工作会议上重要讲话，理解其核心要义和实践要求。市社联党组班子成员、机关及所属事业单位处级干部和党支部书记参加了此次集中学习活动。

7月18日上午，上海市社联党组书记、专职副主席权衡与社联青年干部围绕队伍建设工作举行座谈。与会的15名机关、刊业中心的青年代表结合自身工作实际，认真交流思想认识，畅谈工作、学习和生活体会，提出了自己的观点和想法。会议发言踊跃、气氛热烈。

7月19日，上海市社联举行“不忘初心、牢记使命”主题教育专题党课，由市社联党组成员、副巡视员陈麟辉作题为《不忘初心、牢记使命——从革命领袖的人格风范谈起》专题党课。会议由市社联党组成员、专职副主席解超主持。市社联机关、所属事业单位全体党员干部参加学习。

7月20日，由全国哲学社会科学话语体系建设协调会议办公室、中共上海市委宣传部指导，中国浦东干部学院、中国社会科学院-上海市人民政府上海研究院、上海市社会科学界联合会主办，中国社会科学院大学人文学院、上海大学文学院、上海研究院文化发展研究中心协办的“中国哲学社会科学话语体系建设·浦东论坛——文学理论话语体系建设·2019”在沪举行。来自文学理论领域7个全国一级学会和著名文学家贾平凹、王安忆及全国各地220多名专家学者参会。教育部党组成员、副部长翁铁慧，全国人大社会建设委员会副主任委员、中国社会科学院学部委员、中国社会科学院-上海市人民政府上海研究院院长李培林，中共上海市委宣传部副部长徐炯，中国浦东干部学院分管日常工作的副院长曹文泽分别致辞。上海市社会科学界联合会党组书记、专职副主席权衡主持开幕式。中国社会科学院科研局局长马援，教育部社科司副司长谭方正，中国浦东干部学院副院长刘靖北，中国社会科学院上海市人民政府-上海研究院第一副院长李友梅，上海市社科界联合会党组成员、专职副主席解超，中共中央宣传部理论局、全国哲学社会科学话语体系建设协调会议成员单位的代表等出席会议。

7月24日，天津社会科学院《道德与文明》杂志、《华东师范大学学报》(哲学社会科学版)、上海市社联《探索与争鸣》杂志共同在华东师范大学开展“新时代学术期刊高质量发展”调研座谈。《道德与文明》主编冯书生、《华东师范大学学报》(哲学社会科学版)常务副主编付长珍、《探索与争鸣》主编叶祝弟，以及三家刊物的十余名编辑参与调研活动。

7月25日至27日，作为对口支援遵义文化帮扶的工作内容，上海市社联邀请上海社会科学院世界经济研究所研究员徐明棋赴遵义开展题为“当前国内外经济形势分析”的“黔北讲坛”现场讲座录制。12月15日至16日，邀请中国浦东干部学院副教授肖晋赴遵义开展题为“加强学习贯彻党的十九届四中全会精神　做好新时代意识形态工作”的“黔北讲坛”现场讲座录制。

7月26日上午，上海市社联举行“不忘初心、牢记使命”主题教育专题党课，由市社联党组成员、专职副主席任小文作题为“不忘初心、牢记使命——构建强大的主流意识形态”专题党课。会议由市社联党组成员、专职副主席解超主持，市社联机关、所属事业单位全体党员干部参加学习。

7月31日上午，上海市社联召开“不忘初心、牢记使命”主题教育党组调研成果交流会。市社联党组班子成员、机关及所属事业单位处级干部、党支部书记出席会议，市主题教育巡回指导组第二组洪彦阁莅临指导。会议由市社联党组书记、专职副主席、社联主题教育领导小组组长权衡主持。市社联党组班子成员权衡、解超、任小文、莫剑平、陈麟辉在调研成果交流会上分别围绕新时代如何更好地发挥市社联在党的理论创新中的重要作用、市社联干部队伍建设、市社联如何服务上海哲学社会科学发展与经济社会高质量发展、加强江南文化研究的组织推进工作、发挥社科会堂作用助推社科事业、加强和深化红色文化研究与传播等调研主题做了交流。市社联党组领导高度重视调研工作，在调研中查找工作中存在的短板，在调研中着重寻找问题原因，听取群众意见、集中民智，找到解决问题的思路与方法，共形成 5 份调研报告，为下一步检视问题和整改落实奠定了坚实基础。

7 月 31 日下午，上海市社联召开“不忘初心、牢记使命”主题教育工作会议。市社联党组成员、专职副主席、机关党委书记、主题教育领导小组副组长解超，党组成员、副巡视员、主题教育领导小组成员莫剑平出席会议，市社联主题教育领导小组办公室及工作小组成员，机关党委、机关纪委委员，机关及所属事业单位党支部书记与会，解超主持会议。在会议上，莫剑平传达了市主题教育有关文件精神。机关及所属事业单位各党支部就本支部开展主题教育集中学习研讨情况进行交流。会议还就近期主题教育工作进行了布置。解超同志在讲话中指出，市社联要按照市委主题教育领导小组要求，紧紧围绕“守初心、担使命、找差距、抓落实”的总要求，结合社联工作实际，探索方法、创新形式，把“学习教育、调查研究、检视问题、整改落实”四项重点措施贯通起来，确保主题教育各项工作落实到位，完成到位，取得实效。

8 月

8 月 1 日下午，上海市社联机关党委、机关工会举行了“不忘初心、牢记使命”退役军人茶话会，庆祝中国人民解放军建军 92 周年。市社联党组成员、专职副主席、机关党委书记解超，党组成员、副巡视员莫剑平出席会议，与机关退役军人亲切座谈。茶话会气氛轻松热烈，与会退役军人同志深情地回顾了各自的军旅生涯，纷纷表示要把部队的好传统、好作风在工作中发扬光大，努力为上海市社联事业发展作出应有的贡献。

8 月 2 日上午，上海市社联举行“不忘初心、牢记使命”主题教育专题党课，由市社联党组成员、专职副主席解超作题为“从历史感悟初心”的专题党课。市社联机关、所属事业单位全体党员干部参加学习。

8 月 7 日，上海市人民代表大会常务委员会副主任沙海林一行五人来到上海市社联，调研如何开展民间外交及中美关系研究最新情况，并听取对友协工作的建议。上海市人民对外友好合作协会副会长景莹、常务理事黄品芳、宋哲敏等陪同调研。上海市社联主席王战，党组成员、专职副主席任小文，上海市美国问题研究所常务所长胡华、相关部门有关同志出席会议。

8 月 8 日上午，上海市社联召开市“不忘初心、牢记使命”主题教育工作会议精神学习传达会。市社联党组班子成员、机关及所属事业单位处级干部、党支部书记出席会议。会议由市社联党组书记、专职副主席、社联主题教育领导小组组长权衡主持。市社联党组成员、专职副主席解超传达了上海市主题教育工作会议相关精神，强调要按照市“不忘初心、牢记使命”主题教育工作要求，结合实际，创新形式，有机融合，统筹推进市社联主题教育工作。权衡同志在讲话中对做好下一步社联主题教育工作进行了具体部署：一是要按照上海市“不忘初心、牢记使命”主题教育工作要求，对表对标“六对照、一结合”，问题检视要把自己摆进去，把工作摆进去，把职责摆进去；二是要突出问题导向，找准、找好问题，为下阶段召开民主生活会做好准备；三是要边找问题边整改，发现问题及时整改；四是要解决问题，紧扣中心工作推进宣传工作开展，努力开创新时代宣传工作新局面，推动新思想学习宣传贯彻走深走实，推动理论创新学理化、体系化，科普工作大众化、通俗化。会议还专门学习了《中国共产党宣传工作条例》。

8月12日和14日，上海市社联召开“不忘初心、牢记使命”主题教育党组班子民主生活会征求意见座谈会。会议分别听取了市社联所属学术社团代表、高校和研究机构代表、区委宣传部和基层社科普及基地代表，以及市社联机关和所属事业单位干部、群众、民主党派代表的意见建议。市社联党组书记、专职副主席、社联主题教育领导小组组长权衡主持座谈会。与会代表对于市社联党组落实习近平总书记讲话精神，特别是关于视察上海时重要讲话的精神；认真贯彻实施中央、上海市委和市委宣传部的各项工作任务，在积极推进上海市哲学社会科学建设发展等中心工作；在对表“六对照、一结合”要求，增强“四个意识”、坚定“四个自信”，做到“两个维护”，以及在群众观点、群众立场、群众感情、服务群众等方面给予了高度评价。与会代表充分肯定了近年来市社联在繁荣哲学社会科学事业中做出的积极贡献和取得的创新成果，并就服务中心工作、培养社科人才、推进社科普及、加强机关建设等方面提出了自己的意见建议。

8月16日上午，上海市社联开展“不忘初心、牢记使命”主题教育集中学习。重点组织领导干部集中学习《中国共产党党章》《关于新形势下党内政治生活的若干准则》《中国共产党纪律处分条例》，把对照党章党规找差距与对照习近平新时代中国特色社会主义思想、习近平总书记重要指示批示精神和党中央决策部署检视问题结合起来，边学习、边对照。市社联党组班子成员、机关及所属事业单位处级干部和党支部书记参加了此次集中学习活动。市社联党组书记、专职副主席权衡在集中学习中进行领学和导读。权衡指出，对照党章党规找差距，是主题教育学习教育和检视问题的重要内容，是推动党员领导干部主动检视自我、自觉修正错误的重要措施，市社联党员干部要在深入学习习近平总书记关于“不忘初心、牢记使命”重要论述的基础上，结合学习研讨，进行对照检视，重点对照《党章》、《关于新形势下党内政治生活的若干准则》《中国共产党纪律处分条例》。权衡结合自学感悟，和大家一起学习了党章、准则、条例的重点章节，并带领大家对其中具体内容进行了认真研读。

8 月 16 日，上海市社会科学界联合会、上海人民出版社、中共上海市委党史研究室、上海人民广播电台共同主办“奋斗创造城市传奇——上海相册：70 年 70 个瞬间”望道讲读会。中共上海市委宣传部副部长徐炯，上海市社会科学界联合会党组书记、专职副主席权衡，中共上海市委党史研究室主任徐建刚，上海人民出版社社长、总编辑王为松，东方广播中心主任翁伟民等出席。该期望道讲读会的推荐书目是由中共上海市委党史研究室组织编写、上海人民出版社出版的《上海相册：70 年 70 个瞬间》。该书精选新中国成立后，上海 70 个具有特色和重要意义的大事，通过讲述故事，反映历史，通过上海的变化，折射出新中国 70 年来的发展变迁。

8 月 22 日上午，上海市社联召开“不忘初心、牢记使命”主题教育对照党章党规找差距专题会议。会议由市社联党组书记、专职副主席、社联主题教育领导小组组长权衡主持，市社联党组成员解超、任小文、莫剑平、陈麟辉出席会议。上海市委主题教育第二巡回指导组副组长文选才及组员洪彦阁、张金晶同志莅临指导。市社联党组班子成员围绕主题教育“守初心、担使命，找差距、抓落实”的总要求，逐条对照党章、《关于新形势下党内政治生活的若干准则》《中国共产党纪律处分条例》有关规定，把自己摆进去、把职责摆进去、把工作摆进去，深刻检视分析，认真查找自身差距和不足，剖析产生问题的原因，明确整改方向和措施。

8 月 29 日上午，上海市社联召开“不忘初心、牢记使命”主题教育党组专题民主生活会。上海市委“不忘初心，牢记使命”主题教育第二巡回指导组组长杜治中，副组长文选才，组员周顺风、洪彦阁、张金晶、苏鹏一行 6 人到会指导，市社联党组班子成员出席会议，机关党委、机关纪委、工会相关人员列席会议。市社联党组书记、专职副主席、社联主题教育领导小组组长权衡主持会议。市社联党组班子高度重视这次民主生活会，精心组织谋划，紧扣学习贯彻习近平新时代中国特色社会主义思想的主线，聚焦“不忘初心、牢记使命”的主题，从深入开展学习、广泛听取意见、深入谈心谈话、梳理检视问题、确定整改措施等方面，扎实做好各项会前准备工作。权衡与市社联党组成员、各党组成员之间相互开展谈心谈话，并在此基础上组织起草了市社联党组班子检视剖析材料，每个党组成员撰写了个人检视剖析材料。会上，权衡代表市社联党组班子作了检视剖析，并开展个人检视剖析，其他党组成员逐一进行个人检视剖析，相互之间开展了批评帮助。大家紧扣会议主题，谈认识、谈体会，摆问题、找不足，认真开展批评和自我批评，查摆问题深刻，整改措施务实，达到了寻找差距、修正错误、增进团结、共同提高的目的。

8 月 30 日下午，上海市社联举办所属学术团体财务工作培训班。各学会、民非机构财务工作负责人、财务人员等近 180 人参加培训。市社联学会处处长王克梅主持会议并讲话。上海市社会组织服务中心财务负责人赵鸣、上海上审会计师事务所会计师魏靓、上海市税务四分局科长吴艳丽分别就学术团体会计制度、财务制度及大家关心的具体问题特别是税务问题作了详细解读。同时，在现场交流环节耐心细致地回答了学术团体财务人员一些普遍性的问题，在具体实际操作上作了针对性辅导。

9 月

9 月 6 日，上海市社联召开所属民办社科研究机构职称申报工作座谈会。市社联党组书记、专职副主席权衡出席会议并讲话，市社联党组成员、专职副主席任小文出席会议。会议由学会处处长王克梅主持。会上，上海市人力资源和社会保障局专业技术人员管理处处长王小了、上海社会科学院人事处副处长李伟华分别介绍了专业技术人才职称评定、社科类高级职称评定的相关政策，并就与会的民办社科研究机构负责人提出的问题作了解答。

9 月 10 日，上海市社联举行“不忘初心、牢记使命”主题教育总结大会暨党组班子专题民主生活会通报会议。市社联党组书记、专职副主席、社联主题教育领导小组组长权衡作社联“不忘初心、牢记使命”主题教育总结和党组专题民主生活会通报。会议由市社联党组成员、专职副主席、社联主题教育领导小组副组长解超主持。市社联党组成员、专职副主席任小文，党组成员、副巡视员莫剑平、陈麟辉，社联机关及所属事业单位全体干部、离退休党支部代表出席会议。权衡全面总结了市社联“不忘初心、牢记使命”主题教育的总体情况、工作成效以及整改方向等。会上，权衡还对社联“不忘初心、牢记使命”党组专题民主生活会开展情况，包括前期准备情况、民主生活会基本情况、专题民主生活会党组班子检视剖析等进行了通报。

9 月 12 日，《探索与争鸣》编辑部、上海市人民政府决策咨询研究基地袁志刚工作室、上海社会科学院互联网研究中心共同主办了“数字加密货币：新兴技术、货币体系与全球秩序”的圆桌会议。市社联党组成员、副巡视员陈麟辉，复旦大学经济学院教授袁志刚先后致辞。来自中国人民大学、南开大学、青岛大学、复旦大学、上海交通大学、上海市金融法院、上海发展研究基金会、《东方法学》编辑部、腾讯安全战略研究中心等单位的专家学者参加了此次会议。

9 月 23 日，《中国社会科学》杂志社副总编辑吕薇洲领队的中国社会科学院调研团，一行十数人赴《学术月刊》杂志社进行关于“学术媒体与融通中外的话语体系建设”的调研座谈。座谈会由上海社联党组成员、副巡视员陈麟辉主持，《学术月刊》《探索与争鸣》编辑部相关人员参加。会上，中国社会科学杂志社副总编辑吕薇洲同《学术月刊》总编辑姜佑福及《探索与争鸣》编辑部主任李梅就如何构建中国特色哲学社会科学体系以及如何应对数字化、国际化对学术期刊媒体的挑战等方面进行了交流与分享。

9 月 24 日，上海市社联党组成员分别看望了荣获中共中央、国务院、中央军委近日颁发“庆祝中华人民共和国成立 70 周年”纪念章的离休老干部，他们是为党和国家事业做出贡献的老同志林炳秋、华培英、陈均、王晶清、郭英海、林逸飞、程绮华，市社联党组成员分别为他们送上纪念章、贺信。

9月27日，上海社联召开党组中心组学习(扩大)会议。市发展改革委副主任、市推进长三角一体化发展领导小组办公室副主任张忠伟应邀为学习会作题为“推动长三角实现更高质量一体化发展”的主题报告。市社联党组书记、专职副主席权衡主持会议，机关各处室、所属事业单位全体干部列席会议。

9月28日，在上海市委宣传部的支持下，上海市社联与《文汇报》联合策划《大师》专栏并推出第一期《陈望道：一位语言学家的本心》，后陆续共推出10篇大师特稿，每期用一个整版系统梳理大师的成长历程和学术贡献。

9月28日至29日，上海市社会科学界第十七届(2019)学术年会“庆祝新中国成立70周年”系列论坛经济建设主题论坛在上海财经大学国定路校区行政楼召开。论坛主题为“复兴之路：新中国经济建设思想与实践”，由上海市社会科学界联合会、上海财经大学联合主办，中国经济思想史学会、中国经济史学会、《经济学动态》编辑部、《中国经济史研究》编辑部参与协办。上海财经大学校长、上海市社会科学界联合会副主席蒋传海出席会议并致辞。来自中国社会科学院、南京大学、武汉大学、山东大学以及上海市相关高校的专家学者分别做主旨演讲，与会专家围绕改革开放前新中国经济体制和经济增长、新中国民生发展思想与实践、新中国经济发展各阶段典型特征等进行了深入研讨。上海市及全国经济学科领域专家学者60余人出席会议。

10月

10月9日下午，上海市庆祝新中国成立70周年理论研讨会召开。会议深入学习贯彻习近平总书记在庆祝新中国成立70周年大会上的重要讲话精神，上海市委常委、宣传部部长周慧琳出席并讲话。会议指出，上海哲学社会科学界要认真学习贯彻习近平总书记重要讲话精神，坚持中国共产党领导，坚持人民主体地位，坚持中国特色社会主义道路，深刻认识与把握新中国70年发展的辉煌成就和伟大意义，深入宣传解读新中国70年历史性变革所蕴含的内在逻辑，深度聚焦聚力新时代重点领域和重大命题研究。要深入研究如何更好为全国改革发展大局服务，深入研究新时代上海改革发展的资源与优势、困难与挑战，在事关上海改革发展、城市功能、民生改善等重大问题上加强理论思考，提供科学分析、精准研判的高质量研究成果。要传承立学为民、治学报国的光荣传统，把个人学术追求同国家和民族发展紧紧联系在一起，忠诚于繁荣发展中国特色哲学社会科学的伟大事业，为实现“两个一百年”奋斗目标、实现中华民族伟大复兴的中国梦贡献更多智慧和力量。会上宣读了上海市庆祝新中国成立70周年理论征文活动优秀论文和优秀组织奖获奖名单，市社联科研处被评为优秀组织奖。此次征文活动，经评审共有43篇论文入选论文集，其中11篇被评为优秀论文。入选论文集的43篇论文中有17篇为市社联组织报送，被评为优秀论文的11篇中有2篇为市社联组织报送。

10月11日上午，上海社会科学会堂修缮启用暨“上海社会科学会堂学术志愿者服务基地”揭牌仪式在上海社科会堂举行。上海市委宣传部副部长、市文明办主任潘敏，市委宣传部副部长徐炯，市社联主席王战，市社联党组书记、专职副主席权衡，市社联党组成员、专职副主席解超，市社联党组成员、副巡视员莫剑平、陈麟辉，以及社科会堂修缮参建单位的领导等出席仪式。市社联党组成员、专职副主席任小文主持仪式。来自苏浙皖宣传部和社科界代表，上海市各区宣传部领导、社科界代表及机关干部120余人与会。仪式上，与会代表观看了上海社科会堂修缮纪录片，概要地了解上海社科会堂的发展历程、修缮经过及功能定位，并共同见证了市社联领导和修缮参建方领导推动横杆，用“金钥匙”开启社科会堂正式使用新篇章。之后，潘敏、徐炯共同为上海社会科学会堂学术志愿者服务基地揭牌。

10月11日，上海、江苏、浙江、安徽三省一市社科联，在修缮一新的上海社科会堂联合举办首届长三角江南文化论坛。长三角三省一市宣传部领导、社科联领导，来自长三角各地的专家学者代表，以及上海江南文化研究联盟单位的代表近百人参加论坛。江苏省委宣传部副部长赵金松、浙江省委宣传部常务副部长来颖杰、安徽省委宣传部副部长李兵、上海市委宣传部副部长胡劲军分别致辞。上海市委宣传部副部长徐炯主持论坛开幕式。论坛开幕式上，三省一市社科联主要领导共同签署了长三角三省一市江南文化研究学术共同体合作框架协议，合作推进长三角江南文化研究学术共同体建设。在论坛闭幕式上，举行了第二届长三角江南文化论坛交接仪式，江苏省社科联成为下一届论坛东道主。上海市社联党组书记、专职副主席权衡作论坛总结，上海市社联专职副主席任小文主持论坛闭幕式。权衡在论坛总结发言中谈到，本次论坛对“江南文化与长三角一体化发展”这一议题的重要性和现实意义的认识，形成了新的共识。

10月12日，为庆祝新中国成立70周年，全面总结文化建设的发展历程和实践逻辑，上海社会科学界第十七届学术年会“庆祝新中国成立70周年系列论坛之新中国70周年文化发展的逻辑”主题论坛在上海社科院举行。中共上海市委宣传部副部长徐炯、上海市社会科学界联合会专职副主席解超出席会议并致辞。会上，国内著名的文化研究领域专家围绕新中国70年文化建设的历程、取得的成就、所积累的历史经验以及形成的理论成果等进行深入研讨。

10月13日，为庆祝新中国成立70周年，总结新中国70年来党的建设的伟大成就和基本经验，助力新时代党的建设伟大工程，2019年“上海市社会科学界联合会学术年会”系列论坛(新中国成立70周年主题论坛)——“新中国成立70周年与党的建设基本经验主题论坛”暨“上海师范大学首届党建论坛”在上海师范大学召开。论坛由上海市社会科学界联合会、上海师范大学联合举办、上海师范大学马克思主义学院承办。上海市社会科学界联合会专职副主席解超出席会议并致辞。

10 月 13 日，上海社会科学界第十七届学术年会庆祝新中国成立 70 周年系列论坛之“中国善治的原理和制度”主题论坛在华东政法大学举行。会上，国内著名的政治学领域专家围绕中国善治的原理和制度这一主题分成党的领导与国家治理、国家规模与纵向治理、国家治理能力与价值、城市与治理、责任与善治、中国治理六个分论题进行深入研讨。

10 月 15 日，由上海市社会科学界联合会、华东理工大学联合主办的上海市社会科学界第十七届(2019)学术年会・庆祝新中国成立 70 周年系列论坛之一“社会建设:变与不变”论坛在华东理工大学召开。上海市社会科学界联合会专职副主席解超出席会议并致辞。来自全国的社会学专家学者重点探讨了关于社会建设的重大学术命题，与会专家围绕社会建设的变与不变，碰撞思想、广泛交流、深入研讨，为促进社会治理体系和治理能力的现代化提供理论支撑和思想智慧。

10 月 16 日，为庆祝新中国成立 70 周年，总结上海经济成就并展望未来，由上海市社会科学界联合会、上海经济学会主办，上海全球城市研究院、上海师范大学承办，上海师范大学商学院协办的“上海市社会科学界第十七届(2019)学术年会、庆祝新中国成立 70 周年系列论坛之‘上海经济成就:理论总结与展望’”在上海师范大学会议中心成功举办。上海市社会科学界联合会专职副主席解超出席会议并致辞。来自中国社会科学院、中国人民大学、复旦大学、山东大学、上海市社会科学界联合会、华东师范大学、上海全球城市研究院、上海市经济学会、上海师范大学商学院等高校和科研机构的 30 多位专家学者，以及上海师范大学商学院学者与研究生近百人参加会议。

10 月 16 日，上海市社会科学界第十七届(2019)学术年会“庆祝新中国成立 70 周年”系列论坛国际关系分论坛在上海国际问题研究院举办。本次论坛的主题为“世界大变局与新中国外交理论创新”，由上海市社联和上海国际问题研究院联合主办。来自国防大学、中国国际经济交流中心、南京大学、中国社会科学院、上海国际问题研究院、上海市社会科学院的专家学者分别作主旨讲演和开展圆桌讨论，探讨了世界大变局的内涵特征及新中国外交 70 年的经验和成就。上海市社会科学界联合会党组书记、专职副主席权衡教授出席会议并致辞。

10 月 18 日，“新中国 70 年:国家治理的历史演进主题论坛”在同济大学举行，此次论坛为上海市社会科学界联合会第十七届(2019)学术年会庆祝新中国成立 70 周年系列论坛之一，由上海市社联与同济大学联合主办。会上多位专家围绕国家治理发表了主旨演讲。

10 月 19 日，辽宁省社科联与上海市社联在辽宁师范大学联合举办“第二届(2019)东北振兴与东北亚区域合作学术论坛”。开幕式上，社联党组书记、专职副主席权衡致辞。会上，权衡书记，华东师范大学经济学院院长殷德生，上海市社会科学院世界经济研究所研究员孙立行分别以“自贸区建设”“‘一带一路’与区域开放”“‘一带一路’与金融开放”为题做报告。

10月19日至20日，由中国科学社会主义学会、中共中央党校（国家行政学院）科学社会主义教研部、上海市习近平新时代中国特色社会主义思想研究中心、上海市社会科学界联合会、中共上海市委党校、华东师范大学联合主办的“学习习近平总书记在庆祝中华人民共和国成立70周年大会上的讲话精神”理论研讨会暨中国科学社会主义学会2019年学术年会，在中共上海市委党校召开。本次论坛为上海市社会科学界联合会第十七届（2019）学术年会庆祝新中国成立70周年系列论坛之一，来自全国党校、高等院校、社科院、军队院校等单位的260余名专家学者参加会议。上海市社会科学界联合会专职副主席解超主持上午会议。

10月22日晚，由上海市社会科学界联合会主办的“庆祝中华人民共和国成立70周年暨第五届上海市社会科学界合唱音乐会”在沪举行。活动通过合唱这一大众艺术形式，讴歌70年来的进步和发展，歌颂改革开放的伟大成就，表达广大社会科学工作者庆祝中华人民共和国成立70周年的喜悦心情。此次音乐会是上海社科界庆祝中华人民共和国成立70周年系列活动之一，上海市近800多名社科工作者代表出席并观赏了音乐会。

10月19日至22日，中国合唱协会举办的以“礼赞新中国　奋进新时代”为主题的第十五届中国合唱节受到全国合唱界的高度关注，吸引了来自全国各地的100多支合唱团队5 000多名歌者同台竞艺。上海市社会科学界合唱团以出色的艺术表现获得成人组混声合唱银奖。

10月23日，上海市社联党组成员、副巡视员陈麟辉率《学术月刊》《探索与争鸣》编辑部一行5人赴广州，调研《学术研究》《开放时代》的办刊情况。与会者主要围绕期刊的意识形态风险把控，选题策划与举办活动基本思路，作者、读者与刊物的互动关系，编辑队伍的稳定和长效激励机制等议题，进行了广泛而深入的探讨。

10月25日，上海市社联举行第十三届（2019）“学会学术活动月”开幕式暨秋季会长论坛。市社联主席王战致辞并宣布开幕，党组书记、专职副主席权衡主持开幕式，党组成员、专职副主席任小文主持会长论坛。市社联所属各学术团体负责人和专家学者160多人参加会议。本届“学会学术活动月”举办期间，市社联所属的100多家学术团体将联合有关高校、党校、部队院校、研究机构、党政群机关等单位共同举办新中国成立70周年系列研讨会、学科研究、跨学会学术研讨和青年学者学术活动等各类学术交流活动130多项。

10 月 26 日，上海社会科学界第十七届学术年会庆祝新中国成立 70 周年系列论坛之“新中国 70 年生态文明建设的逻辑”主题论坛在复旦大学成功举行。会上，国内著名生态文明研究领域专家以及社会各界人士，围绕新中国环境治理与制度变迁的重大理论问题与实践问题开展深入研讨。

10 月 26 日至 27 日，“首届江南文化国际论坛暨第 13 届江南社会史国际学术研讨会”在沪成功举行。此次研讨会由上海市社联、上海市社科规划办、上海师范大学联合主办，上海师范大学文学院、上海师范大学中国近代社会研究中心共同承办。研讨会上，来自海内外的嘉宾、专家学者百余人共同围绕江南文化展开交流探讨，共谋江南文化研究新景象。上海市委宣传部副部长徐炯在论坛开幕式上讲话，上海市社联党组书记、专职副主席权衡，上海师范大学党委书记林在勇致辞，开幕式由上海市社联专职副主席任小文主持。

10 月 28 日，上海市社联召开党组中心组学习（扩大）会议。上海市商务委员会总经济师张国华应邀为学习会作题为“中国国际进口博览会推动上海开放发展上新台阶”的主题报告，市社联党组书记、专职副主席权衡主持会议。市社联党组成员、专职副主席解超、任小文，党组成员、副巡视员莫剑平及社联机关各处室、所属事业单位全体干部参加会议。

10 月 30 日，由上海市社联机关党委、机关工会联合组织开展的“走近大师 · 传承精神”主题寻访活动演讲比赛暨成果交流会在徐家汇社科会堂学术报告厅举行。八个寻访大师小组进行了最后一轮对决，现场决出演讲比赛优胜奖，并进行了微视频、纪念文章等寻访活动成果展播交流。市社联党组成员、专职副主席、机关党委书记解超，党组成员、二级巡视员莫剑平出席活动，并颁发“资料收集入围优胜奖”“优秀微视频奖”“优秀纪念文章奖”“演讲比赛优胜奖”等四个环节奖项，科普工作处的陈望道寻访组凭借四个环节出色成绩获得最佳团队奖。

11 月

11 月 2 日，由海南省委宣传部指导，海南省社科联（社科院）、海南大学主办的中国（海南）——2019 智库论坛在海口举行。来自中国、柬埔寨、菲律宾、马来西亚等国家的专家学者围绕“海南自贸区、自贸港与中国东盟互联互通互建”这一主题进行探讨。市社联专职副主席解超应邀出席并主持“中国（海南）—东盟自贸区（港）建设：经验与借鉴”分论坛。

11 月 9 日，上海市社联召开党组中心组学习会议。市社联党组书记、专职副主席权衡主持会议，党组成员、专职副主席解超、任小文，党组成员、副巡视员莫剑平出席会议。市社联各部门负责同志出席学习会。权衡书记传达了 11 月 7 日上午召开的全市领导干部会议精神和11月8日召开的宣传系统党政干部会议精神。与会同志认真学习了习近平总书记在第二届中国国际进口博览会开幕式、上海考察点和上海市委、市政府工作汇报会上的重要讲话精神，以及李强书记在市委常委扩大会议、全市领导干部会议上的讲话精神。

11月14日，“国家治理视野下的人民代表大会制度发展与完善暨地方设立人大常委会40周年”学术研讨会在上海市社联召开。会议由市社联、市人大研究室联合主办，《探索与争鸣》编辑部承办。来自市社联、市人大研究室、复旦大学、上海交通大学、华东师范大学、上海市委党校、华东政法大学、《高等学校文科学术文摘》编辑部、《探索与争鸣》杂志社等院校和科研机构的20余名专家出席了此次会议。

11月16日，上海市社会科学界第十七届(2019)学术年会马克思主义研究学科专场暨上海市马克思主义研究年度论坛在上海市委党校举行，论坛的主题是“新中国70年与中国化马克思主义新发展”。论坛由上海市习近平新时代中国特色社会主义思想研究中心、上海市委党校、上海市马克思主义研究会共同举办，上海市委党校马克思主义学院承办。

11月17日，“全球大变局与全球治理体系变革”——第二届全球治理改革论坛暨2019年全球治理指数报告发布会在上海松江举行，此次会议由上海市社联《探索与争鸣》编辑部和华东政法大学政治学研究院联合主办。华东政法大学副校长周立志在会议开幕式上致辞。与会专家从模型设计、数据来源、提升国内国际影响力等多个方面，对全球治理指数项目的下一步发展提出了意见和建议。

11月26日，上海市社联召开党组中心组学习(扩大)会议，市社联党组书记、专职副主席权衡主持会议，机关各处室、所属事业单位全体干部列席会议。权衡以“学习党的十九届四中全会精神”为题，对党的十九届四中全会审议通过的《中共中央关于坚持和完善中国特色社会主义制度、推进国家治理体系和治理能力现代化若干重大问题的决定》进行了详细解读。权衡传达了习近平总书记在上海市考察工作结束时的讲话精神。他要求市社联同志深刻学习领会习近平总书记讲话精神，围绕社科界如何服务三项新的重大任务落实，如何助推上海经济高质量发展，如何抓好党的建设，进一步提高认识，主动谋划，立足本职，有所作为。

12月

12月1日，由上海市社会科学界联合会主办、《学术月刊》杂志社承办的“中国特色哲学社会科学学科创新与学术评价高端论坛”在上海举行。来自全国的专家学者和期刊界、转载与评价机构代表，以及科研管理部门代表一百多人参加会议，围绕学科创新与学术评价问题展开深入探讨。中共上海市委宣传部副部长徐炯出席会议并讲话。

12 月 9 日，由上海市社联党组成员、二级巡视员陈麟辉带队，市社联办公室王心红、《学术月刊》编辑王鑫一行赴乌鲁木齐参加"全国 19 省市社科联对口支援新疆工作座谈会"。来自全国 19 省市社科联的 57 名参会代表参加会议。会议期间，北京、上海、江苏、浙江、山东、广东六省市社科联代表围绕建立新时代社科援疆工作机制作了深入交流与研讨。

12 月 13 日，首届"江南文化·岭南文化"论坛在华南师范大学举行。本次论坛由上海市社联、广州市社科联、华南师范大学共同举办。上海市社联主席王战、专职副主席任小文，广州市委常委、宣传部部长徐咏虹，广州市委宣传部副部长、市社科联党组书记、主席曾伟玉，华南师范大学党委书记朱孔军、校长王恩科，以及上海社会科学院、复旦大学、华东师范大学、上海交通大学、上海师范大学、中山大学、华南师范大学、暨南大学、广州大学、广东财经大学、广东工业大学、南方科技大学、广东金融学院等多所高校及科研机构专家学者，论文作者、广州市有关部门代表 200 余人出席论坛。

12 月 14 日下午，上海地铁人民广场站音乐角举行了"上海地铁音乐角第 700 场汇演"。在此次活动中，上海市社联被授予"壮丽 70 年特别奖"。自 5 月 27 日起，上海市社会科学界联合会、中共上海市委党史研究室、上海申通地铁集团有限公司联合打造的"新上海 70 个瞬间"主题 2 号线地铁专列在人民广场站启动，并连续运行 70 天。乘客们不仅能了解上海 70 个具有特色和重要意义的大事，更能从历史音响中重温 70 年的岁月峥嵘，感受上海的城市变化，感受新中国 70 年来的发展变迁。

12 月 16 日，上海社联举办 2019 年冬季会长论坛，主题为"大变局与治理能力现代化——2020 年形势与展望"。上海市社联党组书记、专职副主席权衡出席并致辞，党组成员、专职副主席任小文、解超先后主持论坛。市社联所属各学术团体负责人和专家学者 120 多人参加论坛。

12 月 20 日，由《探索与争鸣》编辑部、上海东方青年学社、广西师范大学出版社联合举办的"走出'名教'时代——《文学史视野中的现代名教批判》新书研讨会暨《探索与争鸣》优秀青年学人支持计划第四期论坛"在上海市社联举行。市社联党组成员、二级巡视员陈麟辉研究员出席活动并致辞。

12 月 23 日，上海市社联召开所属学术团体负责人、党工组负责人会议。市社联党组书记、专职副主席权衡，党组成员、专职副主席解超与任小文出席会议并讲话，市社联学会处处长、二级巡视员王克梅主持会议。市社联所属学术团体负责人、党工组负责人 140 多人参加会议。会议学习传达了党的十九届四中全会精神、习近平总书记考察上海重要讲话精神和上海市委十一届八次全会精神，学习传达了《关于加强哲学社会科学学术社团建设的指导意见》文件精神、《中国共产党宣传工作条例》精神等。会议还通报了上海市社联近期有关学会工作的重点考虑。

12 月 24 日，上海市社会科学界第十七届学术年会大会在锦江小礼堂召开。中共上海市委宣传部副部长徐炯出席大会并为 2018、2019 年度上海社科新人颁奖。市社联主席王战致开幕词，党组书记、专职副主席权衡主持会议。来自市社联各学会、学术年会获奖代表、主要社科研究机构代表等 200 余人出席会议。会上，市社联专职副主席解超、任小文共同为上海市社联 2019 年度十大推介论文奖获得者颁奖，市社联二级巡视员陈麟辉宣读了本届学术年会优秀组织奖、论文奖获奖名单。此次会议特邀北京大学新结构经济学研究院院长林毅夫教授作主旨讲演。

12 月 26 日起，《中国之治，懂了！》13 集主题系列短视频在上观新闻、澎湃新闻、学习强国等平台陆续发布。该系列短视频邀请权衡、桑玉成、叶青、陈东、李琪、诸大建等 13 位沪上知名专家学者，紧扣党的十九届四中全会《决定》内容，分别从十三个方面系统解读中国国家制度和国家治理体系的显著优势、伟大成就和发展思路，帮助广大党员干部和市民群众深刻理解党的十九届四中全会精神的核心要义和理论精髓。

12 月 27 日，由上海市社会科学界联合会和上海市地方志办公室联合主办，市地方史志学会承办的首届“三史”讲堂在社科会堂举办。中共上海市委宣传部副部长徐炯出席并讲话，上海市社会科学界联合会党组书记、专职副主席权衡和上海市地方志办公室党组书记、主任洪民荣先后致辞。市社联党组成员、专职副主席任小文主持开幕式。相关学会代表 100 多人参加讲堂。

12 月 31 日，上海市社会科学界联合会、上海世纪出版集团召开“当代中国发展的逻辑（1949—2019）——上海市庆祝新中国成立 70 周年系列丛书”出版座谈会。中共上海市委宣传部副部长徐炯出席会议并讲话。市社联党组书记、专职副主席权衡致辞。上海世纪出版（集团）有限公司党委副书记、总裁阚宁辉介绍丛书出版情况。上海人民出版社社长王为松为相关单位赠书。会议由市社联党组成员、专职副主席、秘书长解超主持，市委宣传部、市社联、市新闻出版局等部门负责人，丛书作者代表和出版单位负责人 60 余人出席会议。

附　　录

FU LU

《学术月刊》2019 年总目录

（括号内数字，前为期数，后为页数）

·长三角一体化与高质量发展·

·新中国七十年文艺理论回顾·

·诠释学与当代中国哲学学术·

·哲　　学·

・经济学・

·政治学·

·法　学·

・社会学・

・文　　学・

·历史学·

・综　　述・

・访　　谈・

《探索与争鸣》2019 年总目录

（篇名前数字，前为期数，后为页数）

·圆　桌·

·特　稿·

・访 谈・

・争 鸣・

·技 术·

·数字游戏与现实世界:冲击、对话与未来·

·人工智能与情感·

·城 市·

·经　　济·

·税制改革与经济发展·

·社　　会·

·环境问题与社会治理·

·城乡融合的新理论与新视角·

·青　年·

·优秀青年学人支持计划(三)·薛小荣·

·第三届全国青年理论创新征文专辑·

·从新时期到新时代：中国改革再出发·

《上海思想界》2019 年总目录

·图　版·

上海市社联所属学会一览表

序号	学会名称	成立日期	会　长	秘书长	地　　址
1	哲学学会	1950.3	吴晓明	李家珉	淮海中路 622 弄 7 号(乙)
2	经济学会	1950.8	周振华	殷德生	淮海中路 622 弄 7 号(乙)
3	历史学会	1952.1	章　清	陶亚飞	淮海中路 622 弄 7 号(乙)
4	法学会	1952		毛坚平	昭化路 490 号
5	语文学会	1956.9	胡范铸	吴勇毅	复旦大学中文系
6	外文学会	1957.2	叶兴国	彭青龙	淮海中路 622 弄 7 号(乙)
7	教育学会	1957	尹后庆	苏　忱	淮海中路 622 弄 7 号(乙)
8	国际关系学会	1957.3	杨洁勉	方　晓	淮海中路 622 弄 7 号(乙)
9	会计学会	1979.7	夏大慰	申　红	中山西路 2230 号 1312 室
10	科学社会主义学会	1979.7	解　超	吴解生	淮海中路 622 弄 7 号(乙)
11	财政学会	1979.8	宋依佳	孙建龙	肇嘉浜路 800 号 2107 室
12	马克思主义研究会	1979.9	王国平	周敬青	虹漕南路 200 号
13	社会学学会	1979.9	李友梅	刘玉照	上大路 99 号
14	逻辑学会	1979.11	冯　棉	邵强进	复旦大学哲学学院
15	世界经济学会	1979.11	张幼文	孙立行	淮海中路 622 弄 7 号(乙)
16	高等教育学会	1979.11	印　杰	董秀华	陕西北路 500 号 3 号楼
17	伦理学会	1980.1	陆晓禾	付长珍	丰庄路 301 弄 41 号 602 室
18	金融学会	1980.6	金鹏辉	黄　敏	陆家嘴东路 181 号
19	统计学会	1980.7	刘稚南	朱国众	四川中路 220 号 806 室
20	物流学会	1980.9	许国良	陈　震	北京东路 255 号 502 室
21	农村经济学会	1980.9	王东荣	刘　明	仙霞西路 779 号 1 号楼附 2F
22	人口学会	1980.12	孙常敏	胡　琪	陕西南路 122 号 7 楼
23	美学学会	1981.1	祁志祥	刘旭光	凤庆路 58 弄 38 号 602 室

（续表）

序号	学会名称	成立日期	会　长	秘书长	地　　址
24	城市经济学会	1981.3	江绵康	袁　钢	宣化路300号北塔1503室
25	房产经济学会	1981.5	沈正超	忻一鸣	江西中路170号(福州大楼)3楼
26	家庭教育研究会	1981.6	王荣华	顾秀娟	天平路245号311室
27	政治学会	1981.10	桑玉成	程竹汝	市委党校教务处
28	新四军历史研究会	1981.10	刘苏闽	颜　宁	中山南二路777弄1号1503室
29	档案学会	1981.11	徐未晚	居继红	仙霞路326号
30	中共党史学会	1981.12	忻　平	陈　挥	淮海中路622弄7号(乙)
31	农村金融学会	1981.12		庄　湧	徐家汇路599号1702室
32	邮电经济研究会	1981.12	常朝晖	钮　钢	南崇明路甲1号807室
33	宗教学会	1982.3	晏可佳	葛　壮	淮海中路622弄7号宗教所
34	婚姻家庭研究会	1982.5	葛影敏	黄　绮	天平路245号
35	辞书学会	1982.7	张　荣	王慧敏	陕西北路457号
36	管理教育学会	2007.9	朱建国	苏宗伟	斜土路2601号嘉汇广场T1-20C
37	商业经济学会	1982.9	齐晓斋	陆志丰	新闸路945号311室
38	世界语协会	1982.11	周天豪	张　涵	淮海中路622弄7号(乙)
39	成本研究会	1982.11	陈亚民	傅永尧	中山南路315号406室
40	犯罪学学会	1983.2	何勤华	肖庆平	万航渡路1575号
41	人类学学会	1983.5	张海国	李　辉	邯郸路220号复旦大学遗传部
42	卫生经济学会	1983.6	衣承东	金春林	北京西路1400弄21号
43	人才研究会	1983.7	毛大立	张子良	高安路25号
44	钱币学会	1983.10	余文建	陈　勇	陆家浜路285号1407室
45	统一战线理论研究会	1983.12	李　霞	汪常周	天等路469号
46	华侨历史学会	1983.12	张　癸	华洁蓉	延安西路129号华侨大厦1011室
47	写作学会	1984.7	陈思和	周　勇	中山北路3663号华东师范大学理科大楼A座219室
48	渔业经济学会	1984.7	黄硕琳	陈文银	军工路318号综合楼201室
49	建设交通系统思想政治工作研究会	1984.8	许德明	杭财宝	斜土路1175号1005室
50	劳动和社会保障学会	1984.9	张剑萍	丁政祥	安远路45号1号楼4楼
51	保险学会	1984.9	张　渝	李立新	中山南路1228号8楼

（续表）

序号	学会名称	成立日期	会　长	秘书长	地　　址
52	社会心理学学会	1984.5	崔丽娟	陈　校	外青松公路 7989 号
53	思想政治工作研究会	1984.12	董云虎	吴瑞虎	高安路 17 号 401 室
54	粮食经济研究会	1984.12	安　培	张志萍	张扬路 88 号滨江大厦 1203 室
55	监狱学会	1984.12	吴　琦	卢德利	长阳路 111 号 4802 室
56	比较文学研究会	1985.3	宋炳辉	陈晓兰	大连西路 550 号上外文学研究院
57	价格学会	1985.5	沈念东	程大选	四平路 710 号广益大厦 8 楼
58	审计学会	1985.5	田春华	黄琪舫	陆家浜路 1388 号 9 楼
59	编辑学会	1985.6	庄智象	高云松	打浦路 433 号荣科大厦 17 楼
60	秘书学会	1985.7	李　锐	赵建平	虹漕南路 200 号市委党校
61	行为科学学会	1985.8	余明阳	张新安	法华镇路 535 号 1 号楼 112 室
62	经济体制改革研究会	1985.10	浦再明	江健全	肇家浜路 301 号 1912 室
63	日本学会	1985.10	胡令远	蔡　亮	上海国际问题研究院
64	集体经济研究会	1985.11		苏雪明	周家嘴路 786 弄 67 号
65	国际贸易学会	1985.12	黄建忠	姚为群	古北路 620 号
66	固定资产投资建设研究会	1985.12	王志强	吴冠军	人民路 875 号 1605 室
67	老年学学会	1985.12	左学金	孙鹏镖	巨鹿路 892 号 2 楼
68	服务经济研究会	1985.12	朱立新	邵建华	福州路 107 号 320 室
69	教师学研究会	1986.4	陈　军		陕西北路 500 号 4 号楼 109 室
70	研究生教育学会	1986.4	毛丽娟	束金龙	茶陵北路 21 号 1 号楼 226 室
71	基建优化研究会	1986.5	王洪卫	黄汉江	军工路 516 号 476 信箱
72	投资学会	1986.6	赵　欢	余　峰	陆家嘴环路 900 号
73	行政管理学会	1986.6	陈　婧	杨　蕾	高安路 19 号
74	语言文字工作者协会	1986.7	朱国华	张日培	陕西北路 500 号
75	妇女学学会	1986.8	徐　枫	潘卫红	天平路 245 号
76	生态经济学会	1986.10	周冯琦	刘新宇	淮海中路 622 弄 7 号 526 室
77	数量经济学会	1986.10	朱平芳	徐大丰	淮海中路 622 弄 7 号
78	市场监督管理学会	1986.11	彭文皓	唐继红	肇嘉浜路 301 号 2601 室
79	青年运动史研究会	1986.12	褚　敏	黄洪基	西江湾路 574 号
80	古典文学学会	1987.2	谭　帆	奚彤云	瑞金二路 272 号

（续表）

序号	学会名称	成立日期	会　长	秘书长	地　　址
81	俄罗斯东欧中亚学会	1987.3	范　军	杨　烨	同济大学政治与国际关系学院
82	医学伦理学会	1987.3	杨　放	常运立	世博村路300号4号楼901室
83	世界史学会	1987.3	向　荣	金福寿	复旦大学历史系
84	远距离高等教育学会	1987.3	陶正苏	刘冬暖	梅陇路130号八教205室
85	工人运动研究会	1987.5	陈周旺	邹卫民	中山东一路14号
86	宏观经济学会	1987.7	王思政	颜莹舫	威海路128号702室
87	蔬菜经济研究会	1987.5	朱为民	陈建林	华池路58弄5号1203室
88	总会计师工作研究会	1987.9	王　岚	应忠芳	陆家浜路1054号14楼
89	中山学社	1987.10	高小玫	廖大伟	陕西北路128号
90	工艺美术学会	1988.6	张心一	肖国梅	汾阳路79号
91	国际战略问题研究会	1988.9	杨洁勉	吴莼思	田林路195弄15号上海国际问题研究院
92	土地学会	1988.9		张用安	海伦路306弄8号
93	毛泽东思想研究会	1988.12	秦莉萍	李　亮	桂林路100号
94	民俗文化学会	1988.12	仲富兰	潘文焰	华东师大传播学院
95	股份制与证券研究会	1988.12	魏农建	韩华林	南京东路61号新黄浦金融大厦1101室
96	社会科学普及研究会	1989.1	周智强	应毓超	淮海中路622弄7号(乙)
97	新学科学会	1989.12	陈燮君	胡　江	人民大道201号上海博物馆
98	形势政策教育研究会	1989.12	沈明达	王丽萍	淮海中路622弄7号(乙)
99	民防协会	1990.3	李国强	宋海煜	徐汇区虹桥路663号513室
100	宋庆龄研究会	1991.5	薛　潮	黄亚平	姚虹路680号三楼
101	城市金融学会	1991.6		邹冬沪	浦东大道9号
102	台湾研究会	1991.12	严安林	倪永杰	永福路251号
103	市场学会	1991.12	陈信康	高维和	福州路355号707室
104	刑事侦察学学会	1992.2	郭建新	袁友根	中山北一路803号
105	供销合作经济研究会	1992.4	马晨辉	王伟星	大木桥路247弄2号2楼
106	欧洲学会	1992.5	徐明棋	杨海峰	威海路233号803室
107	商业会计学会	1992.8	吕　勇	朱健敏	新闸路945号309B室
108	地方史志学会	1992	王依群	黄晓明	斜土路2567号A2楼5楼

（续表）

序号	学会名称	成立日期	会　长	秘书长	地　　址
109	财务学会	1992.12	朱平芳	韩　清	中山北一路 369 号
110	终身教育研究会	1992.12	王伯军	芦　琦	大连路 1541 号 1301 室
111	国际商务法律研究会	1993.8	杨鹏飞	成　涛	陆家浜路 1141 号 707 室
112	地名学研究会	1993.9	满志敏	周春玉	北京西路 99 号
113	中西哲学与文化比较研究会	1993.11	杨国荣	刘梁剑	华东师大哲学系
114	太平洋区域经济发展研究会	1993.12	张安胜	毕宁博	上海交通大学国际与公共事务学院
115	现代企业经营管理研究会	1994.2	秦　健	黄鼎楼	江宁路 838 号富容大厦 6 楼 C 座
116	炎黄文化研究会	1994.4	杨益萍	潘为民	漕溪北路 28 号 17 楼 C 座
117	退休职工管理研究会	1994.5	刘培顺	刘　青	北京西路 1068 号 9 楼
118	中国特色社会主义理论体系研究会	1994.6	燕　爽	季桂保	高安路 17 号
119	演讲与口语传播研究会	1994.12	严三九	林　毅	华师大传播学院
120	民营经济研究会	1995.2	沃伟东	夏斯德	延安东路 55 号 1808 室
121	金融法制研究会	1995.3	沈国明	吴　弘	罗阳路 388 号
122	食文化研究会	1996.2	杨卫武	张文虎	福州路 107 号 320 室
123	社区发展研究会	1996.11	徐中振	张虎祥	淮海中路 622 弄 7 号(乙)
124	生产力学会	1997.3	真　虹	顾其南	浦东华开路 50 号 213 室
125	未来亚洲研究会	1998.1	叶　青	胡毓佳	田林路 195 弄 15 号
126	戒毒学会	1998.12	刘建华	蒋丰荣	吴淞路 333 号
127	美国学会	2000.1	黄仁伟	潘　锐	大连西路 550 号上外 538 信箱
128	年鉴学会	2002.6	生键红	王继杰	斜土路 2567 号 A2 楼 5 楼
129	法治研究会	2002.8	季卫东	王丽华	吴兴路 225 号
130	国资企业思想政治工作研究会	2004.3	肖文高	刘亦颖	凯旋北路 1305 号 5007 室
131	领导科学学会	2004.3	郭庆松	鞠立新	虹漕南路 200 号
132	信息学会	2004.4	许维胜	石宗宏	浦建路 145 号强生大厦 1003 室
133	信访学会	2006.5	王剑华	钱辰一	人民大道 200 号综合楼
134	延安精神研究会	2007.1	叶　骏	曹　诚	桂林路 100 号

（续表）

序号	学会名称	成立日期	会　长	秘书长	地　址
135	人民政协理论研究会	2007.11	贝晓曦	侯永刚	北京西路860号
136	城市规划学会	2008.11	伍　江	曾林龙	铜仁路331号704室
137	东方青年学社	2008.12	李　琪	刘世军	康平路66号108室
138	知识青年历史文化研究会	2011.3	阮显忠	张　刚	宜昌路575号2207室
139	经济和信息化企业文化研究会	2011.4	周国雄	傅　敏	北京东路356号801室
140	文史资料研究会	2011.11	马建勋	王建华	北京西路860号
141	人大工作研究会	2012.4	姚明宝	许　萍	人民大道200号
142	公共事务管理研究会	2012.6	竺乾威	顾丽梅	邯郸路220号美国研究中心
143	思维科学研究会	2012.9	王晓峰	刘　晋	临港新城上海海事大学信息工程大楼219室
144	上海市税务学会	2012.9	许建斌	赵锁根	中山南路1088号
145	上海市国际税收研究会	2012.10	周振家	赵锁根	中山南路1088号
146	上海联合国研究会	2013.9	潘　光	张贵洪	吴兴路45号
147	上海市WTO法研究会	2013.11	张乃根	梁　咏	华山路1954号浩然高科技大厦1601—1603室
148	上海市信用研究会	2014.3	洪　玫	袁　象	沪松公路1399弄68号20层07室
149	上海市公共政策研究会	2016.5	胡　伟	罗　峰	虹漕南路200号
150	上海市城市管理行政执法研究会	2015.12	恽奇伟	徐剑平	铜仁路331号1705室
151	上海市司法鉴定理论研究会	2015.9	杜志淳	孙大明	万航渡路1575号格致楼103室
152	上海市大数据社会应用研究会	2017.9	杨　力	张学良	杨浦区纪念路8号3号楼201室
153	上海周易研究会	2017.10	周　山	黄凯峰	顺昌路622号5楼
154	上海市儒学研究会	2015.5	吴　震	何　俊	复旦大学哲学学院
155	上海抗战与世界反法西斯战争研究会	2017.8	张　云	唐　磊	友谊路1号上海淞沪抗战纪念馆
156	上海市朝鲜半岛研究会	2017.11	徐　旭	郑继永	广延路140号新仪表楼307室
157	上海市改革创新与发展战略研究会	2017.11	李　琪	罗　峰	市委宣传部
158	上海市军民融合发展研究会	2018.4	谢亚洪	束　礼	虹口区海南路80号

上海市社联主管的民办社科机构一览表

序号	机构名称	批准登记日期	法人代表	负责人	联系人	地　址	邮政编码	电　话
1	上海环太国际战略研究中心	2000.7.15	郭隆隆	郭隆隆	郭隆隆	武定路 1135 弄 1 号楼 2103 室	200060	62768910
2	上海华夏社会发展研究院	2002.3.15	鲍宗豪	鲍宗豪	葛玉兰	浦建路 1288 弄 10 号 102 室	201204	50454702
3	上海东方研究院	2002.7.1	刘　吉	章建文	卞学范	衡山路 696 弄 2 号 301 室	200030	64455941
4	上海金融与法律研究院	2002.10.29	柳志伟	傅蔚刚	聂日明	民生路 1199 弄证大五道口广场 1 号楼 1902 室	200134	68545701
5	上海世界观察研究院	2003.4.1	刘　波	刘　波	邹梅玲	柳营路 305 号 15 楼	200072	66288697
6	上海社会经济文化发展研究中心	2004.7.2	尹继佐	尹继佐	张腾腾	淮海中路 622 弄 7 号 308 室	200020	63851711
7	上海管理科学研究院	2004.7.9	章建文	章建文	张孝平	中山西路 1610 号 725 室	200235	64866244
8	上海易居房地产研究院	2005.9.1	张永岳	张永岳	郭亦木	广延路 140 号	200072	56388686
9	上海知识产权研究所	2006.4.3	夏　邦	袁真富	高欣莹	陆家嘴路 958 号华能大厦 31 楼	200120	68865899
10	上海东亚研究所	1995.7.1	章念驰	张继波	沈铭远	汉中路 158 号 701 室	200070	63531746
11	上海实业综合研究院	2006.5.26	钱启东	钱启东	吴婷婷	淮海中路 98 号金钟广场 21 楼	200031	53828866 ×2266
12	上海国际金融研究中心	2005.2.1	李　俭	李　俭	裴旸	新华路 543 号 1 号楼	200052	52540356
13	上海党建文化研究中心	2007.9.1	王瑞红	王瑞红	王瑞红	梅陇路 161 号 1 号楼 1010 室	200237	64768312

（续表）

序号	机构名称	批准登记日期	法人代表	负责人	联系人	地　址	邮政编码	电　话
14	上海东方法治文化研究中心	2009.5.20	周叶军	金国华	秦丹凤	华开路 50 号 208 室	200135	58218560
15	上海世纪后世博成果与发展研究中心	2010.12.18	漆启泰	漆启泰	漆启泰	华山路 690 号	200040	62487731
16	上海春秋发展战略研究院	2014.9	金仲伟	金仲伟	梁顺龙	番禺路 300 弄 3 号	200052	62802030
17	上海世雄国际关系研究中心	2018.1.5	倪世雄	倪世雄	倪世雄	杨浦区四平路 1779 号复旦科技园 2017 室	200433	

上海市社会科学界联合会 2018 年度达标学会名单

教育、文化类学会：

上海市教育学会
上海市高等教育学会
上海市研究生教育学会
上海市终身教育研究会
上海市家庭教育研究会
上海市教师学研究会
上海市远距离高等教育学会
上海社会科学普及研究会
上海市编辑学会
上海市辞书学会
上海市写作学会
上海市演讲与口语传播研究会
上海市语文学会
上海市语言文字工作者协会
上海市外文学会
上海市世界语协会
上海市民俗文化学会
上海炎黄文化研究会
上海食文化研究会
上海市比较文学研究会
上海市古典文学学会
上海影视戏剧理论研究会
上海市外国文学学会

哲学、史学类学会：

上海市哲学学会
上海市美学学会
上海市伦理学会

上海市逻辑学会
上海市宗教学会
上海中西哲学与文化比较研究会
上海市世界史学会
上海市中共党史学会
上海市新四军暨华中抗日根据地历史研究会
上海中山学社
上海宋庆龄研究会
上海市地方史志学会
上海市档案学会
上海市年鉴学会
上海市知识青年历史文化研究会
上海市文史资料研究会
上海市思维科学研究会
上海市儒学研究会
上海周易研究会
上海抗战与世界反法西斯战争研究会

政治、法律、社会、行政类学会：
上海市马克思主义研究会
上海市中国特色社会主义理论体系研究会
上海科学社会主义学会
上海市政治学会
上海市统一战线理论研究会
上海市思想政治工作研究会
上海国资企业思想政治工作研究会
上海市毛泽东思想研究会
上海市形势政策教育研究会
上海市领导科学学会
上海市信访学会
上海市社会心理学学会
上海市人民政协理论研究会
上海人大工作研究会
上海市法治研究会
上海金融法制研究会
上海市监狱学会
上海市社会学学会

上海市社区发展研究会
上海人类学学会
上海市人口学会
上海市妇女学学会
上海市婚姻家庭研究会
上海市工人运动研究会
上海市退休职工管理研究会
上海市行政管理学会
上海市公共事务管理研究会
上海市司法鉴定理论研究会
上海市城市管理行政执法研究会
上海市公共政策研究会
上海市大数据社会应用研究会

理论经济、综合经济、产业经济类学会：
上海市经济学会
上海市世界经济学会
上海生产力学会
上海市数量经济学会
上海市统计学会
上海市宏观经济学会
上海市价格学会
上海市劳动和社会保障学会
上海市市场学会
上海市集体经济研究会
上海市民营经济研究会
上海市国际贸易学会
上海市物流学会
上海市供销合作经济研究会
上海市土地学会
上海市城市经济学会
上海市房产经济学会
上海邮电经济研究会
上海市固定资产投资建设研究会
上海市生态经济学会
上海市农村经济学会
上海蔬菜经济研究会

上海市渔业经济研究会
上海市信息学会
上海市城市规划学会

金融、财税、会计审计、其他经济类学会：
上海市金融学会
上海城市金融学会
上海市钱币学会
上海市保险学会
上海股份制与证券研究会
上海市财政学会
上海市会计学会
上海市商业会计学会
上海市成本研究会
上海财务学会
上海市审计学会
上海市卫生经济学会
上海市行为科学学会
上海管理教育学会
上海现代企业经营管理研究会
上海市税务学会
上海市国际税收研究会
上海市信用研究会

国际问题、涉港澳台、其他类学会：
上海市国际关系学会
上海国际战略问题研究会
上海欧洲学会
上海市俄罗斯东欧中亚学会
上海市太平洋区域经济发展研究会
上海市日本学会
上海市美国学会
上海市台湾研究会
上海市民防协会
上海工艺美术学会
上海市 WTO 法研究会
上海国际文化学会
上海市朝鲜半岛研究会

上海市社会科学界第十七届(2019年)学术年会专场活动

主办:上海市社会科学界联合会

举办日期	会议主题	承办单位
9月28—29日	复兴之路·新中国经济建设思想与实践	上海财经大学
10月12日	新中国70周年文化发展的逻辑	上海社会科学院
10月13日	中国善治的原理和制度	华东政法大学
10月13日	新中国成立70周年与党的建设基本经验	上海师范大学马克思主义学院
10月15日	社会建设:变与不变	华东理工大学
10月16日	上海经济成就:理论总结与展望	上海全球城市研究院、上海师范大学
10月16日	世界大变局与新中国外交理论创新	上海国际问题研究院
10月18日	新中国70年:国家治理的历史演进	同济大学
10月19日	学习习近平总书记在庆祝中华人民共和国成立70周年大会上的讲话精神理论研讨会	上海科学社会主义学会、华东师范大学马克思主义学院
10月26日	新中国70年生态文明建设的逻辑	复旦大学
11月16日	新中国70年与中国化马克思主义新发展	上海市委党校马克思主义学院
11月18日	“循序渐进　螺旋上升——大中小学思政课一体化建设”高端论坛	上海市德育发展研究院

第18届上海市社会科学普及活动周活动一览

庆祝新中国成立70周年系列论坛

70年思想的力量——用中国理论解读中国实践

编号	题　　目	题目及嘉宾	主持人	时间	地点	举办单位
1	新中国70年与哲学的发展	题目:新中国70年与马克思主义哲学及西方哲学研究 嘉宾:吴晓明(复旦大学复旦学院院长、教授) 题目:新中国70年与中国哲学研究 嘉宾:何锡蓉(上海社会科学院哲学研究所研究员) 题目:新中国70年与科技哲学研究 嘉宾:张春美(中共上海市委党校哲学教研部教授) 题目:新中国70年与经济哲学研究 嘉宾:张　雄(上海财经大学人文学院教授)	李家珉(上海电力大学教授)	5月31日 14:00	虹漕南路200号海兴大厦202室	上海市哲学学会
2	当代中国政治学与政治发展	题目:当代中国政党研究的复兴与创新 嘉宾:郭定平(复旦大学国际关系与公共事务学院教授) 题目:中国政治话语中美国现象的论述变迁 嘉宾:刘　擎(华东师范大学政治学系主任、教授) 题目:70年来中国政治权威现代转型的三重文化影响 嘉宾:张明军(华东政法大学副校长、教授) 题目:政治发展:来自中国的理念和实践 嘉宾:商红日(上海师范大学哲学与法政学院教授) 题目:70年来人民民主内涵的嬗变 嘉宾:程竹汝(上海行政学院教授)	桑玉成(上海市政治学会会长、教授)	6月2日 13:30	虹漕南路200号海兴大厦202室	上海市政治学会

（续表）

编号	题　　目	题目及嘉宾	主持人	时间	地点	举办单位
3	新中国70年：社会学与社会发展	题目：社会学发展与中国社会建设70年 嘉宾：李友梅（中国社会学会会长、上海大学教授） 题目：新中国70年社会政策研究与学科发展 嘉宾：关信平（中国社会工作教育协会常务副会长、南开大学教授） 题目：新中国社会学：70年的“得”与“失” 嘉宾：文　军（华东师范大学社会发展学院院长、教授） 题目：构建“以社会建设为中心”的社会学学科链 嘉宾：何雪松（华东理工大学社会与公共管理学院院长、教授）	吴瑞君（华东师范大学人文与社会科学研究院院长、教授）	6月10日 14:00	中山北路3663号华东师范大学理科大楼A508会议室	华东师范大学社会发展学院、上海市社会学学会
4	中国经济学70年：回顾与展望	题目：中国经济改革逻辑和政治经济学领域的重大突破 嘉宾：洪银兴（南京大学原党委书记、教授） 题目：中国经济学70年——知识缺失、吸收与创造 嘉宾：张军（复旦大学经济学院院长、教授） 题目：新中国70年经济发展与收入分配格局变迁的经济学解释 嘉宾：李实（北京师范大学中国收入分配研究院执行院长、教授） 题目：中国政府经济角色的新解读：新政府经济学的构成 嘉宾：黄先海（浙江大学经济学院院长、教授）	周振华（上海全球城市研究院院长、研究员）	6月13日 14:00	桂林路100号上海师范大学学术会议中心101会议室	上海市经济学会、上海师范大学商学院
5	历史学70年：回顾与反思	题目：70年史学回顾 嘉宾：姜义华（复旦大学资深特聘教授） 题目：佛典汉译史与佛教译经学研究——中国佛教思想史研究的一个新视角 嘉宾：程恭让（上海大学历史系教授） 题目：70年来的上海党史研究 嘉宾：邵雍（上海师范大学历史系教授） 题目：“新史学”与当代中国史学的成长 嘉宾：章清（上海市历史学会会长、教授）	陶飞亚（上海大学历史系教授）	6月16日 14:00	上大路99号上海大学宝山校区乐乎新楼	上海市历史学会

庆祝上海解放70周年主题系列

主题活动

	举办单位	活动名称	时　间	地　点
1	上海市档案馆	城市记忆　上海传奇——庆祝上海解放70周年档案文献展	5月25日—8月31日（周日闭馆）	中山东二路9号8楼
2	上海抗战研究会	上海解放70周年主题图文展	5月25日—31日	宝杨路599号上海解放纪念馆
3	上海市中共党史学会、中共上海地下组织斗争史研究中心、写生中国上海分部	“庆祝上海解放70周年”红色书画作品展	5月25日—31日	沪太路2695号
4	上海市新四军历史研究会	庆祝上海解放70周年主题展览	5月25日—31日	泸定路555弄19号雅仕名邸社区
5	上海市政协文史资料委员会、上海图书馆、上海市文史资料研究会、上海图书馆中国文化名人手稿馆	五月的鲜花：庆祝上海解放70周年版画展	5月25日—31日	淮海中路1555号上海图书馆
6	上海龙华烈士纪念馆、上海市领导科学学会	英烈精神与信仰领导力——庆祝上海解放70周年主题论坛	5月25日 13:30	龙华路2577号
7	上海市社会科学界联合会、共青团上海市委员会、上海市新四军历史研究会	庆祝上海解放70周年南京路定向竞赛活动	5月26日 13:00	从上海市历史博物馆至上海人民英雄纪念塔
8	上海社会科学普及研究会、静安区委组织部	“印痕：在迎接上海解放的日子里”情景党课活动	5月29日 14:00	愚园路81号刘长胜故居
9	上海市新四军历史研究会	“父辈在解放上海战役中的战斗经历”主题论坛	5月30日 13:30	金陵东路358号恒源祥大厦多功能厅
10	上海市历史学会	“上海城市变迁与社会发展”主题论坛	6月15日 14:00	中山西路1610号社科院分部二号楼五楼第五会议室

主题讲座

	举办单位	题　目	主讲人	时　间	会场地址
1	上海市房产经济学会	近代上海城市建设对海派文化的影响	田汉雄（上海市房产经济学会学术部主任）	5月25日 9:30	淮海中路622弄7号乙社联大楼6楼群言厅

（续表）

	举办单位	题　　目	主讲人	时　　间	会场地址
2	上海抗战研究会	上海解放——伟大的历史性转折	张云（国防大学政治学院教授）	5月25日 13:30	友谊路1号上海淞沪抗战纪念馆一楼影视厅
3	宝山区图书馆	上海建筑的历史、人性和审美	王唯铭（中国作家协会会员）	5月25日 14:00	海江路600号四楼多功能厅
4	上海市中共党史学会、上海市青少年活动中心	人民的好市长——陈毅	陈挥（上海市中共党史学会副会长兼秘书长、教授）	5月26日 13:30	汉中路188号上海市青少年活动中心中四楼多功能厅
5	上海大学博物馆（筹）	红色学府的红色基因与历史传承	谢瑾（上海大学党委宣传部助理研究员）	5月30日 14:00	上大路99号图书馆305
6	上海邮电经济研究会	四川北路的前世今生	朱惜珍（上海市作家协会会员）	5月31日 9:30	四川北路65号邮电俱乐部议事厅
7	上海炎黄文化研究会、杨浦区图书馆	上海70年服饰变化	王梅芳（上海建桥学院新闻传播学院院长、教授）	6月16日 13:30	长海路366号2楼多功能厅

专项科普活动

编号	举办单位	活动名称	时　间	地　　点
1	上海市语言文字工作者协会	“经典润人生，书香伴成长”咨询活动	5月25日 9:00	陕西北路486号
2	上海市经济学会、上海申浩律师事务所	“上海新一轮国资国企综合改革”主题论坛	5月25日 9:30	虹桥路1号港汇一座36楼
3	上海市毛泽东思想研究会	新中国成立70周年与中国特色社会主义理论体系图片展	5月25日—26日	百花街345弄118号
4	上海党建文化研究中心、徐汇团区委	“青年与祖国”主题图文展	5月25日—30日	漕溪北路336号徐汇区政府3号楼一楼展厅
5	上海市教育委员会、上海市信用研究会	上海高校学生诚信主题社会调查	5月25日—31日	上海相关高校、中国人民银行上海总部、中国建设银行上海分行等助学贷款银行
6	上海大学博物馆（筹）	小报里的大社会——上海大学博物馆藏近代上海小报特展	5月25日—31日	南陈路333号钱伟长图书馆大楼一层
7	上海市法宣办、上海市交警总队、上海市法治研究会	“守法文明安全有序”交通法规知识普及进村居	5月25日—31日	全市各村居法治宣传栏等

（续表）

编号	举办单位	活动名称	时　间	地　点
8	上海师范大学博物馆	中国古代陶瓷艺术展及馆藏书画精品展	5月25日—31日	桂林路100号东部文苑楼4楼
9	上海儿童博物馆	“跟着记者妈妈看世界”特展	5月25日—31日（周一闭馆）	宋园路61号三楼特展区
10	中国“慰安妇”历史博物馆	“日本新征集文物”主题展	5月25日—31日（周一闭馆）	桂林路81号东部文苑楼201
11	上海中医药博物馆	“春晖寸草”中医名家题词展	5月25日—31日（周一闭馆）每天14:00提供1场专业讲解	蔡伦路1200号
12	上海市民防协会、上海市民防教育培训中心	民防安全普及宣传展览	5月25日—31日	瑞金二路108号上海市民防科普教育馆
13	上海市社区发展研究会、上海市法治研究会、上海市联创社会服务中心	“新时尚营造高品质生活——”垃圾分类条例进社区系列活动	5月25日—31日	浦东新区曹路镇、虹口区曲阳路街道、徐汇区虹梅路街道、徐汇区康健新村街道、静安区芷江西路街道
14	上海市信息学会、东区电信局五角场分局联合办理	“网络信息安全谨防通讯诈骗”主题宣传活动	5月26日9:30	翔殷路500弄（莱茵半岛）
15	上海市大数据社会应用研究会、科大讯飞股份有限公司、上海市甘泉外国语中学、上海市演讲与口语传播研究会	“未来已来”智能社会互动体验活动	5月26日12:00	上海临港海洋科技创业中心、科大讯飞人工智能体验中心
16	上海市大数据社会应用研究会、同济大学海洋地质国家重点实验室、上海交通大学弗劳恩霍夫协会智能制造项目中心、上海市第四中学		5月31日12:00	同济大学海洋地质国家重点实验室、上海交通大学弗劳恩霍夫协会智能制造项目中心
17	徐汇区图书馆	书·影:《罗马假日》电影及原著推荐沙龙	5月26日13:30	南丹东路80号北四楼学术报告厅
18	奉贤区图书馆	悦读会:《船舶的历史》推介互动体验活动	5月26日13:30	解放东路889号一楼环幕厅

（续表）

编号	举办单位	活动名称	时　间	地　点
19	徐汇区图书馆	中华传统美德故事讲读	5月26日14:00	南丹东路80号少儿馆
20	虹口区图书馆	“知遇·作者”阅读品鉴活动之《细嚼慢咽》	5月26日14:00	水电路1412号三楼采虹书房
21	中华人民共和国名誉主席宋庆龄陵园管理处	“探寻红色历史展望锦绣未来”青少年主题教育实践活动	5月27日9:00	宋园路21号宋庆龄陵园
22	上海市地方史志学会、上海市气象局宣传科普与教育中心	“气象与城市发展”主题普及教育活动	5月27日9:30	蒲西路166号上海气象博物馆
23	上海市会计学会机电工委	“新会计名词大会”主题知识竞赛	5月27日13:00	中兴路960号上海电气集团中央研究院报告厅
24	上海市会计学会电力工委	“企业财务与会计创新研究”主题演讲比赛	5月27日13:30	重庆南路310号17楼1704室新电大厦
25	上海市中共党史学会、上海市青少年活动中心	党史知识校园行活动	5月27日、31日	上海市普陀区曹杨打一小学、上海市浦东新区建平实验小学(金业校区)
26	上海市渔业经济研究会、上海市水产学会	新农村生态文明建设体验活动	5月28日9:00	崇明区竖新镇仙桥村区域一体化生态养殖基地、崇明规划展示馆、崇明生态科技馆
27	上海市经济学会市场中介与消费心理研究专委会、上海商学院高等技术学院共和新路院区颜苏勤心理健康工作室	“新时代线上消费的特点与健康心理”主题论坛	5月28日12:30	共和新路1458号上海市商业学校8号楼5楼501活动室
28	上海市市场监督管理学会、上海市执业药师协会宝山区市场监督管理局、宝山区市场监督管理学会	市场监管法律知识讲座及咨询服务活动	5月28日14:00	水产路991弄52号臣苑酒店会议室
29	中国人民银行上海总部、上海市钱币学会	2019年版第五套人民币知识普及活动	5月29日9:00	大华一路210号大华虎城(靠近大华路、大华一路)
30	上海市商业会计学会	“人工智能下的财务转型”主题论坛	5月29日13:00	梅陇路130号华东理工大学商学院电化大教室

（续表）

编号	举办单位	活动名称	时　间	地　点
31	上海市演讲与口语传播研究会、上海电影艺术职业学院	“媒介融合环境下口语艺术教育的发展与创新”上海青年学者口语论坛	5月30日13:30	杨树浦路2866号上海国际时尚中心报告厅
32	上海市城市经济学会、上海市建筑学会、上海展览中心	“解读城市的记忆——上海市优秀现当代建筑(1949年至今)的保护价值”主题论坛	5月30日14:00	南京西路1333号上海展览中心友谊会堂一楼
33	华东师范大学、上海市社会主义学院、上海市统一战线理论研究会	“民主党派基层组织建设”主题论坛	5月30日14:00	大渡河路1668号上海市普陀区社会主义学院
34	上海东方法治文化研究中心	公益法律咨询进社区活动	5月31日13:30	普陀区长寿邻里中心三楼、徐汇区田林十二村居委会、黄浦区黄家路18号9楼会议室
35	宝山区图书馆	光影世界:《集结号》书影作品推荐	5月31日14:00	海江路600号五楼多功能厅
36	上海社会科学普及研究会	理论实践面对面:市民素养与城市社会治理现代化	5月31日14:00	安业路76号临汾路街道社区党建服务中心
37	上海市演讲与口语传播研究会	“讲好学校的故事”互动式演讲活动	5月31日14:00	罗阳二村105号上海市罗阳中学
38	上海市老年学学会	“走进社区　走近老人”义务咨询服务活动	6月2日9:00	南京西路1649号静安公园主干道及广场(静安寺对面)
39	上海东方读书俱乐部	“国际化家庭教育理念”主题论坛	6月2日13:00	东长治路701号A座3楼
40	奉贤区档案馆	“城市创造传奇,档案记录辉煌”主题活动	6月5日14:00	远东路2670号
41	上海市龙华烈士陵园(龙华烈士纪念馆)	“我是小小通讯员”青少年情景式课程	6月7日9:30	龙华西路180号

讲座

编号	举办单位	题　　目	主讲人	时　　间	会场地址
1	宝山区图书馆	如何挑选优质童书	童海青(上海吴童文化总编辑、副编审)	5月25日10:00	海江路600号四楼多功能厅
2	上海市演讲与口语传播研究会	家长是孩子最好的故事老师	汪佳敏(普陀区教育局督学、中学高级教师)	5月25日10:00	真光路798弄21号二楼多功能演播厅
3	上海孙中山故居纪念馆	回望《实业计划》100年	卿莉(上海孙中山故居纪念馆文博馆员)	5月25日13:30	香山路7号香山苑
4	上海市古典文学学会、上海古籍出版社、嘉定区图书馆	孟子与中国文化精神	刘海滨(上海古籍出版社哲学编辑室主任、副编审)	5月25日14:00	裕民南路1288号嘉定图书馆新馆
5	静安区图书馆	法律与我们的生活——老百姓如何维护自身合法权益	赵山(上海鼎力律师事务所所长)	5月25日14:00	闻喜路800号三楼多功能厅
6	长宁文化艺术中心	中国经典红色歌曲导赏	陶辛(上海音乐学院教授)	5月26日9:00	仙霞路650号3楼多功能厅
7	上海市伦理学会	中华之礼与君子之道	张自慧(上海师范大学哲学系系主任、教授)	5月26日13:30	桂林路100号文科实验楼802会议室
8	上海抗战研究会	方志敏与《可爱的中国》	陆旸(国防大学政治学院副教授)	5月26日13:30	友谊路1号上海淞沪抗战纪念馆一楼影视厅
9	上海儿童博物馆	小新闻大故事	张凌云(凤凰卫视台长助理、高级记者)	5月26日13:30	宋园路61号三楼特展区
10	上海市世界语协会	工欲善其事,必先利其器——世界语自学软件的开放和应用	金辉(上海师范大学外国语学院教授)	5月26日13:30	大连西路550号8号楼音响出版社3楼会议室
11	上海市古典文学学会、华东师范大学中文系、嘉定区图书馆	陶渊明的失意与诗意	杨焄(华东师范大学教授)	5月26日14:00	南翔镇共和街28号名士居第二进南翔名士居
12	上海影视戏剧理论研究会	性别、社会与商业的三重自觉——谈海派电影女导演创作	孙晓虹(复旦大学中文系讲师)	5月27日10:00	邯郸路220号复旦大学H6412

（续表）

编号	举办单位	题　目	主讲人	时　间	会场地址
13	上海戏剧学院	当代俄罗斯科幻电影	沙扬（上海戏剧学院媒介研究中心副主任）	5月27日12:30	安福路300号IG映像二楼
14	上海市会计学会、浦东新区会计学会	百姓小日常牵动大税改	马晖（上海市财务会计管理中心专家）	5月27日13:30	锦绣路2081号浦东外事服务学校实训楼2楼会议教室
15	上海市法治研究会、上海市北高新技术服务园区、静安团区委	科创企业的成长与发展——关于科创板上市要点解读	丁德应（上海君伦律师事务所首席合伙人、主任）	5月27日13:30	江场三路258号3楼市北高新商务中心宴会厅
16	上海生产力学会、上海国际航运研究中心、虹口区政府航运办公室	上海国际航运中心与北外滩航运服务集聚区建设	真虹（上海生产力学会会长、上海国际航运研究中心秘书长、教授）	5月27日14:00	霍山路150号北外滩航运服务中心
17	上海金融法制研究会	金融检察与风险防控	逄政（浦东新区检察院七部主任）	5月27日14:00	淮海中路622弄7号乙社联大楼6楼群言厅
18	上海市会计学会、上海市会计学会证券与期货市场工作委员会	科创板注册制下的公司治理与企业发展	夏立军（上海交通大学教授、注册会计师）	5月27日14:00	华山路1954号上海交大安泰经管学院报告厅
19	上海炎黄文化研究会、黄浦区图书馆	宗史时用、向史而新——新时代上海历史建筑的保护与发展	章明（同济大学建筑系副主任、教授）	5月28日9:30	福州路655号11楼
20	上海市金融学会	中国社会转型时期的金融业及其制度变迁	张徐乐（复旦大学金融史研究中心副教授）	5月28日13:30	黄浦路15号中国证券博物馆
21	上海市总会计师工作研究会、上海市会计学会市场证券工委	税费下调系列政策解读之增值税	胡怡建（上海财经大学公共政策与治理研究院教授）	5月28日13:30	宛平路319号上海市财政局27楼6号会议室
22	上海海洋大学	海洋城市：海洋文化的枢纽	宁波（上海海洋大学档案馆、博物馆馆长、副研究员）	5月28日13:30	沪城环路999号图文报告厅102室
23	上海市集体经济研究会	高质量发展和集体企业	周师迅（上海市政府发展研究中心研究员）	5月28日14:00	澳门路158号8楼会议室
24	上海市文史资料研究会	黄炎培的人生道路	黄卫（民建常州市委办公室主任）	5月28日14:00	北京西路860号市政协三号楼二楼江海厅

（续表）

编号	举办单位	题　目	主讲人	时　间	会场地址
25	上海市法治研究会、黄浦区司法局、黄浦区房管局	住宅小区自治与和谐——住宅物业管理条例精讲	金缨（金源方程律师事务所合伙人、主任）	5月29日9:00	徽宁路158号黄浦区物业管理事务中心
26	上海市法治研究会、上海市工人运动研究会	追求企业创新与和谐统一——关于“996”话题的法律与治理	杨鹏飞（上海社科院研究员、上海市工人运动研究会副会长）	5月29日9:30	吉林路2号上海工会管理职业学院
27	上海市商业会计学会	最新《管理会计应用指引》解读	潘飞（上海财经大学教授）	5月29日9:30	梅陇路130号华东理工大学商学院电化大教室
28	上海影视戏剧理论研究会	基于摄影范畴的现象之美	高晓红（东华大学副教授）	5月29日13:00	人民北路2999号东华大学松江校区松1105
29	上海市劳动和社会保障学会	劳动关系中的集体纠纷处理	屠可风（上海市人力资源和社会保障局原处长）	5月29日13:30	岳阳路1号上海教育会堂4楼讲演厅
30	上海市固定资产投资建设研究会	垃圾小分类，社会大风尚	郜俊（上海市环境工程设计科学研究院研究中心主任、教授级高级工程师）	5月29日13:30	下盐路2888号上海交通职业技术学院阶梯教室
31	上海市经济学会社会主义市场经济研究专业委员会、华东师范大学经济与管理学部关心下一代工作委员会	以中国特色社会主义理论为指导，深化对“五新”的认识和理解	陈承明（华东师范大学教授）	5月29日13:30	中山北路3663号文史楼107室
32	上海影视戏剧理论研究会	中国电影与兵家文化	杨晓林（同济大学电影研究所所长、教授）	5月29日13:30	曹安公路4800号安楼A106
33	上海市形势政策教育研究会	中国特色社会主义市场经济的孕育和实践	周锦尉（上海市人大常委会研究室原主任、研究员）	5月30日9:00	淮海中路622弄7号乙社联大楼6楼群言厅
34	上海市法治研究会、闵行区法宣办	“新时尚”常态化的发展——垃圾分类条例解读	彭辉（上海社会科学院副研究员）	5月30日9:30	七莘路2888号七宝镇党建服务中心
35	上海市会计学会机电工委、汽车工委	最新税收政策解读与筹划	诸斌（安永会计师事务所上海税务部合伙人）	5月30日13:30	恒丰路600号机电大厦三楼蓝宝石厅
36	上海市法治研究会、上海圣知林律师事务所	从劳资关系和谐谈“996”话题的法律与治理	楼凌宇（上海圣知林律师事务所主任律师）	5月30日13:30	恒通路268号凯德星贸2201-05

（续表）

编号	举办单位	题　目	主讲人	时　间	会场地址
37	上海市总会计师工作研究会、上海市会计学会市场证券工委	集团企业财务管理运用与探索	高晓丽（上港集团原财务总经理、高级会计师）	5月30日13:30	漕溪北路737弄1号中信银行徐汇支行二楼大会议室
38	虹口区图书馆	漫谈越南国家的建构历程	冯超（上海外国语大学副教授）	5月30日13:30	乍浦路245号六楼多功能厅
39	松江区文旅局、上海炎黄文化研究会	谈大型群文活动的策划和组织	吴榕美（上海市群艺馆副馆长）	5月30日14:00	人民北路1626号松江区图书馆
40	上海市毛泽东思想研究会	毛泽东思想与中国特色理论体系	李亮（上海师范大学马克思主义学院副院长、教授）	5月30日18:00	百花街345弄118号
41	上合组织法律服务委员会中方筹备办公室、上合组织法律服务委员会交流合作基地、上海市法治研究会	从争议解决视角看中国企业海外投资的法律风险防范	陈福勇（北京市仲裁委员会副秘书长）	5月31日13:30	外青松公路7989号上合组织国际司法交流合作培训基地101室
42	光明中学	应该用什么标准评价《流量地球》?	江晓原（上海交通大学、教授）	5月31日13:50	西藏南路181号
43	长宁文化艺术中心	新时代世界格局与中国特色大国外交	严安林（上海国际问题研究院副院长、研究员）	6月2日9:00	仙霞路650号3楼多功能厅
44	长宁文化艺术中心	国宝的故事	吕静（复旦大学文物与博物馆学系副主任、教授）	6月9日9:00	仙霞路650号3楼多功能厅
45	上海炎黄文化研究会、浦东新区金杨街道	上海的非遗传承与文化产业发展	陈勤建（上海市非物质文化遗产保护专家委员会副主任、教授）	6月12日13:30	金杨路121号社区卫生服务中心三楼会议室
46	上海虹房（集团）有限公司、上海炎黄文化研究会	追寻“从石库门到天安门”的历史踪迹——上海红色纹脉浅谈	朱少伟（上海大学海派文化研究中心特邀研究员）	6月12日14:00	曲阳路1号4楼多功能厅

社科普及进地铁

编号	举办单位	活动名称	时　间	地　点
1	上海市社会科学界联合会、中共上海市委党史研究室、上海申通地铁集团有限公司	“新上海 70 个瞬间”地铁宣传专列	5 月 27 日—8 月 4 日	地铁 2 号线
2	上海市法宣办、上海市社会科学界联合会、普陀区法宣办、上海市法治研究会	“坚定宪法自信增强宪法自觉”地铁宣传专列	4 月 15 日—7 月 15 日	地铁 7 号线
3	上海市法治研究会、徐汇区法宣办	“你了解人民陪审员吗”地铁宣传长廊	5 月 1 日—6 月 30 日	地铁 1 号线漕宝路法治文化长廊
4	普陀区法宣办、上海市法治研究会	“加强党对依法治国的领导”图片、视频展	5 月 1 日—7 月 15 日	地铁 7 号线新村路站“同心法苑”
5	上海市法治研究会、地铁第三运营公司	法治图书漂流	5 月 25 日—31 日	地铁 7 号线各站点法治书架、便民取阅架

新媒体活动

序号	举办单位	活动名称	时　间	平　台
1	上海市社会科学界联合会、中共上海市委党史研究室、上海人民广播电台	“奋斗创造城市传奇——新上海的 70 个瞬间”70 集系列广播	5 月 27 日—8 月 24 日	上海人民广播电台 FM93.4《990 早新闻》栏目、话匣子 App、阿基米德 App
2	上海市语言文字工作者协会、上海市侨联、上海市教育基金会	魅力汉语网上语言文字知识答题	5 月 1 日—31 日	“上海市语言文字工作者协会”微信公众号
3	上海金融法制研究会	生活中的金融法制	5 月 25 日—31 日	“上海金融法制研究会”微信公众号
4	上海市教育委员会、上海市信用研究会	“以诚为信”主题上海高校学生诚信教育宣传活动	5 月 25 日—31 日	“上海高校学生资助育人及资助诚信教育”微信公众号
5	上海中西哲学与文化比较研究会、华东师范大学兰心哲学社	与上海社科大师同行	5 月 25 日—31 日	“兰心哲学社”“如何才是好”“思想与文化”微信公众号
6	上海市儒学研究会	沪上国学访谈录	5 月 25 日—31 日	“上海儒学”“沧浪国学社”微信公众号，上海儒学网站以及沧浪国学社新浪微博
7	上海市经济学会能源经济研究专业委员会、上海联合非常规能源研究中心	创新转型发展中的能源发展，让生活更美好	5 月 25 日—31 日	“EFC 国际页岩气论坛”微信公众号
8	上海市教育学会	“专家教你如何做合格家长”新媒体答疑集锦	6 月 4 日	“上海学前教育网”微信公众号、“上海科学育儿指导”

东方讲坛

思想点亮未来系列讲座（第五季）

序号	举办单位	主　　题	主讲人	时　间	地　　点
1	上海中医药大学附属闵行晶城中学	正义是什么？——从柏拉图理想国谈起	于明（华东政法大学副教授）	3月21日 15:45	朱行路16号厚朴楼五楼剧场
2	上海市七宝中学	用什么标准评价《流浪地球》和科幻作品？	江晓原（上海交通大学教授）	3月22日 14:00	农南路22号教学楼一楼西阶梯
3	上海市徐汇中学	传感器与智能时代	褚君浩（中国科学院院士、中科院上海技术物理研究所研究员）	3月22日 15:00	虹桥路68号勤体馆
4	上海市位育初级中学	二十四节气与古代诗文	田松青（上海古籍出版社副总编辑、编审）	3月22日 15:00	复兴中路1261号东四楼电教室
5	上海市民办文绮中学	江南民俗与人文地理	仲富兰（上海市民俗文化学会会长、教授）	3月27日 15:00	江川东路980号六楼报告厅
6	上海交通大学附属中学	法治，离我们并不远	杨力（上海交通大学教授）	4月12日 15:00	殷高路42号报告厅
7	上海市第五十二中学	金庸武侠小说的文化解读	周圣伟（华东师范大学副教授）	4月12日 15:00	广灵二路122号笃行楼五楼礼堂
8	上海市复兴高级中学	古人的阶层流动是怎样实现的？	王进锋（华东师范大学副教授）	4月12日 15:15	车站南路28号来歌堂
9	上海市西南位育中学	取士不问家世——宋代科举文化漫谈	李贵（上海师范大学教授）	4月18日 15:00	宜山路671号教学楼二楼报告厅
10	上海市莘光学校	天生我才我善用	李占才（同济大学教授）	4月22日 14:45	雅致路18号星光剧场
11	上海市闵行第三中学	智能革命与未来社会伦理	高奇琦（华东政法大学人工智能与大数据指数研究院院长、教授）	4月26日 15:00	华坪路110号致远楼五楼小剧场
12	上海复旦五浦汇实验学校	从近代以来的六次战争看决策思维的重要性	萧功秦（上海师范大学教授）	4月26日 15:00	盘龙浦路500号大礼堂

（续表）

序号	举办单位	主　　题	主讲人	时　间	地　　点
13	上海市澄衷初级中学	让青春在时代潮流中焕发光彩	李家珉（上海市哲学学会副会长、教授）	5月10日 13:50	东长治路770号三号楼多功能教室
14	上海理工大学附属中学	中国历史上的爱国主义及其现代启示	瞿骏（华东师范大学教授）	5月10日 14:20	水丰路247号2号行政楼五楼报告厅
15	上海交通大学附属中学嘉定分校	全学科的终极追问：个体生命的始终	顾晓鸣（复旦大学教授）	5月15日 15:00	云谷路1660号国际部阶梯教室
16	华东师范大学第二附属中学紫竹校区	责己与责人：儒家“批评与自我批评”的修养功夫	余治平（上海交通大学长聘教授）	5月15日 15:05	紫凤路350号音乐厅
17	华东理工大学附属闵行科技高级中学	唐朝制度与中华文明	李磊（华东师范大学教授）	5月17日 14:15	银康路820号学贤楼
18	上海市民办立达中学	养得浩气读先秦——让“四书”唤起读史的智慧	周缨（浦江学堂首席教师）	5月31日 15:00	南车站路353号大同中学大礼堂

思想点亮未来系列讲座（第六季）

序号	举办单位	主　题	主讲人	时　间	地　点
1	上海理工大学附属中学	大国博弈中的科技创新与能力培养	余南平（华东师范大学教授）	9月20日 14:20	水丰路247号2号行政楼五楼报告厅
2	华东师范大学第二附属中学紫竹校区	江南文人的日常	陈江（华东师范大学教授）	9月25日 15:15	紫龙路765号多功能厅
3	上海市风华中学	《弟子规》的现代教育价值	余治平（上海交通大学教授）	9月27日 14:40	大宁路1000号大礼堂
4	上海市文来中学（高中部）	深度阅读历史建筑，传承上海三大文化	周培元（上海城建职业学院副教授）	10月11日 13:00	虹莘路2166号四楼阶梯教室
5	上海市实验学校西校	“长安居，大不易”——白居易的长安生活史	杨焄（华东师范大学教授）	10月15日 12:10	平吉路300号二楼小剧场
6	上海市莘城学校	道眼看世界——《道德经》的智慧与格局	周缨（浦江学堂首席教师）	10月17日 13:00	普洱路158号莘城讲堂
7	上海市风华初级中学	从1057年的科举考试看宋代文化	李贵（上海师范大学教授）	10月18日 15:00	永和东路393号体育馆三楼会场
8	上海外国语大学附属外国语学校东校	孔庙有话说——孔子、孔庙与中国的文化传统	李耐儒（上海秋霞圃传统文化研究院执行院长）	10月23日 15:15	天宝路1115号大礼堂
9	上海市同济中学	中国古代女子的入仕与仕途	王进锋（华东师范大学副教授）	10月25日 15:00	政立路25号二楼多功能厅
10	北京外国语大学附属上海田园高级中学	国宝里的故事	吕静（复旦大学教授）	11月15日 14:15	都莲路62号小剧场
11	上海市敬业中学	《论语》中的为学之道	刘强（同济大学教授）	11月15日 14:45	蓬莱路345号多功能厅
12	上海外国语大学附属外国语学校	文化代码与《红楼梦》主要人物	詹丹（上海师范大学教授）	11月19日 14:30	中山北一路295号1号楼4楼艺术中心
13	上海市奉贤区致远高级中学	唐宋词与人生境界	韩立平（华东师范大学副教授）	11月20日 15:15	南桥镇秀龙路115号存远楼三楼报告厅

（续表）

序号	举办单位	主　　题	主讲人	时　间	地　　点
14	华东师范大学第二附属中学	法治是什么？——从《乡土中国》谈起	于明（华东政法大学副教授）	11 月 20 日 15:50	晨晖路 555 号报告厅
15	同济大学第一附属中学	人工智能与人类文明："奇点时代"的透视与反思	吴冠军（华东师范大学教授）	11 月 22 日 13:20	国浩路 100 号学生活动中心
16	上海市实验学校	哲学的意义	郑召利（复旦大学教授）	11 月 22 日 14:00	东明路 300 号 8 号楼
17	上海市田家炳中学	江南文化的历史分期与特征	徐茂明（上海师范大学教授）	11 月 29 日 12:30	景凤路 185 号报告厅
18	上海市徐汇中学	青少年情感教育	卢家楣（上海师范大学心理研究所所长、教授）	12 月 6 日 15:00	虹桥路 68 号崇思楼礼堂

2019 年望道讲读会

编号	时　间	主　题	嘉　宾	推荐书目	主持人	地　点
1	1月26日14:00	解码江南　以启未来	胡晓明(华东师范大学图书馆馆长) 唐力行(上海师范大学教授) 熊月之(上海市历史学会会长)	《江南文化研究丛书》	林牧茵	嘉定区裕民南路1288号
2	3月6日14:00	2019看中美	黄仁伟(上海社会科学院高端智库学术委员会主席、复旦大学一带一路及全球治理研究院常务副院长、研究员) 吴心伯(复旦大学美国研究中心主任、教授) 夏立平(同济大学国际与公共事务研究院院长、教授)		袁　鸣	威海路298号上视大院2号楼高清演播室
3	4月29日14:00	历史画卷　精神图谱	演讲嘉宾: 刘统(上海交通大学教授) 对话嘉宾: 阮武昌(上海警备区原副政委、上海战役亲历者) 刘统(上海交通大学教授) 严爱云(中共党史研究室副主任) 苏智良(上海师范大学教授)	《战上海》	林牧茵	宝山区宝杨路599号上海解放纪念馆
4	5月29日18:00	徐中玉先生文学思想和贡献对话	祁志祥(上海市美学学会会长、教授) 张永禄(上海市美学学会秘书长)			外青松公路7989号上海政法学院信108教

（续表）

编号	时　间	主　题	嘉　宾	推荐书目	主持人	地　点
5	5月30日15:00	以“温情和敬意”书写中国通史——钱穆的《国史大纲》品析	徐国利（上海财经大学历史系主任、教授）			东川路500号华东师范大学闵行校区人文楼哲学系2102室
6	5月31日19:00	中西会通与中国哲学的未来	郁振华（华东师范大学思勉高等人文研究院院长、教授） 姜宇辉（华东师范大学外国哲学教研室主任、教授）			南洋泾路555号4号楼五峰书院2A层五峰讲堂
7	6月1日14:00	魏晋风度与魏晋思想	刘强（同济大学中文系副主任、教授） 刘梁剑（华东师范大学哲学系副主任、教授）	《魏晋思想论》		四川北路1468号海派文化中心
8	6月9日14:00	世界历史与人类未来	张汝伦（复旦大学哲学学院中国哲学教研室主任、教授） 庄振华（陕西师范大学哲学系教授）	《历史哲学》		南洋泾路555号4号楼五峰书院2A层五峰讲堂
9	6月23日14:00	严复与中国现代性	高瑞泉（华东师范大学终身教授） 吴晓明（复旦大学马克思主义研究院院长、教授）			南洋泾路555号4号楼五峰书院2A层五峰讲堂
10	6月25日9:00	中国现代哲学的既济与未济	方松华（上海社会科学院哲学所教授） 陈卫平（华东师范大学教授）	《中国近代哲学的革命进程》		顺昌路622号5楼会议室
11	6月27日14:00	共产主义与人类命运共同体	郑召利（复旦大学哲学学院副院长、教授） 陈红娟（华东师范大学副教授）	《共产党宣言》第一个中文全译本		南洋泾路555号4号楼五峰书院2A层五峰讲堂
12	7月14日14:00	科学为什么需要外史	江晓原（上海交通大学讲席教授） 贺圣遂（商务印书馆上海分馆总经理）	《科学外史》	林牧茵	南洋泾路555号4号楼五峰书院2A层五峰讲堂
13	8月4日14:00	上海历史从六千年前的场景走来	仲富兰（华东师范大学教授） 周武（上海社会科学院研究员）	《上海六千年》	姜　珊	南洋泾路555号4号楼五峰书院2A层五峰讲堂
14	8月15日14:00	上海民众与上海解放——《上海极简史》新书讲座	葛剑雄（复旦大学历史学博士、教授）	《上海极简史》		上海图书馆正门4楼多功能厅（淮海中路1555号）

（续表）

编号	时 间	主 题	嘉 宾	推荐书目	主持人	地 点
15	8月15日16:30	大美诗书画 笔墨中国风——《诗书画》签售会	曹可凡（上海文广新闻传媒集团电视节目主持人、同济大学客座教授） 印海蓉（上海广播电视台新闻综合频道首席新闻主持人）	《诗书画》		延安中路1000号上海展览中心（上海书展世纪出版馆活动A区）
16	8月16日14:00	奋斗创造城市传奇——上海相册：70年70个瞬间	俞丽拿（上海音乐学院教授、中国著名小提琴演奏家、全国劳动模范） 吴尔愉（上海航空股份有限公司原乘务长、首批“空嫂”、全国劳动模范） 吴　鑫（中国商飞试飞中心试飞运营部党支部书记、部长，C919首飞机组成员） 徐建刚（中共上海市委党史研究室主任）		雪　瑾	淮海中路622弄7号乙市社联6楼群言厅
17	8月17日14:30	诗歌与城市品格——《冬天的树和春天的树》新书发布会暨签售会	印海蓉、王幸、林牧茵、陶淳、臧熹、李菡、黄浩、叶子龙、张定浩等	《冬天的树和春天的树》		延安中路1000号上海展览中心（中心活动区）
18	8月25日14:00	大笑亿千场——盛世大唐的生活与艺术	胡建君（上海大学美术学院副教授）	《美学散步》	姜　珊	南洋泾路555号4号楼五峰书院2A层五峰讲堂
19	9月15日14:00	南宋是北宋直接延续吗？	虞云国（著名宋史专家、教授）	《南渡君臣》	林牧茵	南洋泾路555号4号楼五峰书院2A层五峰讲堂
20	9月21日14:00	博物馆里的极简中国美术史	张经纬（上海博物馆馆员）	《博物馆里的极简中国史》	姜　珊	南洋泾路555号4号楼五峰书院2A层五峰讲堂
21	10月26日14:00	风起青萍末——近代上海都市文化点滴	张伟（上海图书馆研究馆员）	《风起青萍——中国近代都市文化圈》	郑诗亮	南洋泾路555号4号楼五峰书院2A层五峰讲堂
22	10月27日14:00	中国古代四大技术奇迹及其启示	江晓原（上海交通大学科学史系主任）	《技术与发明》	李耐儒	同济大学

（续表）

编号	时　间	主　题	嘉　宾	推荐书目	主持人	地　点
23	11月16日14:00	中国与中国疆域	葛剑雄（复旦大学历史学博士、教授）	《我们的国家——疆域与人口》	赵思渊	同济大学
24	11月28日14:00	君子慎所守——朱东润先生的生平志业与学术成就	骆玉明（复旦大学中文系教授）、陈尚君（复旦大学中文系教授）	上海古籍出版社的《朱东润文存》《元好问传》《中国文学批评史大纲》《中国传叙文学的变迁》	林牧茵	漕溪北路41号4楼社会科学会堂学术沙龙
25	11月30日14:00	禹与禹域——我们的“中国”从何而来	郭永秉（复旦大学出土文献与古文字研究中心教授）	《九个汉字里的中国》	郑诗亮	南洋泾路555号4号楼五峰书院2A层五峰讲堂
26	12月23日19:00	从《论语》看教育的轻重缓急	鲍鹏山（上海开放大学教授）	《孔子传》	姜　珊	南洋泾路555号4号楼五峰书院2A层五峰讲堂

新媒体科普产品

“两会”“政治关键词”

“两会”|为什么全国“两会”一般都在 3 月份召开
政治协商|政协的专门协商机构性质是什么意思
人大|人民代表大会与我们的日常生活有啥关系?
“两会”|“代表”与“委员”有哪些不同?
界别|两会“代表团”与“界别”有哪些不同
政府工作报告|报告怎么形成,有哪些基本内容
议案、建议与提案|如何区分三种履职方式的异同
人大常委会|它是如何组成的? 有哪些法定职权?
议程|“两会”议程是怎么确定的? 为啥要开记者会?
人大专委会|人大专门委员会是干什么的
一府一委两院|它们职责是什么,与人大什么关系
预算与决算|人大在审议预算中扮演什么角色?
立法|《外商投资法》为何由人大来制定?
政治协商|专题协商和对口协商有何异同
监督|人大如何开展监督工作

新中国成立 70 周年“政治关键词”

“五一”口号|新中国何时开启建立全国性政权?
国号|“中华人民共和国”这个国号是如何确定的
共同纲领|为何说《共同纲领》是中国人民大宪章
新中国反腐第一案|为什么必须枪毙刘青山张子善
“一五”计划|中国为何要制定“一五”计划?
婚姻法|1950 年婚姻法造就了一个“新社会”
统购统销|生活中曾离不开的那些票证是咋回事?
五四宪法|为什么说它奠定了新中国宪法发展基石
社会主义改造|中国何时进入社会主义社会?
重返联合国|新中国恢复联合国席位经历哪些曲折
三个世界|毛泽东提出的“三个世界”究竟指什么
家庭联产承包责任制|改革为何从“大包干”开始
恢复高考|1977 年的高考为何放在冬季?
烈士纪念日|这一天为何确定在 9 月 30 日?
国旗|如何全面理解五星红旗所蕴含的意义?
一国两制|中国收回香港、澳门是怎样实现的?
社会主义初级阶段|中国改革开放的出发点
高速|我国第一条高速公路和第一条高铁在哪里?
经济特区|创办经济特区就是要“杀出一条血路”
“入世”|中国加入世界贸易组织的曲折历程
休假|黄金周小长假,中国人民的美好休闲生活
“南方谈话”|1992 年“春天的故事”
基本经济制度|我国基本经济制度是如何确立的?
巡视制度|党内监督的一把“利剑”
监察委员会|新的国家监察体制形成
进博会|中国如何从世界工厂迈向全球市场?
全面深化改革|如何理解全面深化改革总目标?
协商民主|从政治协商到协商民主
八项规定|八项规定和中央八项规定精神是一回事么
主要矛盾|我国社会主要矛盾的新概括

《奋斗创造城市传奇——新上海的70个瞬间》

为了帮助广大市民更好回顾70年来的光辉足迹，由上海市社联、中共上海市委党史研究室和上海人民广播电台特别策划制作了"《奋斗创造城市传奇——新上海的70个瞬间》——城市声音笔记"系列70集短音频，从5月27日到9月13日，在FM93.4上海新闻广播《990早新闻》节目中播出，同步在阿基米德App、话匣子FM等新媒体平台呈现。这70个短音频以历史发展脉络为主线，撷取上海70年发展长河中70个具有重要意义的历史瞬间，以采访纪实为基础，以知情者个体口述、记录者客观表达、历史音响还原等方式，展现上海解放70年来，尤其是改革开放40年来城市发展的巨大成就，让听众重温历史的同时，能汲取继续奋发前行的动力，共同创造上海更加辉煌的未来。该系列短音频日均收听76.8万人次、累计收听人次超5 376万。

每 集 片 名	时长
70个瞬间　缘起	1:01
第01集：解放大上海	5:06
第02集：银元之战	3:55
第03集：工人阶级翻身做主人	4:00
第04集：海外赤子为新中国归来	3:46
第05集：从宝兴里起步的居民自治	3:39
第06集：从"跑马厅"到"人民广场"	3:29
第07集：中国第一个工人新村	3:06
第08集：市百一店，我们自己的商店	3:30
第09集：上海"龙须沟"肇家浜的蜕变	3:32
第10集：支援"一汽"建设的上海身影	3:30
第11集："上海"牌手表——"中国第一名表"	3:20
第12集：欢庆社会主义改造基本完成	3:33
第13集："草窝里飞出了金凤凰"	3:25
第14集：灭钉螺，送"瘟神"	3:36

(续表)

每 集 片 名	时长
第 15 集:第一座卫星城的崛起	2:51
第 16 集:《梁祝》唱响“上海之春”	3:15
第 17 集:“南京路上好八连”	3:11
第 18 集:中国首枚探空火箭成功试射	3:16
第 19 集:《红色娘子军》闪耀首届百花奖	3:30
第 20 集:中国第一台万吨水压机的诞生	3:14
第 21 集:断手获新生	3:10
第 22 集:世界上第一次人工合成结晶胰岛素	2:49
第 23 集:引进与创新相结合的上海石油化工总厂	3:14
第 24 集:奔赴唐山抗震救灾	3:31
第 25 集:恢复高考改变命运	3:26
第 26 集:于无声处听惊雷	3:28
第 27 集:中国第一家现代化钢铁企业的创新“航路”	3:22
第 28 集:上海工人首创读书活动,三十七载书香满城	3:18
第 29 集:上海大众,谱写中国轿车合资项目新篇章	3:07
第 30 集:吸引外商创举措,126 个图章成 1 个	3:12
第 31 集:土地批租勇破冰	3:09
第 32 集:菜篮子里看形势　实事工程民生“实”	3:03
第 33 集:开启高速公路建设新时代的“沪嘉高速”	3:10
第 34 集:观察学习世界的市长咨询会	3:18
第 35 集:吹响中国新一轮改革开放的号角	3:29
第 36 集:中国唯一以金融贸易命名的国家级开发区	2:58
第 37 集:新中国第一家证券交易所在上海开业	3:29
第 38 集:一桥横跨浦江南北	3:20
第 39 集:“豆腐块”里创造奇迹	3:18
第 40 集:凝聚力工程暖民心	3:01
第 41 集:明珠璀璨耀东方	3:23
第 42 集:上海敲响全国压锭第一锤	3:16
第 43 集:“申”字高架路,申城“大动脉”	3:26
第 44 集:水清苏州河	2:45
第 45 集:把支部建在楼上,打造党建新高地	3:30

（续表）

每　集　片　名	时长
第 46 集:“中华商业第一街”重装亮相	3:28
第 47 集:首届上海国际艺术节开幕	3:19
第 48 集:集观赏游览、休闲娱乐于一体的延中绿地	3:08
第 49 集:网球大师杯赛在上海举行	3:15
第 50 集:上海光源,“鹦鹉螺”里的国之重器	3:06
第 51 集:老厂房散发新魅力	3:28
第 52 集:崇明踏上“三岛联动”新征程	3:17
第 53 集:东方大港铸传奇	3:23
第 54 集:“两湾一宅”换新颜	3:30
第 55 集:永不拓宽的马路	3:24
第 56 集:中国 2010 年上海世界博览会开幕	3:27
第 57 集:上海 1200 岁“树王”依旧枝繁叶茂	3:23
第 58 集:“家庭医生”守护市民健康	2:55
第 59 集:上海自贸实验区　深耕创新试验田	3:29
第 60 集:上海以首创精神率先构建媒体融合新格局	3:10
第 61 集:精细化管理树品牌　城市“更新”更清新	3:28
第 62 集:黄浦江 45 公里岸线贯通	3:22
第 63 集:连续多年的政府实事项目——爱心暑托班	3:03
第 64 集:“中国版”原油期货在上海启航	3:19
第 65 集:国产大型客机翱翔蓝天	3:31
第 66 集:像“网购”一样便利的“一网通办”	3:00
第 67 集:首届进博会在上海成功举办	3:29
第 68 集:长三角更高质量一体化全面提速	3:34
第 69 集:上海强制实施垃圾分类	3:30
第 70 集:全力以赴推进实施中央交给上海的三大任务	5:23

社会科学普及读物系列

《让学术走向大众》

本书旨在通过对一批具有较高学术价值、社会价值的图书的评论和解读，让大众了解、接受并读懂学术性图书。书中所有文章均曾在《中国社会科学报》《中国证券报》《上海证券报》《解放日报》《文汇报》《中华读书报》《文汇读书报》《东方早报·上海书评》等主流媒体发表，被《新华文摘》、新华网等权威媒体和门户广为转载。全书分为五卷，卷一“让学术走向大众”，介绍了笔者编辑生涯中编辑出版的一批历史、社会类学术图书，其中不乏学术史上的经典作品；卷二“书是社会精神生活的承重墙”，通过对一批文化人的作品及其治学的解读，阐发阅读之于社会的重要意义；卷三“在继承中开拓”，收录了多篇出版生涯中的感悟文章；卷四“自西徂东”，主要从中西文化融合入手，从一些知名人物入手探讨印刷术、科技史。卷五“跨越时空的交流”，既有对几位作者的缅怀，也有对中外历史上杰出人物的作品或传记的解读，试图通过阅读去感知、理解人性的种种。

目录

可持续发展与我们的责任担当
台湾经济的连续性与断裂性
卷二　书是社会精神生活的承重墙
文化的“破坏”将会带来什么？
战争是植根于人性的文化现象
全球化与本土化的调适
为人类的困境寻找出路
科学其实“囧囧有神”
一位科学通人对宇宙和生命的思索
用故事演绎科学的精彩
知识的演化及其历史生态
阅读的未来，是我们共同的未来
书之重，评之轻
书是社会精神生活的承重墙
方志地图中的历史文化传承
中国金融史的一个生动缩影
域外汉学如何影响中国史学？
“默默无闻”的美国汉学先驱邓嗣禹
卷三　在继承中开拓
学术出版的责任担当
我编过的三本书
学术与实用价值俱佳的出版论著
图书定价与出版业诸问题
在继承中开拓
卷四　自西徂东
王韬为什么没有选择西式活字印刷技术？
自西徂东：十九世纪中文印刷的嬗变
西学、传教士和王韬的春秋历学著作
国际科学史研究院的中国成员
“苦心孤诣”推出的“伪书”
一部带有瑕疵的历史作品
卷五　跨越时空的交流
怀念印刷史研究的“不老松”万启盈
为什么要重读费孝通？
跨越时空的交流
著名诗人、装帧艺术大师曹辛之
胡道静：报人·编辑·史家

（中西书局 2019 年 1 月）

《职场新生态下变与不变之道》

本书是上海市社联和上海市人力资源和社会保障局联合主办的“东方讲坛·职业生涯列讲系讲座精选 5(2017—2018 年度)”。东方讲坛·职业生涯系列讲座活动已连续举办十年，成为东方讲坛系列讲座主要品牌之一，成为提升和培育海派文化的一个重要公共文化平台。本期的主题是从职业生涯规划、角色定位、职场人际关系处理等多角度做了阐述激励广大青年学生在迈向社会的职业生涯道路上，不畏挫折、积极进取在通向幸福职业的道路上，形成自己的职业生涯发展地图。

目录

（上海交通大学出版社 2019 年 2 月）

《让金融回归本义》

本书分三部分，介绍了 50 多本金融、经济、企业管理相关的书籍。其中，卷一围绕经济学理论、经济学发展、经济学史等主题展开，卷二聚焦于近年来市场上较为热销的金融类图书，卷三则着力向读者介绍一些社会影响较大、关注度较高的图书。三卷各有侧重，互相联系。整体而言，作者利用自身从文化出版行业跨界到金融服务业的优势，运用生动流畅的笔触分析书中内容、阐发自己感想，兼及推介和评价各类金融经管业的领军人物、关键理论、里程碑式的社会实践及其影响，为金融爱好者提供一种新的学习交流方式。

目录

（中西书局　2019 年 7 月）

《能不忆江南——江南文化十讲》

本书是根据上海社联推出的东方讲坛·文化江南系列讲座整理而成，由上海市社会科学界联合会编。江南不仅是一个区域，更是一段历史，一种文化的延续。从烟雨朦胧到海上传奇，从一隅之地到江南中心，上海深受江南文化的浸润和滋养。讲座邀请刘士林、冯贤亮、陈江、胡晓明、徐茂明、仲富兰、唐力行、周武、王振忠等研究江南文化的专家学者，围绕江南城市、江南精神、江南民俗、江南经济社会等话题开展主题演讲，忆江南旧时景，看江南新意象，为上海广大市民展开这幅中国文化中蕞精致的江南人文地理长卷。

目录

（上海人民出版社　2019 年 10 月）

图书在版编目(CIP)数据

上海社联年鉴.2020/上海市社会科学界联合会编
.—上海:上海人民出版社,2021
ISBN 978-7-208-16964-7

Ⅰ.①上… Ⅱ.①上… Ⅲ.①社会科学-联合会-上海-2020-年鉴 Ⅳ.①C262.51-54

中国版本图书馆 CIP 数据核字(2021)第 038492 号

责任编辑 王笑潇
封面设计 夏 芳

上海社联年鉴 2020
上海市社会科学界联合会 编

出 版 上海人民出版社
(200001 上海福建中路 193 号)
发 行 上海人民出版社发行中心
印 刷 浙江新华数码印务有限公司
开 本 787×1092 1/16
印 张 25.5
插 页 10
字 数 559,000
版 次 2021 年 7 月第 1 版
印 次 2021 年 7 月第 1 次印刷
ISBN 978-7-208-16964-7/C·630
定 价 198.00 元